이 책을 추천한다

"아샤 돈페스트와 크리스틴 고는 소위 '전문적인 육아법'이라는 유행에 반기를 든다. 『미니멀 육아의 행복』에서 그들은 부모들에게 스스로의 능력을 믿으라고 말한다. 더 나아가 시간, 사물, 관점을 경영하는 실용적 방법까지도 제시해 준다."
— 크리스 앤더슨, 《와이어드 매거진(Wired Magazine)》 편집장, 〈긱대드(GeekDad)〉 설립자

"『미니멀 육아의 행복』에서 크리스틴 고와 아샤 돈페스트는 우리가 흔히 접해 왔던 육아방식의 고리타분한 틀을 깨고, 훨씬 유쾌한 대안을 던져준다. 단순함, 스스로를 알기, 상냥함, 그리고 자신감에 초점을 맞추고 있는 이 책은 부모들로 하여금 스스로를 도울 수 있도록 이끈다. 그리고 부모들이 가정을 이끌어나가면서 종종 무언가에 휩쓸리는 느낌을 받을 때마다 내비게이션으로 쓸 수 있는 금쪽같은 조언들을 던져준다. 그 중 가장 중요한 말은 스스로를 믿으라는 것이다."
— 안드레아 J. 부셰넌, 『여성들이여, 도발하라(The Daring Book for Girls)』 저자

"『미니멀 육아의 행복』에서 크리스틴 고와 아샤 돈페스트는 어떻게 부모 노릇을 '덜' 힘들게 할 수 있는지에 대한 빛나는 통찰을 제시한다. 이 책은 실용적이며 이해하기 쉽다. 의지가 되는 좋은 친구처럼 말이다. 육아에 쩔쩔매고 있는 부모라면 아마도 이 책을 읽을 시간이 없을 것이다. 하지만 바로 그렇기 때문에 이 책을 꼭 읽어야 한다."
— 캐서린 오즈먼트, 《보스턴 매거진》 기자

"모든 것이 '과잉'인 문화 속에서 『미니멀 육아의 행복』은 우리가 진정 소중한 것에 주파수를 맞추도록 도와준다. 크리스틴 고와 아샤 돈페스트는 우리에게 쓸데없는 소음을 차단하고 나와 우리 가족에게 가장 중요한 것에 초점을 맞추라고 말한다. 이 책은 '모든 것이 잘될 거야'라고 말하며 우리를 품에 안아준다."

― 이사벨 켈먼, 〈알파맘(Alpha Mom)〉 설립자

"이 두 명의 저자는 우리에게 풍부하고 생생한 예시들을 들려주고, 유용한 체계들을 제시해주며, 그들의 온 삶에서 쥐어짠 지혜들을 가득 전해준다. 이 책은 당신의 가족이 진정 원하는 것이 무엇인지, 그리고 그것을 어떻게 만족시킬 수 있는지를 정확히 파악하도록 도와준다. 이 책을 읽음으로써 당신과 가족들이 그동안 질질 끌어오던 낡은 습관들에 과감히 작별을 고하고 만족스러운 생활을 맞이할 수 있을 것이다."

― 가브리엘 블레어, 〈디자인맘(Design Mom)〉 운영자

"육아 관련 스타 블로거 크리스틴 고와 아샤 돈페스트가 경험을 통해 배운 지혜들을 모아 책으로 묶어내다니, 이 얼마나 기막힌 생각인가! 그들은 매일매일의 순간들을 좀 더 즐길 수 있도록 육아를 단순화시킬 것을 권장한다. 나는 그들이 제시하는 독특한 정리 정돈법에 감명을 받았다!"

― 엘런 갈린스키, 〈가족과 일 연구소(Families and Work Institute)〉 대표

"부모들에게 끊임없이 '속도를 높여라, 더 많은 코스에 등록하라, 깨어 있는 모든 순간에 무언가를 해라'라고 외치는 이 시대에 누군가가 '속도를 줄여라, 이 순간을 아이들과 함께 즐겨라'라고 말해준다는 사실이 무엇보다 기쁘다. 속도를 줄일 줄 모르는 헬리콥터 부모들에게 『미니멀 육아의 행복』은 '착륙' 표지판을 흔들어준다."

― 데이브 펠, 〈다음 뉴스(NextDraft-The Day's Most Fascinating News)〉 운영자

"육아에 관한 한, 다다익선은 통하지 않는다. 오히려 무엇이든 줄일수록 더 낫다. 하지만 '얼마나' 줄여야 할까? 정확히 '무엇을' 줄여야 할까? 이 책은 당신이 스스로의 스케줄과 스타일, 그리고 가장 중요한 당신의 가치관에 맞춰서 그것들을 찾아내도록 도와준다."

― 케서린 센터, 『재앙의 긍정적인 측면(The Bright Side of Disaster)』 저자

"생생하고도 친절한 안내서에서 크리스틴 고와 아샤 돈페스트는 당신과 당신의 가족들이 삶을 펼칠 수 있는 공간을 창조해내는 실용적인 방안들을 제시하고 있다. 이 책을 읽고 나면 당신은 훨씬 더 행복한 인간이 되어 있을 것이다."

― 엠마 라이블리, 『부모들을 위한 아티스트 웨이(The Artist's way for Parents)』 저자

"이 책은 스케줄 과다, 스트레스 과다에 지친 가족들에게 해법을 던져준다. 실생활에서 활용할 수 있는 힌트들로 가득한 이 책은 오늘을 사는 부모들에게 죄책감에서 벗어나 '효율적인' 시스템을 도입할 수 있는 용기를 준다. '부모 노릇'이라는 압박감의 바다에서 숨 쉴 구멍을 찾아 분투하는 모든 부모들이 꼭 읽어야 할 책!"

― 에린 로쉬너, 〈사람을 위한 디자인(Design for Mankind)〉 운영자

"미니멀 육아법을 배우게 된다면, 당신의 가족과 당신의 삶을 사랑할 수 있는 최대한의 시간을 갖게 될 것이다. 나는 아샤 돈페스트와 크리스틴 고가 하는 말이 옳다고 믿는다. 이 책은 가장 든든한 조언자가 될 것이다."

― 크리스 브로건, 〈휴먼 비지니스 웍스(Human Business Works)〉 CEO

"『미니멀 육아의 행복』은 놀랍고도, 희귀하고도, 친절한 책이다. 다른 책들이 종종 '전문적인' 충고들로 가엾은 부모들을 압박하곤 하지만, 아샤 돈페스트와 크리스틴 고는 이 어처구니없는 육아문화에 마음 든든한 지지자로서 균형을 맞춰준다."

― 카이런 피트먼, 『민들레를 심으며(Planting Dandelions)』 저자

미니멀
　　육아의
　행복

Minimalist Parenting

Copyright © 2013 by Christine Koh and Asha Dornfest
First published by Bibliomotion, Inc., Brookline, Massachusetts, USA.
This translation is published by arrangement with Bibliomotion, Inc.

Korean Translation Copyright © 2014 by Bookhouse Publishers Co. Ltd
This Korean translation is published by arrangement with Christine Koh and
Asha Dornfest c/o Teri Tobias Agency through Milkwood Agency.

이 책의 한국어판 저작권은 밀크우드 에이전시를 통한 저작권자와의 독점 계약으로
북하우스에 있습니다. 저작권법에 의해 한국 내에서 보호를 받는 저작물이므로
무단전재와 복제를 금합니다.

미니멀
육아의
행복

심플하고 즐겁게 아이 키우는 법

크리스틴 고, 아샤 돈페스트 지음 | 곽세라 옮김

북하우스

존, 로렐, 바이올렛에게.
'당신들과 함께하는 매일매일'이라는 선물에
내가 얼마나 감사하고 있는지!

크리스틴 고

내게 사랑과 신뢰를 가르쳐주신
나의 부모님, 로잘린과 자그디쉬 저지에게.
그리고 나의 세계와 가슴을 열어준
나의 가족, 라엘, 샘, 미라바이에게.

아샤 돈페스트

차례

들어가며 • 10

Chapter 1   미니멀 육아의 6가지 원칙 • 27

    삶에 멋진 것들이 들어설 공간을 만들어라 • 29
    스스로의 스타일을 알자 • 31
    내 가족의 스타일을 파악하라 • 33
    나의 판단을 믿어라 • 36
    완벽한 시작이라는 환상을 버릴 것 • 41
    우리 모두는 한 팀이다 • 44

Chapter 2   시간 쓰기의 재구성 • 47

    나를 알기 • 50
    내 가족의 '시간 감각' 알기 • 57
    '더' 목록과 '덜' 목록 • 59
    시작은 느긋하게 • 62
    도구와 시스템을 정비하자 • 64

Chapter 3   가족의 시간을 알뜰하게 쓰기 위한 힌트 • 73

    유용한 시간 쓰기 방법들 • 75
    기꺼이 도움을 요청하자 • 79
    아이들에게도 집안일을 분담시키자 • 88

Chapter 4 물건에 관한 새로운 시각 • 93

도대체 '왜' 쌓아두는 걸까? • 95
물건에 대한 다른 시각 갖기 • 99

Chapter 5 집 안을 점령한 쓸데없는 물건을 정리하라 • 109

대청소: 이 물건들을 어떻게 할 것인가? • 111
추억의 물건에 집착하지 말자 • 115
물건들에 새 집 찾아주기 • 119
남겨둔 물건들 정돈하기 • 122
우편물과 이메일 쓰레기 처리하기 • 127
말끔하게 정리된 집 유지하기 • 132
가족들의 참여를 유도하자 • 134

Chapter 6 가정 경제에 대한 미니멀리스트의 생각 • 139

미니멀리스트는 금욕주의자가 아니다 • 141
돈을 쓸 만한 가치가 있는 것 선별법 • 142
돈 관리도 미니멀하게! • 148
경제 구조는 단순할수록 좋다 • 157
아이들에게 경제 교육 시키기 • 161

Chapter 7 놀이시간을 심플하고 재미있게 • 171

우리는 '어른의 시간'을 가질 권리가 있다 • 173
장난감은 적을수록 좋다 • 175
집안일도 놀이가 될 수 있다 • 177
디지털 기기의 효과적인 활용법 • 178
친구와 놀게 하자 • 181
아이들이 놀다가 생기는 문제들 • 187

Chapter 8 　성공한 학생이 아닌 행복한 어른으로 키워라 · 191

　　배움은 끝없는 여정이다 · 193
　　우리 가족의 교육 나침반을 점검하자 · 201
　　학교 선택하기 · 206
　　이 학교가 우리 아이에게 맞을까? · 212

Chapter 9 　학부모가 된 당신을 위한 심플한 생활 전략 · 221

　　일정한 흐름이 필요하다 · 223
　　학교에서 받는 스트레스 관리 · 234
　　그 밖에 신경 써야 할 것들 · 241

Chapter 10 　과외활동 현명하게 시키는 법 · 245

　　과외활동을 냉정하게 평가하자 · 247
　　과외활동에 등록하기 전에 생각해볼 것들 · 250
　　아이가 무엇에 흥미를 느끼고 소질이 있는가? · 252
　　너무 의욕이 넘치는 아이들 · 256
　　방학 특별 대책 · 261

Chapter 11 　균형 잡힌 식단에 대한 환상을 버려라 · 265

　　미니멀한 식사 준비란 무엇인가? · 267
　　식사를 계획하기 · 270
　　식료품 쇼핑의 흐름을 만들자 · 273
　　아이들과 함께 장보기 · 275
　　우리 지역에서 재배된 것들을 먹자 · 278

Chapter 12 식사시간이 즐거워지는 아이디어 • 281

식사 준비를 쉽게 하는 법 • 283
가족들과 함께하는 식사 준비 • 287
식사시간의 즐거움을 되찾자 • 290
아침과 점심은 쉽고 간단하게 • 293
간식을 위한 작전 • 296
아기와 유아를 위한 식사 • 299

Chapter 13 특별한 날들, 아낌없이 미니멀하게 누리는 법 • 305

생일파티 • 307
연휴 • 316
미니멀리스트의 선물 주는 법 • 323
가족 여행 • 329

Chapter 14 당신이 진정한 미니멀리스트! • 337

스스로를 돌보는 것은 이기적인 게 아니다 • 339
'나'를 우선순위에 놓기 • 341
피트니스: 하루에 한 걸음씩 강해지기 • 343
스타일: 작은 변화가 큰 차이를 만든다 • 348
릴렉스: 우리에게 필요한 것은 릴렉스! • 353
남편과의 관계 다지기 • 354
당신과 당신을 둘러싼 관계의 테두리 • 359

나오며 • 361 | 감사의 말 • 362
참고문헌 • 366 | 찾아보기 • 375

들어가며

인생의 파노라마를 쭉 훑어보노라면, 감사해야 할 것들이 매우 많음을 알게 된다. 우리에겐 소중한 가족이 있고, 안락한 집이 있으며, 미래의 많은 희망들이 있다. 물론 인생이 완벽하지는 않다. 풀어야 할 많은 문제들이 있는 것 또한 사실이다. 하지만 그 모든 것에도 불구하고 삶은 좋은 것이다.

그런데 왜 우리는 계속 뭔가가 잘못됐다고 투덜대는 것일까? 가정생활은 늘 '해야만 하는 일들'로 넘쳐나고 우리는 그야말로 폭발하기 일보 직전이다. 하루 스케줄은 꽉꽉 차 있고, 집 안은 집 안대로 쌓여만 가는 물건들로 발 디딜 틈이 없으며, 우리의 마음은 명확하지가 않다. 우리 삶을 과밀하게 채우고 있는 그것들이 정작 중요한 핵심을 밀어내고 있는 듯한 느낌이다. 그런데 그 핵심이란 게 도대체 뭘까?

당신도 알다시피 이 세상에는 아직도 많은 가정들이 더 절망적이고 더 위험한 상황 속에서 고군분투하고 있다. 세계적인 차원에서 본다면 말이다. 하지만 주위를 둘러보면 나를 제외한 다른 모든 이들이 가정생활이라는 공 던지기를 능숙하게 해내고 있는 것처럼 보이니 미칠 노릇이다. 내게 뭔가 문제가 있을지도 모른다고 생각해본 적 없는가? 아니

그런 생각을 하는 것조차 바보스럽게 느껴져서 무력감에 빠진 적은 없는가? 그 와중에도 늘 내가 아이에게 충분히 해주지 못하고 있다는 죄책감에 시달리고, 그나마 지금 하고 있는 것들을 줄이거나 속도를 늦추거나 한다면 아이의 미래(행복한 미래, 혹은 성공적인 미래)에 치명타를 날릴지도 모른다는 불안에 떤다. 그게 뭐가 될지는 확실치 않지만 아무튼 아이에게 부정적인 영향을 미칠 수 있는 작은 가능성이라도 엿보이면 그 위험을 감수하려 하지 않는다.

이 책을 쓰고 있는 우리에게도 그런 시절이 있었다. 아니, 아직도 이따금씩 그 시절로 되돌아간다. 하지만 지금 우리에게는 과거의 혼란으로부터 헤쳐 나올 수 있는 내비게이션이 있다는 점에서 다르다. 자기 의심과 죄책감, 그리고 오늘날 부모 노릇하는 우리들을 압박하는 사회 분위기로부터 벗어나 스스로의 길을 찾아야 한다. 명확한 목표, 사랑하는 이들과의 연계, 그리고 무엇보다 재미를 위해서. 우리는 이것을 '미니멀 육아'라고 부른다.

'미니멀 육아'란 무엇인가?

미니멀 육아는 "당신이 원하는 행복한 가정생활을 위한 모든 것이 '지금, 여기에' 이미 있다"는 사실을 인식하는 것으로부터 출발한다. 믿어지지 않겠지만 당신은 스스로를 돌보고, 직장에서 업무를 수행하고, 인간관계를 원만히 유지하면서도 부모 노릇을 훌륭히 수행할 충분한 시간이 있다. 당신은 또한 당신의 아이들에게 멋진 아동기를 선사하고, 행복한 어른으로 도약할 수 있을 때까지 돌봐줄 수 있는 충분한 전문지식과, 사랑과, 돈과, 확신을 가지고 있다.

당신의 가정생활이 좀 더 행복하고 정돈되지 못한 이유는 당신이 뭔가를 잘못하고 있어서가 아니다. 다만 당신이 '너무 많은 것들' 속에서 허우적대고 있을 뿐이다. 너무 많은 선택들, 너무 많은 의무들, 너무 많은 물건들, 그리고 이 모든 것들을 다 움켜쥐지 못해 느껴야 하는 너무 많은 죄책감들.

당신이 그렇게 느끼는 것도 무리는 아니다. 인류 역사상 어느 시대에도 오늘날의 우리만큼 수많은 선택들에 휘둘려야 했던 부모들은 없었다. 육아 철학에서부터 업무 스케줄, 교육 옵션들, 저축 플랜들, 갖가지 집기들과 기구들, 영양 섭취에 관한 조언들, 심지어 점점 줄어드는 알량한 자유시간마저 넘쳐나는 오락거리들 중에 선택해서 채워야 한다. 물론 현대사회에서 좀 더 많은 기회를 얻고 편안하고 안전하게 살기 위해서는 어쩔 수 없이 수많은 선택들을 하지 않을 수가 없다. 현대인의 숙명이라고나 할까?

선택이 나쁘다는 뜻이 아니다. 하지만 오늘날 우리 앞에 놓여 있는 선택들은 그 종류와 숫자가 과하다 못해 우리의 판단력을 마비시켜버릴 지경이다. 『미니멀 육아의 행복』은 이 너무 많은 '좋은 것들'을 도대체 어떻게 처리해야 하는가에 관한 책이다. 우리는 당신의 가정생활을 '미니멀라이징' 하도록 도울 것이다. 당신의 스케줄, 당신이 갖고 있는 물건들, 그리고 당신의 욕구들을 심플하게 정리하고 나면 당신이 좋아하고 원하는 것들은 더 할 수 있고, 원치 않는 것들은 덜 할 수 있는 길이 보일 것이다.

서서히 당신과 당신의 가족들은 '숨 쉴 틈'을 발견하게 될 것이고, 그 새로운 공간에서 자유로움을 만끽하기 시작할 것이다. 미니멀 육아를 시작하면 당신의 삶은 이렇게 바뀌게 된다.

- **좀 더 쉽게 결정을 내릴 수 있게 된다.** 그 결정은 무언가를 잃을지도 모른다거나 잘못된 것을 선택할지도 모른다는 두려움에 의한 것이 아니라 당신 스스로의 가치관에 바탕을 두고 내린 것이기 때문이다.
- **스케줄표는 더 이상 '해야만 하는 일들' 목록으로 꽉 채워지지 않는다.** 그 대신 전문 커리어를 쌓기 위한 일들을 하기, 집 안 가꾸기, 모임 약속에 나가기, 조각퍼즐 맞추기, 자전거 타기, 눈싸움하기, 즉석에서 포트럭 파티(각자 먹을 음식을 준비해 와서 여는 파티 — 옮긴이) 열기, 밤에 외출하기, 그리고 당신 스스로를 돌보기 등이 스케줄표를 채울 것이다.
- **집은 창조적인 프로젝트를 위한 베이스캠프가 된다.** 지금껏 당신의 집을 채우고 있던 끝없는 의무감과 집안일을 완벽하게 해내지 못했다는 좌절감 대신 시끌벅적한 파자마 파티, 고요한 저녁, 따뜻한 추억들, 그리고 유연하고 자유롭게 쓸 수 있는 시간들이 가득할 것이다.
- **쇼핑은 계속 하겠지만 물건을 선택하는 기준이 달라진다.** 스트레스는 줄여주고 즐거움은 늘리는 상품을, 장기적 안목을 가지고 고르게

되기 때문이다.
- 당신의 자녀들은 학교 활동과 공부 사이에 자유시간이라는 완충재를 갖게 된다. 그 시간 속에서 아이들은 탐구하고, 즐기고, 무엇이 그들을 흥분시키고 흥미롭게 하는지를 발견할 것이다.
- 가족들을 위해 식사를 준비하는 일이 즐거워진다. 예전에는 식사 준비가 매일매일 영양 균형에 신경 써가며 애써서 계획하고 준비하고 멋들어지게 차려내야 하는 버거운 짐이었다면, 이제 일주일에 한 번 여는 간단하고 영양가 있는 이벤트가 될 것이다.
- 이제 긴장을 풀고 아이들이 자라나는 기적을 즐길 수 있다.

이 책의 내용은 무지개 저편의 인생 같은, 꿈같은 낙천주의에 대한 이야기가 아니다. 우리는 실제로 당신이 할 수 있는 것들에 대해 이야기할 것이고, 그것을 '어떻게 할 수 있는가'의 부분에 대해서 도움을 주고자 할 뿐이다.

우리는 소위 '도통한 듯한' 완벽한 삶을 추구할 생각이 없다. 우리 집에 와서 딱 일주일만 지내보면 알 것이다. 얼마나 집 안 구석구석이 여전히 엉망진창이고 머리카락 뭉치들이 굴러다니는지. 하지만 우리는 당신의 라이프스타일을 새롭게 정비하고 삶에 대한 아이디어를 바꾸는 데 도움을 줄 수 있는 확실한 단계들을 알고 있다. 그 단계들을 밟음으로써 당신은 좀 더 행복하고 자신감에 찬 부모가 될 수 있을 것이다. 이제 당신 스스로의 언어로 '행복하고 확신에 찬 부모'에 대한 새로운 정의를 내려야 할 때다.

이 책은 육아서이지만 동시에 '삶의 최적화'에 관한 책이기도 하다. 편안한 가정생활을 위해 먼저 준비되어야 할 것은 '여유'다. 스케줄상의 여유, 집 안 공간의 여유, 그리고 예산에도 여유가 필요하다. 역설적이게도, 그 여유를 만들어내려면 이것저것 일을 해둬야 한다. 그래서 여기 우리가 있는 것이다. 우리는 무엇이 당신의 가족에게 소중하고 즐거움을 줄 수 있는지 판별해내는 일을 도울 것이다. 그리고 그 길에 걸리적거리는 잡동사니들 — 물질적, 정신적으로 — 을 치우는 방법 또한 도울 것이다. 우리는 당신에게 어떻게 부모 노릇을 하라고 말하려는 게 아니다. 단지 당신이 스스로에게 꼭 맞는 '바른 육아법'을 찾아내도록 도울 뿐이다.

여기서 우리가 말하는 '미니멀리즘'이라는 것이 그 전통적인 의미와는 조금 차이가 있다는 점을 밝혀야겠다. 미니멀 육아는 스파르타식으로 아이들을 키우거나 수도승처럼 사는 것을 의미하지 않는다(그런 식으로 살기엔 우리는 여행과 초콜릿 케이크를 정말 사랑한다). 두 주먹을 불끈 쥐고 살라던가 욕심 없이 살라던가 혹은 성자처럼 살라고 충고할 마음도 없다. 모든 가족들이 자신만의 고유한 길이 있기에 특정한 규칙들에 집착할 필요가 전혀 없다.

미니멀 육아의 핵심은 현대사회의 숨 가쁜 부모 노릇 쳇바퀴에서 내려와, 아이들을 즐기면서 키우자는 것이다. 스스로의 가치관에 따라 즐거운 인생을 사는 것이야말로(현대사회가 가공해낸, 소위 '성공적인' 부모 노릇이 아니라) 아이들이 강하고, 개성 있고, 자신만의 삶을 일궈낼 수 있는 사람으로 자라는 데 필요한 자양분이다. 그리고 더욱 중요한 것은,

이러한 부모의 생활방식을 보고 자란 아이들은 성장해서 독립하게 되었을 때 스스로의 직관을 신뢰하는 법을 배우게 된다는 점이다. 하지만 무엇보다, 미니멀 육아는 바로 당신의 삶을 아름답게 가꿀 수 있는 여유를 선사할 것이다. 이제 당신이 여행을 떠날 차례다.

당신이 미니멀 육아법을 받아들이는 순간, 가정생활이라는 롤러코스터는 '근심 걱정'의 단계에서 '재미'의 단계로 내려올 것이다. 물론 여전히 그 롤러코스터에는 무서운 활강과 오르막과 내리막, 그리고 예측할 수 없는 꽈배기 회전들이 존재한다. 하지만 이제 당신은 올바른 방향으로 가고 있다는 확신을 가지고, 안전벨트를 매고, 그 정신없는 놀이기구를 '즐기게' 되었다는 점이 다르다.

이 책을 쓴 우리에 대하여

우리가 미니멀 육아에 관해 뭘 아느냐고? 우리는 둘 다 바쁜 엄마들이다. 둘이 합해서 애들 넷, 남편 둘, 블로그 서너 개, 사업과 직업 몇 개, 소셜 미디어와 저술, 수천 통의 이메일, 업무 출장, 교외의 집 두 채, 그리고 개 한 마리를 끌어안고 아웅다웅 살고 있다. 우리는 "더 많이, 더 빨리, 더 효율적으로" 번창하는 이 세상에서 기회로 가득한 삶을 산다는 것이 어떤 것인지 잘 안다. 그리고 그 너무 많은 기회들 속에 파묻혀 우리가 무엇을 잃어가고 있는지도.

인생을 조금 더 쾌적하게! _ 크리스틴 고

나는 일곱 형제들 중 여섯째로 태어났다. 우리 집안은 대가족 제도를 따랐기 때문에 이민자 신분이었던 우리 부모님은 가족뿐만 아니라 친척들과 그 가족들까지 부양하기 위해 끔찍하게도 열심히 일하셔야 했다. 그리고 방 세 칸짜리 우리 집은 언제나 열두 명이 넘는 사람들로 빈틈없이 득시글거렸다.

우리 집이 있었던, 내가 어린 시절을 보냈던 보스턴 외곽의 도시는 부유한 백인들의 지역이었기에 자연히 나는 엄청난 괴리감 — 인종적으로나 사회·경제적으로나 — 을 느끼며 자라야 했다. 인종적으로 다르다는 것은 뼈아픈 일이었다. 하지만 그보다 더 나를 힘들게 했던 것은 학교에서 겪어야 했던 자잘한 사건들이었다. 한 번은 내가 똑같은 셔츠를 3일 연속 입고 학교에 온 것을 두고 아이들이 놀렸던 적이 있었다(내가 옷이 없는 건 사실이었지만 실은 그 셔츠가 정말 마음에 들어 계속 입은 것뿐이었는데 말이다). 그리고 또 한 번은 학교 식당에서 또래 집단에 끼기 위한 '최소한의 복장 자격'(게스 청바지 세 벌 이상, 베네통 스웨터 두 벌 이상)을 갖추지 못했다는 이유로 따돌림을 당한 적도 있었다.

집 안팎으로 힘들고 어려운 일들이 많았지만 그곳에는 사랑도 있었다. 아버지는 엄한 분이셨다(가끔씩은 무섭기까지 한 분이었다). 하지만 나중에 내가 발견한 바로는 부드럽고 매력적인 면도 있었다. 어머니는 말 그대로 '바위' 같은 분이셨다. 아무리 거대하고 험난한 역경이 와도 그녀는 모든 것을 뭉뚱그려 안는 분이었다. 그리고 나의 형제들은 — 물론 늘 강아지들처럼 다정하게 지낸 건 아니었지만 — 그 모든 일들을 함께

견뎌가면서 쌓인 단단한 신뢰로 묶여 있었다.

부모가 된 나는 많은 내적 갈등을 겪어야 했다. 그것은 어릴 적 부모님에게 주입 받았던 근검절약 정신과, 욕구불만으로 가득했던 어린 시절을 보상 받으려는 나의 심리 사이에서 벌어지는 갈등이었다. 그리고 마침내 수많은 시행착오들을 거쳐 — 역설적이게도 지금은 '매우 풍족함'을 경험하고 있는 나의 환경 속에서 — 그 중도를 걷는 일도 가능하다는 사실을 깨달았다. 다시 말해, 내가 아름답다고 느끼거나, 좋아하거나, 흥미를 느끼거나, 의미 있다고 생각하는 무언가를 얻기 위해 엄청난 낭비를 무릅쓸 필요는 없었다는 뜻이다. 아이들을 버릇없이 만들지 않고도 얼마든지 내 아이들이 즐거운 시간을 갖도록 해줄 수도 있었다. 나는 내 방식대로 하면 되는 거였다. 소위 '타이거맘'이 될 필요도 없고, 다른 엄마(호랑이 엄마가 됐든 뭐가 됐든)들을 비난할 필요도 없었다. 나도 그들도 결국은 스스로의 길을 찾는 도중에 비틀거리고 넘어지고 있었을 뿐이었다. 나도, 그들도, 당신도 그저 우리 아이들과 스스로를 돌보기 위해서 매 순간 할 수 있는 최선을 다하고 있는 것이다.

어린 시절 이야기는 그렇다 치고, 왜 내가 아샤 돈페스트와 함께 이 책을 쓰게 되었는가? 나 자신이 매일 육아와 일 사이에서 갈등을 겪었기 때문이다. 학계에 있을 때 나는 연구실에서 오랜 시간 일해야 했다. 그 와중에도 엄마 노릇을 하려고 나름의 발버둥(MIT의 한 칸짜리 욕실 바닥에 쭈그리고 앉아 젖병에 유축을 하던 기억을 잊을 수가 없다)을 쳤고, 로렐을 어린이집에 보낼 때마다 미안했고, 아기, 혹은 직장생활과 관계없는 일에 그나마 남아 있는 자투리 시간을 쓸 때면 죄책감과 싸워야 했다.

지금 나는 집에서 일한다는 의미에서는 일단 "자유직"(내가 왜 따옴표를 쳤어야 했는지는 차차 설명하겠다)에 종사하고 있다. 그래도 학계에 있을 때보다 일하는 시간이 늘어났으면 늘어났지 줄어들지는 않았다. 나는 라이프스타일, 육아 관련 블로그인 〈보스턴 마마스〉의 설립자이자 편집자로, 그래픽디자인 회사인 〈포쉬 피콕〉의 디자이너로, 디지털 전략 회사인 〈우먼 온라인〉의 컨설턴트로, 소셜 미디어 그룹 〈미션 리스트〉의 설립자로, 우리의 삶을 멋진 것으로 만들기 위한 이벤트 회사 〈피봇 보스턴〉의 설립자로, 학술잡지 《뮤직 퍼셉션》의 편집자로 일하고 있다. 내가 쓰고 있는 여타의 잡다한 자유기고 원고들과 상담 업무, 이 책을 쓰는 일, 정기적인 출장 여행은 제외하고 말이다. 나의 이전 직업과 지금 직업의 가장 결정적인 차이점이라고 한다면 내가 이제 학구적인 방면으로는 형편없어졌다는 점, 그리고 지금 하고 있는 일을 사랑한다는 점이다.

또한 나는 두 아이의 엄마이기도 하다. 바이올렛은 시간제로 놀이방에 다니고 로렐은 공립학교에 다니는데, 방과 후 과외활동이나 캠프에 참여하는 걸 그다지 좋아하지 않는다. 그 말은 즉, 엄마인 내가 낮 동안 마음 편히 일만 할 수 없다는 뜻이다. 어쩔 수 없이 나는 밤샘 작업을 많이 하고, 중요한 업무 전화를 아기를 돌보거나 점심식사 중에 받아야 한다. 그럼에도 나는 아직 하고 싶은 일들이 많다. 더 많은 책을 쓰고 싶고, 잡지에도 기고하고 싶고, 방송 일에도 욕심이 난다.

이 책을 쓴 또 다른 이유라고 한다면, 내가 당신들과 마찬가지로 부모이기 이전에 인간관계의 톱니바퀴 속의 한 사람이기 때문일 것이다. 나는 2000년에 한 남자와 결혼했다. 그는 이 지구상에서 내가 가장 좋아하는 인류이고, 언제나 내 곁에 딱 붙어 있는 바람에 이따금씩 농담 조로 "크리스틴 고의 떨거지"라고 불리는 수모를 겪기도 한다. 그 밖에도 나는 딸이자 며느리, 자매, 이모, 고모, 사촌, 조카, 친구로 불리는 커다란 공동체의 일원이기도 하다. 이 모든 관계들이 요구하는 모임들, 요구들, 응대들, 그리고 주기적으로 찾아오는 관계상의 위기들이 내 삶을 가득 메우고 있고 때론 삶을 복잡하게 만들기도 한다.

부모 노릇과 일을 병행하다 보면 매일이 보람 있는 순간들과 골치 아픈 순간들의 연속이다. 적어도 당신이 끌어안고 있는 만큼의 문제는 나도 충분히 갖고 있다고 확신한다. 그럼에도 불구하고 내가 이 책을 그토록 쓰고 싶었던 이유는 지난 몇 년간 나는 '헛소리를 집어치우기 위한 탐구'를 쭉 해왔기 때문이라고 생각한다. 쓸데없는 것들은 치워버리고 가장 중요한 것들에 집중하는 법, 그리고 의무와 '분노의 브라우니'(이게 무슨 뜻인지 모르더라도 참고 조금만 더 읽어주기 바란다. 당신은 분명 이 이야기를 좋아할 테니까), 유해한 인간들(그렇다, 무엇보다 유해한 종류의 인간들을 몰아내는 것이 가장 중요하다)의 접근을 최소화하는 법 등을 이야기함으로써 인생을 좀 더 쾌적하게 만들어보고 싶었다. 그 결과 지금은 잔걱정들이 많이 사라졌고, 그 대신 '행복하고 괜찮은 크리스틴 고'가 더 자주 등장하게 되었다. 여전히 일상의 골칫거리들은 나를 따라다니고 있지만 그것들을 대하는 '나'는 놀랄 만큼 성장했다. 나는 아직도 얼마나 많은 부모들이 고통을 겪고 있는지 알고 있다. 그리고 내가 할 수 있는 힘을 다해 그들이 그 힘겹고 어처구니없고 진 빠지는 상황에서 벗어날 수 있도록 돕고 싶다. 만일 당신도 그렇게 느낀다면 나와 아샤의 이야기

(지긋지긋한 생활에서 멋진 생활로 인도하는)를 끝까지 따라와주기 바란다. 이 책의 독자가 된 것을 환영한다.

내 결정을 확신하고 아이를 믿는 것 _ 아샤 돈페스트

나는 운이 좋게도 탄탄한 중산층 가정에서 태어나 별 굴곡 없이 자랐다. 인도인 아버지와 동유럽계 유태인 어머니 사이에서 태어난 무남독녀였고, 나의 어린 시절은 누가 보더라도 교외에 거주하는 '미국 중산층'을 대표하는 바로 그것이었다.

자라면서도 인생은 너무나 수월했다. 형제간의 갈등이라는 것도 겪을 필요가 없었고, 학교생활에도 아무런 문제가 없었으며, 커서 무엇을 할 것인지도 명확했기 때문에 고민이 없었다. 우리 가족은 검소하게 살았지만 가족들이 모두 성격상 크게 바라는 게 없어서인지 생활에 부족함을 느껴본 적이 없었다. 그래서 '어려움'이란 것은 내가 애당초 친해질 기회가 없는 단어였다. 상대적으로 수월하고 행복했던 나의 인생은 대학에 진학하고, 내 남편 라엘과 결혼하고, 작가로서 등단하던 초기까지도 계속되는 듯했다.

하지만 엄마가 되는 순간, 나의 '쉬운' 인생은 종말을 고했다(여전히 행복하긴 했지만 말이다). 나의 하루 스케줄은 무지막지하게 바뀌었고 스스로에 대한 이미지까지 극적으로 달라졌다. 행복은 더 이상 내가 아무것도 하지 않아도 자동으로 채워지는, 당연한 것이 아니었다. 이제 행복하기 위해선 '노동'을 해야 했다. 그리고 그것은 그때까지 한 번도 경험한 적이 없는 일이었다.

아이들이 자라나고 어린애 티를 벗으면서 우리 가족 모두를 위한 가정을 꾸리기 위한 나의 투쟁은 본격화되었다. 처음엔 책에서 답을 찾으려고도 해보고 나보다 경험이 많아 보이는 선배 부모들에게 조언을 구하기도 했지만 늘 무언가가 부족했다. 그들에겐 효험이 있었을지 모르는 여러 방법들이 내 가족들에게는 — 그리고 나에게도 — 맞지 않았다. 힘겹고도 지루했던 몇 년간의 분투 끝에 결국 나의 부모 노릇은 실패작이었음을 선언하려 할 즈음에서야 어떤 깨달음이 느릿느릿 나를 찾아왔다. 부모 노릇이란, 답을 얻기 위한 것이 아니라 스스로를 활짝 열고 배워가는 과정이라는 것 말이다.

2005년, 나는 〈부모 노릇 쉽게 하기(Parent Hacks)〉라는 블로그를 개설하고 다른 부모들과 함께 아이를 키우는 노하우와 작은 발견들을 나누기 시작했다. 그때는 트위터나 페이스북이 나오기 전이어서 블로그를 기반으로 한 모임들이 생겨나고 커뮤니티를 이루는 것은 꼭 마법처럼 보였다. 블로그에 들르는 수많은 다른 부모들의 이야기를 통해 그들도 나처럼 나름의 '좋은 가정'을 꾸려나가기 위해 이리저리 구르고 있다는 걸 알았다. 우리는 서로를 돕기 위해 이야기를 나누었다. 그때 나누었던 멋진 대화들은 지금까지도 계속되고 있다.

내 블로그가 자라나는 것과 비슷한 속도로 나의 엄마 노릇도 빠르게 힘겨워져 갔다. 큰아들 샘이 초등학교에 들어가면서 그 어려움은 본격화되었는데, 학교라는 곳이 우리 아이에게는 너무나 큰 시련으로 다가왔기 때문이다. 샘은 학교에서 늘 초조함, 불안감에 시달렸고 성적 불량으로 낙제를 하자 육체적, 정신적으로 재앙 수준의 타격을 입고 말았다. 이 사건을 계기로 우리 가족은 장장 3년 동안 학교와 병원을 오가는 대장정을 펼치게 된다. 그 시절은 정말로 생각하기도 싫을 만큼 혹독한 시기였다. 더욱이 남편이 인터넷 벤처사업을 막 시작하던 시기와 겹쳐서 우리 가족이 느껴야 했던 스트레스는 더욱 컸다. 샘의 신경불안증과 학습부진이 계속되면서 우리는 선택의 여지가 없어졌다. 샘이 4학년이 되던 해, 내가 이전에 '결단코 그런 일은 하지 않을 거야!'라고 못박았던 일을 할 수밖에 없었다. 바로 홈스쿨링이었다.

우리가 샘을 집에서 가르치면서 보냈던, 때론 미칠 것만 같고, 때론 기쁨에 넘쳤던 그 1년 반 동안의 세월을 이야기하자면 책 한 권을 쓸 수도 있다. 그 시간 동안 우리는 너무나 많은 것을 배웠고 새로운 눈을 떴다. 하지만 미니멀 육아법의 가장 핵심적인 두 축은 언제나 '부모로서 내가 내린 결정에 확신을 갖는 것', 그리고 '내 아이를 믿는 것'이었다. 많은 사람들이 우리가 샘을 집에서 교육시키겠다고 했을 때 반대했다. 그리고 몇몇 반대 의견들은 타당하고 충분히 납득할 만했다. 하지만 우리는 우리의 결정이 옳다고 믿었고 그렇게 밀고 나갔다.

결과적으로 내가 깨달은 것은 이렇다. 가정을 좀 더 쉽고 편안하게 꾸려나가려면 스스로가 진정 무엇을 원하는지, 그리고 가족들이 — 다른 가족들이 아닌 당신의 가족들이 — 무엇을 가치 있게 여기는지에 좀 더 신경을 써야 한다는 점이다. 소위 육아 전문가라는 사람들의 조언이나 시대적인 요구, 그리고 아는 사람들이 던지는 선의의 충고들은 좀 무시해도 된다.

이제 샘과 미라바이는 둘 다 학교생활을 멋지게 해나가고 있다. 샘의 불안장애는 옛날 이야기가 되었다. 우리 가족들은 더 이상 아이들의 건강 문제로 안절부절못하지 않는다. 남편과 나 둘 다 일을 하고 있고, 똘똘한 두 아이들이 자라는 모습을 보는 것이 인생의 큰 낙이다. 그리고 '미니멀 육아법'(그땐 아직 그런 명칭을 붙이기 전이었지만)이 오늘의 우리들을 있게 한 가장 큰 힘이라고 나는 진심으로 믿는다. 우리는 아직 가야 할 길이 남아 있다. 그리고 얽히고설킨 현대인의 삶을 살면서 가정생활과의 균형을 잃지 않기 위해 아직도 매 순간 안간힘을 써야 한다. 하지만 지금 우리가 예전과 다른 점이 있다면 행복하고, 건강하며, 배움을 즐긴다는 점이다.

이 책이 당신을 어떻게 도울 수 있을까?

이 책은 가정생활을 단순화하고 체계화하기 위한 방법인 동시에 마음가짐을 리셋하기 위한 방편이다. 한 번 시도하고 끝나는 것이 아니라 '지속 가능한' 라이프스타일로 만들기 위해서 우리는 당신의 관점을 전환시키고, 그것을 실생활에 적용할 수 있도록 돕고 싶다.

　우리는 이 책에서 육아의 초기부터 중기(갓난아기 때부터 열두 살 무렵)까지를 중점적으로 다룬다. 이 시기가 부모로서 시간적으로나 육체적으로 육아에 많은 부분을 할애하게 되는 시기이기 때문이다. 그리고 건강한 10대 자녀로 키우기 위한 방법에 관해서도 알아볼 것이다. 아이들이 10대로 접어들면 부모 노릇도 직접적인 돌봄에서 정서적인 멘토

링 — 독립심을 길러주고, 탐구할 수 있도록 북돋아주며, 어른들의 세계로 나아가기 위한 준비를 도와주는 — 으로 전환된다. 우리가 보여준 미니멀한 삶의 방식을 모델로 아이들은 스스로 선택하는 법을 배울 것이며 자기 자신을 믿고 삶을 헤쳐나가는 법을 배울 것이다.

1장에서는 미니멀 육아법에 관한 기본 개념을 이야기한다. 그 기본 개념 속에는 여섯 가지의 단순하고도 핵심적인 원칙이 담겨 있다.

그 뒤를 잇는 다섯 개의 장에서는 가정생활을 좀 더 평화롭게 할 수 있는 방법들을 이야기한다. 2장과 3장에서는 당신과 당신 가족들의 스케줄을 조정하는 법을, 4장과 5장에서는 집 안을 어떻게 정리 정돈해야 하는지를, 그리고 6장에서는 돈 쓰는 법을 심플하게 함으로써 가족의 경제생활을 쉽게 풀어나갈 수 있는 힌트를 제공하고자 한다.

그다음 여섯 개 장에서는 아이들과 함께 보내는 매일을 어떻게 해야 좀 더 단순하고 쉬운 것으로 만들 수 있는지에 관해 이야기할 것이다. 7장에서는 놀이시간에 관해 다시 생각해볼 것이다. 재미있는 시간을 보내고 친구를 사귀기 위해서 꼭 집 안을 장난감으로 가득 채울 필요는 없다는 사실에 관해서도 말이다. 8장과 9장에서는 아이들이 학교(어떤 형태의 교육, 혹은 학교이든 간에)에 다니는 동안의 미니멀 육아법에 관해 다룰 것이다. 10장에서는 과외활동 시간을 어떻게 활용하는지에 관해 다룰 것이다. 아이들이 흥미를 느끼고 무언가를 배울 수 있으면서도 다른 가족들도 함께 즐길 수 있는 활동들에 관해서 말이다. 11장과 12장에서는 식사시간에 관해 이야기한다. 가족들을 위한 식단을 미리 계획함으로써 '오늘은 뭘 먹을까'에 대한 고민에서 벗어나고 '바람직한' 규모로 식탁을 꾸밀 수 있을 것이다.

13장에서는 우리 삶의 특별한 이벤트들에 관해 이야기할 것이다. 수많은 기념일, 휴가, 그리고 여행을 스트레스와 낭비 없이 즐길 수 있는 방법에 초점을 맞추고자 한다.

그리고 마지막 장에서 우리는 다시 원점으로 돌아와 이 책을 마무리 지을 것이다. 그것은 바로 당신에 관한 이야기다. 14장에서는 스스로를 돌보는 법을 다룬다. 당신이 왜 삶을 미니멀라이징 해야 하는지, 그것을 어떻게 수용할 것이며, 당신 삶에 새롭게 등장한 여유를 어떻게 활용해야 하는지에 관해 이야기한다. 이 책을 읽어가다 보면 생생하게 와닿는 이야기들이 많을 것이다. 그 이야기들은 이 책을 쓴 우리 두 사람으로부터 나온 것들도 있고, 다른 부모들로부터 나온 것들도 있으며, 육아와 라이프스타일에 관해 글을 쓰는 동료들로부터 나온 것들도 있다.

이 책은 단지 시작에 불과하다. 참고문헌(366쪽)에는 우리가 좋아하는 책들과 웹사이트, 어플리케이션, 그리고 당신의 육아 여행을 더 행복하고 덜 골치 아프게 만들어줄 기타 참고자료들을 소개해놓았다. 또한, 미니멀 육아 웹사이트(minimalistparenting.com)를 방문하면 좀 더 많은 정보들을 만날 수 있다. 만일 이 책만으로 만족할 수 없다면 웹사이트가 당신에게 영감을 줄 것이다.

안전벨트를 단단히 매길 바란다. 지금부터 스릴 넘치는 여행이 시작된다. 환상적인 풍경들을 지나 우리는 늘 꿈꾸던 그곳에 도착할 것이다. 자, 출발해볼까?

chapter
1

미니멀 육아의
6가지 원칙

MINIMALIST PARENTING

　우리는 지금 막 여행의 첫발을 내디뎠다. 이번 여행 내내 가장 든든한 동반자로서 함께할 두 친구를 소개한다. 바로 '줄이기'와 '덜기'다. 그리고 이번 장에서 설명하게 될 여섯 가지 핵심 아이디어들은 우리 여행길의 나침반이 되어줄 것이다. 아니, 이번 여행은 차라리 '보물찾기'라고 부르는 편이 더 낫겠다. 어떤 길로 가야 보물을 찾게 되는지 사실상 알 수 없기 때문이다. 지도를 보고 길을 찾는다기보다는 별들이 가리키는 방향과 길 위에서 만나는 지표들에 의지해 길을 찾는 여행이 될 것이다. 물론 멋진 풍경을 즐기기 위해 우리는 자주 걸음을 멈출 것이다.

　미니멀 육아로 가는 첫걸음은 "더 많이"를 부르짖는 오늘날의 육아법에 반기를 드는 것이다. 지금껏 우리가 스스로에게 강요해왔던, 혹은 금지시켜왔던, 아니면 지레짐작으로 판단해왔던 수많은 것들을 리셋해야 한다. 그러고 나면 비로소 당신이 꿈꿔왔던 삶이 모양새를 갖추기 시작하는 것을 목격하게 된다. 당신이 삶을 대하는 태도 또한 바뀔 것이고, 인생을 바라보는 관점도 자연스레 바뀌게 된다.

삶에 멋진 것들이 들어설 공간을 만들어라

나침반의 방향으로 치자면, 이 지침은 정북향에 해당한다. 그만큼 중요하다. 당신이 원하지 않는 것들을 치우고 나면 좋아하는 것들을 채워 넣을 수 있는 공간이 생긴다는 것. 무척 간단한 이야기처럼 들리지만 일단 삶에 적용시켜보라. 그 엄청난 힘에 깜짝 놀라게 될 것이다.

우리가 신경 써야 할 일들은 수만 가지나 된다. 누군가의 생일선물도 사야 하고, 이런저런 계획도 세워야 하고, 아이들의 방과 후 활동도 잡아줘야 하고……. 단 몇 개만 들어도 머릿속이 지끈거린다. 문명사회에서 엄마 노릇을 하는 가장 큰 이점이라고 한다면 가정생활에 필요한 모든 것들을 고를 수 있고 그 선택의 폭이 어마어마하게 크다는 점이다.

하지만 덤불처럼 헤치고 걸어나가야 하는 선택들, 결정들, 물건들의 틈바구니에서 멋진 인생은 점점 더 멀어지는 느낌이 드는 것은 왜일까? 약국의 감기약 코너 앞에서 15분 정도 망설여본 적이 있는가? 도대체 어떤 약이 열이 나면서 끙끙 앓고 있는 내 아이에게 최선의 약이 될까 고민하면서 말이다. 15분이라고 하면 그다지 긴 시간이라고 느껴지지 않겠지만, 그렇게 시간을 잡아먹는 선택의 순간들이 매일, 매주, 매달 우리 앞에 수도 없이 펼쳐지지 않는가? 그 시간들을 합한다면 엄청난 시간이 그저 망설이는 데 쓰이고 있다는 사실을 알게 될 것이다. 시간의 낭비뿐만이 아니다. 이것저것 고르며 산란해진 정신은 다른 생활을 해나가는 데에도 방해가 된다.

아샤 나는 충분한 사전조사 없이는 어떤 것도 시작하지 않는 성격이다. 그래서 '가능한 모든 것들'을 검색해보고, 확인해보고 나서야 행동하는 나의 버릇을 고치느라 오랜 시간 애를 먹었다. 하지만 비로소 '완벽한' 무언가를 찾는 것을 그만두고 지금 눈앞에 있는 옵션들 중에서 가장 그럴듯한 것으로 고르는 방식을 익히고 나자 숨통이 트이는 것 같았다. 최고의 것을 찾겠다고 발버둥 치던 시간과 정신을 자유롭게 놓아주니 뇌 속으로 산소가 퍼져나가는 느낌이었다.

미니멀 육아의 핵심은 잔가지를 쳐내는 것이다. 당신의 시간과 의식은 매우 소중하다. 일상의 수만 가지 자잘한 일들이 달려들어 생각 없이 한 입씩 야금야금 뜯어 먹게 놓아두어서는 안 된다. 현대사회에서 엄마로 살아간다는 것은 진흙탕에서 사금을 캐내는 것과도 같은 작업이다. 끊임없이 스스로를 빙글빙글 돌리면서 더러움과 찌꺼기들을 씻어내어야 빛나는 덩어리들을 손에 쥘 수 있다. 우리가 불필요한 것들을 정리하고 나면 ― 그것이 물건이 되었든, 활동이 되었든, 기대가 되었든, 혹은 몇몇 인간들이 되었든 ― 멋진 것들을 우리의 삶 속에 들일 수 있다.

우리의 목표는 실로 간단하다. 즐겁고, 의미 있고, 삶의 폭을 확장시키는 일이라면 더 하고, 그렇지 않은 일들은 줄이거나 없애는 것!

인생의 행복을 키우기 위해서 쓸데없는 물건들을 줄이라는 충고는 사실 새로운 이야기는 아니다. 하지만 집 안의 물건들을 정돈하는 것보다 삶 자체를 정돈하는 문제는 훨씬 어렵고 헷갈린다. 어떤 걸 모셔두고 어떤 걸 던져버려야 할지 도대체 어떻게 안단 말인가?

스스로의 스타일을 알자

우리가 즐거움에 집중하라고 당신을 부추길 때, 그 즐거움이란 육체적 쾌락이나 순간적 만족을 의미하지 않는다. 우리가 말하는 즐거움이란 당신이 마음 깊이 소중하다고 느끼는 가치관을 배신하지 않고 그것과 어깨를 나란히 한 채 살아가는 것을 의미한다. 우리가 가치 있다고 느끼는 어떤 것을 소신껏 선택할 때면(남들이 아무리 반대하고, 뭐라고 떠들어도) 우리 안의 무언가가 맑은 소리로 '찡~' 하고 울린다. 물론 선택을 내리는 순간, 선명한 소리로 "찡!" 하고 들리지 않을지는 몰라도 어쨌든 찡한 건 찡한 거다.

삶의 잔가지를 쳐내기 위해서는 우선 우리가 무엇에 가치를 두고 있는가를 확실하게 해둘 필요가 있다. '가치(Values)'라는 것은 숭고하고 고귀한 단어다. 하지만 실제로 우리가 가치 있게 여기는 것들이란 참으로 일상적이고 소박하다. 간단하게 말해, 우리의 가치관이란 우리가 깊게 믿고 있는 것들이다.

우리 가치관들의 일부는 성장과정에서 생겨난다(좋건 나쁘건 간에). 우리는 모두 세상 어딘가의 가정에서 나고 자란다. 그리고 그 가족의 문화는 끊을 수 없는 끈처럼 우리와 연결되어 어른이 될 즈음에는 성격과 성향의 커다란 부분을 차지하게 된다. 예를 들어, 당신은 근검절약하는 부모님 밑에서 자라 짠돌이 정신이 뼛속 깊이 박힌 사람일 수도 있다(바로 우리처럼). 아니면, 멋을 잘 내고 화려한 어머니 밑에서 자라서 패션과 디자인에 뛰어난 감각을 지닌 사람이 되었을 수도 있다. 혹은 숲속에서 뛰놀며 어린 시절을 보냈다면 아이들에게도 나가 놀 것을 권장하는 부모가 되어 있을지도 모른다.

하지만 어떤 것들은 부모님의 가치관과 정확히 반대되기도 한다. 만일 당신이 냉정하고 격식을 차리는 가정에서 자랐다면, 당신의 자녀들에게는 애정 넘치고 따뜻하고 웃음이 많은 환경을 주고 싶을지 모른다. 혹은 당신 부모님들이 간식을 주는 데 엄격한 분들이었다면, 당신은 '할로윈데이에 아이들은 마땅히 캔디로 넘쳐나는 양동이를 받을 권리가 있다'는 가치관을 갖게 될 수도 있다.

좋은 소식이 있다. 우리는 우리가 자라며 받았던 여러 영향들 중에서 좋은 것만 골라 담을 수 있다는 것이다(그러기 위해 치유가 필요한 경우도 있을 것이다. 하지만 어쨌든 우리는 그렇게 할 수 있다). 자신만의 고유한 가치관을 정립하기 위해서 한 번 원점으로 돌아가 초점을 새로 맞춰보자. 가치 있다고 느끼는 것은 사람마다 다르다. 무엇이 옳고, 무엇이 그르다고 말할 수 있는 것이 아니다. 그 누구도 이 질문들을 통해 당신이 얼마나 성스럽고 진지한 사람인지를 판단하려 들지 않는다. 그러니 마음을 비우고 스스로에게 물어보자.

- 부모님이 가르쳐주신 것 중 감사하게 생각하는 것은 무엇인가?
- 부모님을 본받고 싶지 않은 점이 있다면 무엇인가?
- 내 가족이 어떤 가족이기를 바라는가?
- 내가 중요하게 여기는 것은 무엇인가? (반대로 묻는 것이 더 쉽다면, 이렇게 물어보자. 내가 별로 신경 안 쓰는 것은 무엇인가?)
- 자녀들이 커서 세상으로 나갈 때, 무엇을 갖고 나갔으면 하는가?
- 나는 아내로서, 직업인으로서, 혹은 사회와 공동체의 일원으로서 어떤 역할을 맡고 싶은가?

당신의 가치관에 초점을 맞추는 것은 단지 하나의 과정일 뿐이다. 그러니까 위 질문들에 완벽하게 답하지 못했다고 걱정할 필요가 없다. 하지만 늘 손에 닿는 곳에 노트를 한 권 놓아두고 스스로의 가치관과 관련된 생각들이 떠오를 때마다 수시로 적어둘 것을 권한다. 그렇게 쌓아가다가 어느 날 희미한 윤곽이 보이기 시작할 테고, 계속 스스로를 탐구해나가다 보면 좀 더 선명하고 큰 그림이 떠오를 것이다.

내 가족의 스타일을 파악하라

스스로의 가치관에 대해 심사숙고하는 것은 분명 가치 있는 일이다. 하지만 동시에 가족들 또한 나름의 계획과 스스로의 인생을 꾸려나가는 규칙들이 있다는 사실을 기억해야만 한다. 그리고 그것들은 종종 우리의 가치관과 달라서 우리를 당황시킨다. 예를 들어, 당신과 남편은 도전과 모험이라면 사족을 못 쓰는데 아이는 집에만 틀어박혀 있고 싶어 하는 스타일이라면? 혹은 당신은 책들에 둘러싸여 있을 때 아늑함을 느끼는 반면, 당신의 남편은 끊임없이 사교모임에 당신을 끌고 나가려고 한다면? 또 혹은 한 아이는 심부름도 잘하고 당신을 따라다니는 것을 좋아하는데 다른 한 아이는 '내 맘대로 살게 나 좀 혼자 내버려둬!' 스타일이라면?

아샤 내 남편 라엘과 내가 성향이 반대된다고는 생각하지 않는다. 기본적으로 우리는 통하는 데가 많이 있으니까. 하지만 하루하루 살아가는 방식 — 일과를 경영하는 방식 — 면에서 보자면 우리는 달라도 한참 다르다. 나는 뼛속부터 사회적 인간이다. 나는 언제나 사람들 속에서 무리 지어 무언가를 하는 쪽이 좋다. 하지만 남편은 집에서 혼자 조용히 지내면서 에너지를 충전하는 편이다. 또, 나는 순간적인 영감에 따라 결정을 내리곤 한다. 무언가 꽉 짜인 틀이 나를 옭아맨다는 느낌이 들면 거부반응이 일어난다. 자연히 나의 살림하는 방식도 꽤 즉흥적인데, 그에 반해 남편은 정돈된 하루 일과를 착착 실행해나가며 마음의 평화를 찾는 사람이다(자연히 그의 사무실은 티끌 한 점 없다).

우리는 서로의 스타일을 인정하고, 받아들이고, 그 속에서 공통분모를 찾기 위해 꾸준히 함께 노력해오고 있다. 덕분에 이토록 다른 우리가 하나의 '가풍'이라는 것을 만들어낼 수 있었고 아이들을 일관

되게 키울 수 있었다. 동시에 서로의 개인적인 장점과 약점들을 이해하려 노력한다(알다시피, 막 연애를 시작하던 초기에는 노력 없이도 그 모든 것들이 너무나 매력적으로 보였지만 말이다). 이것은 오래전부터 지금까지 해왔고 앞으로도 해나갈 긴 과정이다. 언제나 상황이 바뀌고, 우리 가족의 목표와 아이들도(그리고 우리 스스로도) 바뀌기 때문에 그때마다 같은 과정을 반복해야 하기 때문이다.

가족들을 하나하나 떠올리면서 다음 질문들에 답해보자.

- 만일 내 아이를(또는 내 남편을) 한마디로 정의 내려야 한다면 뭐라고 할 수 있을까?
- 우리는 어떤 면에서 닮았을까?
- 우리는 어떤 면에서 너무너무 다를까?
- 내 아이는(또는 내 남편은) (   ) 할 때 가장 행복해한다.
- 내 아이는(또는 내 남편은) 어떤 활동을 가장 좋아하는가?

가족들이 당신과 다른 것을 원한다고 해서 당신의 꿈을 휴지통에 던져 넣을 필요는 없다. 가정생활이라는 항해를 할 때의 핵심은 가족 구성원 모두가 여유 있는 마음을 가지고 서로를 배려하며 살아가는 것이다. 물론 그 안에서 새로운 것을 배우고 발전해나갈 수도 있다. 아무리 집에 붙어 있길 좋아하는 사람이라 해도(그런 사람일수록 더더욱) 이따금씩 넓고 흥미진진한 바깥세상으로 끌어내줄 누군가가 필요하듯이 말이다.

만일 가족들이 당신과 다른 취향, 다른 흥미를 갖고 있다면 꽤나 힘든 시기를 겪어야 할 것이다. 하지만 배우자와 아이들은 늘 변한다는 사실을 또한 기억하자. 특히 아이들이 아직 어리다면 말이다. 그들의 성격과 취향은 시간이 지나면서 변하고 — 물론 당신도 변한다 — 지금 당장은 최선의 방법인 것처럼 보였던 것들이 6개월도 못 가 아무짝에도 쓸모없어질 수도 있다. 그래도 괜찮다. 그 새로운 발견들을 노트에 적고 (앞서 말했던 노트를 기억하는가?) 또 한 걸음 앞으로 내딛으면 된다.

나의 판단을 믿어라

자, 이제 당신과 당신 가족들에 대한 사전조사가 끝났다! 이제 버스를 출발시킬 시간이다. 운전대를 잡아라. 이미 당신 안에서 길을 알고 있는 조용한 마음의 목소리가 우리의 운전대다.

내 안의 드라이버를 만나다

우리 안에 있는 버스 드라이버는 바로 '느낌'이다. 굳이 따져보지 않아도 무엇이 좋고 무엇이 나쁜지 그냥 알게 되는 신비로운 감각 말이다. 우리 모두는 그런 훌륭한 운전 감각을 처음부터 가지고 있었다. 그런데 우리가 항상 그 '느낌'에 귀 기울이지 않는다는 점이 문제다. 때때로 주위가 너무 시끄럽고 이래라저래라 요구사항들이 많아서 마음속의 드라이버가 속삭이는 소리를 미처 들을 수 없을 때가 많다.

이제 소음들을 차단시키자. 버스를 어디로 몰고 가야 할지 정확히 아는 것은 내 안의 드라이버뿐이다. 우리는 그저 귀를 열어놓고 듣기만 하면 된다. 우리가 쉽게 휘둘리는 것 혹은 휘둘리는 사람들에는 무엇이 있을까? 우리의 의견 따위는 무시하라고 끊임없이 외쳐대는 목소리들 말이다. 소위 육아 전문가들, 라이프스타일 코치들, 마케터들, 혹은 '우리를 걱정해주는' 친인척들, 잡지의 번드르르한 칼럼들, 어린 시절에 들었던 케케묵은 교훈들, 아니면 처음부터 '준비된 부모'처럼 보이는 아이 친구의 엄마들, 현대식 육아법의 정석이라 일컬어지는 편협한 사고방식 등등.

지금은 당신과 남편이 가족의 리더로서의 역할을 확실하게 떠안아야 하는 시점이기도 하다. 현대의 육아, 혹은 부모 노릇이라고 하는 것은 아이들이 갖고 있는, 한 개인으로서의 자율성을 존중하는 쪽으로 많이 기울어져 있다. 물론 그게 좋은 일이라는 건 잘 안다. 하지만 아이들이 자율성을 갖는 가운데 옳은 길로 이끌어주고, 행동을 바로잡아주고, 자유로움의 한계가 어디까지인지 가르쳐주어야 하는 것은 부모의 몫이다.

그러니 떨쳐 일어나 땅에 깃발을 꽂자. 그리고 이 삶은 온전히 나의 것임을 선언하자! 스스로를 믿는다는 것이 쉬운 일은 아니라는 걸 잘 안다. '나'는 종종 갈팡질팡하면서 헤매는데, 바깥에서 들려오는 목소리들은 하나같이 확신에 차 있으니까 말이다. 특히 다른 부모들이 아무 어려움 없이 아이들을 다루는 것처럼 보일 때면, 상대적으로 나의 모습이 더욱 한심해 움츠러들게 된다(내 아이가 슈퍼마켓 과자 코너에서 소리를 지르며 떼쓸 때마다 특히 그렇다). 하지만 우리는 나 자신과 내 아이를 알고 있는 유일한 사람이다(가끔씩은 정말 알고 있는 걸까 의심이 들긴 하지만). 그리고 이것은 내가 살아내야 할 나의 인생이다. 우리 스스로와 우리 가족을 위해서 내면의 버스 드라이버에게 최대한 힘을 실어주자. 시끄럽게 떠드는 온갖 불협화음에 지지 않을 만큼. 우리의 드라이버는 생각보다 많은 것을 알고 있다.

'내 맘대로 구역'을 만들자

우리는 무언가를 선택할 때 각자 나름대로 사전조사를 하고 결정을 내린다. 하지만 이제는 내면의 드라이버를 신뢰하기로 결정한 만큼, 새로운 시도를 해보자. '내 맘대로 구역'을 설정하는 것이다. 내 맘대로 구역이란, 일단 들어온 정보를 내가 좋아하는 방식으로 받아들이고, 내가 편한 방식으로 생활에 적용하는 구역을 말한다. 그 구역 안에서 우리는 정보들을 '나 편한 대로' 수정하고 비틀어 쓸 수 있다. 그렇게 함으로써 시간을 벌고, 마음의 평정을 찾고, 망설이느라 진을 빼는 성격도 고칠 수 있다. 다음은 우리가 결정을 내리기 전에 흔히 겪는 일들이다. 당신은 어떤 타입에 속하는가?

세상의 모든 자료를 검색하고 나서야 결정하는 타입

뭔가를 사야 하거나 결정을 내려야 할 때, 일단 세상의 모든 옵션들을 찾아서 비교해야만 직성이 풀리는가? 지금 당장 고를 수 있는, 그것도 확실히 괜찮은 한두 개의 해결책이 눈앞에 뻔히 보이는데도?

크리스틴 일단 전형적인 소심쟁이이자 완벽주의자였던 나의 과거 고백부터 시작해야겠다. 내 첫 아이였던 로렐의 아기용품들을 사들이던 무렵, 나는 그야말로 최고의('최고'라 쓰고 '완벽'이라 읽는다) 것들을 사겠다는 야망에 불탔다. 예를 들어, 유모차를 살 때도 소비자 리포터가 쓴 사용후기를 꼼꼼히 읽고, 직접 매장에 가서 판매 직원들을 일일이 붙들고 의견을 묻고, 인터넷의 여러 후기들을 점검하고, 아기용품 전문 블로거들의 블로그를 방문해서 탐독했다. 거기에서 그치지 않고 내가 모은 자료들을 일목요연하게 그래프로 정리한 뒤, 각 상품들의 장점과 단점을 면밀히 분석하기까지 했다. 하지만 이 모든 피와 땀과 열정에도 불구하고, 뭔가를 사고 나면 반드시, 늘 어딘가 한두 가지 마음에 안 드는 구석이 있었다. 그러니까, 완벽하지가 않았다.

이야기의 핵심은 마지막 한 줄에 있다. '반드시, 늘 어딘가 한두 가지 마음에 안 드는 구석이 있다'는 점. 만약 당신도 이와 비슷한 부류라면, 이렇게 한 번 해보기 바란다. 시간과 에너지가 엄청나게 절약될 것이다. 당신이 신뢰하는 정보통이나 믿을 만한 사이트에서 좋은 평가를 받은 품목으로 딱 3개까지만 살펴본 뒤 검색을 끝내는 것이다. 내 아이를 위해 '최고의 것만' 사주고 싶은 것은 당연하다. 하지만 그 '최고'라는 의미를 단순하게 이원론적으로 '최고가 아니면 쓰레기'로 한정 지을 필요는 없다. '좋은 몇 가지 옵션들 중에서 내 마음에 드는 것'으로 그 '최고'의 의미를 넓혀보자.

볼테르도 이렇게 말했다. "그냥 좋은 것도 완벽한 것만큼 좋다. 완벽한 것을 찾으려고 좋은 것들과 싸우지 마라." 나는 이 말이 핵심을 찔렀다고 생각한다.

전문가의 의견에 기대는 타입

아이가 기침 한 번 한다고 허둥지둥 소아과 의사에게 전화부터 거는 타입의 부모가 되고 싶은 사람은 아마도 없을 것이다. 하지만 일단 의사와 상담하는 것 자체로 마음의 평안을 얻는 부류의 사람들도 분명 있다. 책이나 인터넷, 혹은 친구들이나 주위 사람들에게서 아무리 많은 정보를 얻을 수 있다 해도 말이다.

만약 당신이 그런 부류에 속한다 해도 아무 문제 될 것이 없다. 미니멀 육아의 원칙 중 하나는 '스스로의 스타일을 알기'임을 기억하자. 옳고 그르고를 떠나서 모든 것의 시작은 '나'라는 점이다. 내가 편하다면 그것이 나를 위한 방법이다. 마음속의 버스 드라이버를 신뢰하라고 우리는 당신에게 줄기차게 외치겠지만, 전문가의 조언을 구하는 편이 당신의 스트레스를 덜어주고 시간을 절약해준다면 왜 망설이겠는가? 뭘 어떻게 해야 좋을지 갈피를 잡을 수 없을 때, 믿음직한 팀과 함께 결정을 내리는 것도 훌륭한 방법이다. 단 한 가지 기억할 것은, 어떠한 상황에서도 당신이 운전대를 잡아야 한다는 것이다. 버스를 몰고 가는 것은 당신이어야 한다.

대세를 따를 때 편안한 타입

뭘 할지, 뭘 살지를 결정하기 위해 고민하는 과정을 고교생활에 비유하기도 한다. 의도하지 않게 불안감과 스트레스를 받는다는 점에서 말이다. 고교시절을 떠올려보자. 내가 뭔가를 제대로 하고 있는 건지 불안할 때 주위를 둘러보지 않았던가? 그리고 다른 친구들은 어떻게 하고 있는지 체크하지 않았던가? 육아나 학교생활이나 혼란에 빠졌을 땐 당연히 주위 사람들을 둘러보아야 한다. 하지만 문제는 그 다른 이들이 '내' 삶을 살고 있는 것은 아니며 '내 아이'를 키우고 있는 것은 아니라는 점이다.

친구들에게 아이를 어떻게 키우고 있는지, 수많은 골칫거리들을 어떻게 헤쳐나가고 있는지 묻자. 그리고 한 발 물러서서 생각해보고, 내면의 버스 드라이버와 상의하자. 그리고 '나'의 가치관, '내 아이'의 취향에 맞는 결정을 내리면 된다.

완벽한 시작이라는 환상을 버릴 것

처음부터 목표를 너무 높게 잡으면(특히 아이들에 대해서) 매 순간마다 '내가 과연 최고의 선택을 한 것일까' 고민하느라 피가 마른다. 만약 내가 실수로 잘못된 선택을 한다면 어떻게 될까? 우리 아이가 평생 '평범한 인간의 그저 그런 삶'의 저주에 빠져버리지는 않을까? 아니면 최소한 아이를 몇 년간 치료 상담사에게 맡겨야 하지 않을까? 등등.

우선 말해두고 싶은 것은, 이 책을 펼쳐든 것만으로도 당신은 이미 올바른 선택을 할 자질이 충분하다는 점이다. 당신은 사랑이 넘치는 사람이며 벌써 아이에게 최선을 다해 가장 좋은 것을 해주고 있는 사람임이 분명하다. 당신의 아이는 운이 좋다. 그토록 많은 사랑과 교육과 삶에 필요한 모든 것들을 선물 받았으니 말이다. 물론 매일이 완벽하게 흘러가주진 않을 것이다. 하지만 완벽한 하루하루보다 더 멋진 것이 있다. 바로 기꺼이 더 좋은 것을 향해 노력하려는 우리의 마음이다. 삶의 조각들은 나뭇잎처럼 어디로 떨어질지 예측할 수 없고, 우리 마음대로 컨트롤할 수도 없지만 그것들이 좀 더 옳은 곳에, 그러니까 '제자리에' 떨어질 수 있도록 돕고자 하는 마음 말이다.

그리고 또 한 가지, 어렵게 결정을 내렸다 해도 그 결정이 언제나 우리가 바라는, 눈에 보이는 결과를 가져다주는 것은 아니다. 우리 삶 속에 경험이 풍부해지고 다양해진다는 점에서는 항상 좋은 일이지만, 거의 대부분의 경우, '이거다!' 하고 결정을 내렸다 해도 뭔가 수정하고 바로잡아야 할 구석이 있다. 항상 '옳은' 선택을 해야 한다고 스스로를 몰아붙이지 마라. 우리에겐 언제나 궤도 수정의 기회가 있다. 그리고 누가 아는가? 길을 잘못 들어서 다른 길을 모색하는 도중에 원래 생각보다 훨씬 멋진 길을 발견할지 말이다.

아샤   내 아들을 학교에서 자퇴시킨 것은 내 인생에서 가장 두려운 결정이었다. 홈스쿨링이라는 것을 한 번도 생각해본 적 없다는 점은 둘째 치고, 도대체 그 아이를 위해 뭘 어떻게 해줘야 할지 까마득했다. 하지만 우리 가족들은 점차 알아가게 되었다. 그것은 '도 아니면 모' 게임이 아니라는 것을. 처음에는 절벽에서 뛰어내리듯 돌이킬 수 없는 다리를 건넜다고 생각했다. 이제 다시는 '평범한 삶'을 살 수 없을 것이라고. 하지만 시간이 흐른 뒤 생각해보니 우리는 단지 여러 갈래의 길 중에서 한 갈래의 길을 선택했을 뿐이었다. 그리고 그것은 나중에 언제라도 되돌아갈 수 있는 길이었다.

우리는 여러 결정을 내린다. 그리고 그중 일부는 무언가가 잘못되거나 실망스럽게 된다. 그게 우리 탓일 때도 있지만, 우리 힘으로는 어쩔 수 없는 일일 때도 많다. 부모는 본능적으로 자식이 어떤 고통도 겪지 않길 바란다. 그리고 가슴 아픈 상황으로부터 그들을 지켜주기 위해서 물불을 가리지 않는다. 하지만 역경과 고난은 때로 아이들에게 선물이 될 수도 있다. 언제나 아이들은 어려움 속에서 무언가를 배우기 때문이다.

아이들에게 피할 수 없는 어려움을 겪게 한다고 해서 부모 노릇을 대충한다는 뜻은 아니다. 그것은 단지 우리가 더 넓은 세상을 향해 열려 있으며 가족들을 위해 기꺼이 변화를 수용하겠다는 뜻을 보이는 것뿐이다. 우리는 처음부터 끝까지 겸손하고도 용감한 자세로 필요한 것들을 배워나갈 것이다.

일단 일생 동안 갈등해야 할 결정들과 선택들의 개수를 좀 줄이기로 결심했다면, 그 남겨진 선택들을 하는 동안에도 힘을 빼자. 뭔가를 선택해야만 하는 상황에 처하면, 가장 먼저 떠오르는 옵션들을 빠르게 훑어본 뒤 내면의 드라이버와 상의해서 그중 가장 타당하게 느껴지는 것을 고른다(모든 옵션들이 다 좋게 느껴질 때도 있을 테지만). 그리고 그걸로 실행하는 것이다. 만약의 경우, 그 결정을 바꾸거나 조정할 수 있다는 것을 기억하자.

우리 모두는 한 팀이다

자녀의 미래를 대비한다는 명목 하에 너무나 많은 부모들이 환상 속에 살고 있다. '더 많은' 것이 '더 안전한' 것이라는 환상 말이다. 아이들에게 좀 더 성공적인 인생을 향한 다리를 놓아주기에 혈안이 된 나머지, 우리는 종종 '우리 모두가 한 팀'이라는 중요한 사실을 잊어버리곤 한다.

오늘날 부모들이 자녀에게 보이는 과잉보호 성향은 행여나 '부족함'이 생길까 두려워하는 마음에서 비롯된다. 육아용품도 빠짐없이 갖추어야 하고, 시설 좋은 놀이방에 보내야 하고, 나중엔 '최고의' 학교에 입학시켜야 하고. 하지만 돈을 들인다고 해서 아이들이 부족함 없이 자라는 것은 아니다. 아니, 우리 아이들에게 물질적으로 필요한 것들은 이미 모두에게 돌아가고도 남을 만큼 풍족하다. 조바심을 치는 부모의 마음을 이해하지 못하는 것은 아니다. 맞다. 학교 졸업식 때 졸업연설을 하는 아이는 단 한 명이다. 학교 오케스트라에서 수석 바이올리니스트 자리에 앉는 아이도 한 명뿐이다. 하지만 아이들의 미래가 그런 사소한 것들에 좌지우지된다고 믿는다는 자체가 환상이라는 것이다.

우리는 좀 '덜' 할 수 있다. 그리고 좀 더 '지금'을 즐길 수 있다. 그리고 그것은 놀랄 만큼 유쾌한 느낌을 준다. 우리는 우리가 원하는 것을 '지금' 가질 수 있다. 새롭게 미니멀라이즈 된 마음만 있다면 우리 삶의 다른 부분들도 단순하고 유쾌하게 바꿔나갈 수 있다!

chapter
2

시간 쓰기의
재구성

MINIMALIST PARENTING

"나는 시간이 남아돌아요"라고 말하는 부모가 있다면 어디 한 번 데려와보라. 그럼 우리가 북극에 있는 따뜻한 호숫가 별장을 보여줄 테니. 엄마가 되기 전과 되고 난 후, 똑같이 하루에 24시간을 살아가고 있다는 사실을 아직도 믿을 수가 없다. 하루의 스케줄 속에 쑤셔 넣어야 하는 일들이 이토록 늘어났는데도 말이다.

혼자 살면서 내 스케줄만 조절하면 되었던 시기와 비교하면, 가족 스케줄을 관리하게 되면서부터 그 복잡다단함이 기하급수적으로 늘어났다. 달력에 체크해야 할 것들이 많아졌다는 의미뿐만이 아니다. 가족들이 필요로 하는 모든 것들을 준비해놓아야 하고, 그 모든 것들을 완벽하게 해내야 한다는 스트레스가 끊임없이 우리를 짓누른다. 사방에서 들려오는 육아법들에 귀를 기울이다 보면 모두가 너무나 중요하고 맞는 말처럼 들려서 부담감은 더욱 커진다. 그래서 아이들을 체험 캠프에 보내지 않거나 과외 수업을 시키지 않으면 죄책감이 든다. 그뿐만이 아니다. 일주일에 몇 번은 집에서 근사한 저녁을 만들어 가족들을 대접해야 하고, 틈틈이 운동으로 스스로의 몸매도 가꿔야 하고, 완벽하진 않아도 남 보기에 부끄럽지 않은 집안 꼴을 갖춰야 하고, 직장생활도 프로페셔널하게 해내야 하고, 남편과도 '육아 동지' 이상의 관계를 유지해야 한다! 누가 이걸 다 해낼 수 있단 말인가? 우리의 시간을 조각내고 절단하는 일들은 얼마든지 더 있다. 그리고 그 속에서 좌절하기는 아주 쉽다.

미안하지만 우리는 당신에게 그것들을 다 해낼 수 있는 방법을 가르쳐줄 수 없다. 그건 애초에 불가능한 일이기 때문이다. 잡지와 블로그에서 뭐라고 떠들어대든 일단 그 모든 것들을 해내겠다는 마음부터 접어라. 할리우드 스타나 유명인들도 자기 아이들에게 그 모든 걸 해주진 않는다. 근사하게 차려입은 학부모회 간부들이라고 그걸 다 해주고 있을 것 같은가? 당신 어머니도 당신을 그렇게 키우지 않았다. 하지만 대신, 누구나 지금보다 '덜' 하는 것은 쉽게 할 수 있다. 그리고 '덜' 애쓰고도 얼마든지 건강하고 행복하고 똑똑하고 책임감 있는 아이로 키워낼 수 있다.

'덜' 하기의 핵심은 신경 써야 할 일들을 좀 더 까다롭게 걸러내는 데 있다. 정말로 신경 쓸 가치가 있는 것에만 신경을 쓰는 것이다. "어떻게 해야 이 모든 것들을 해낼 수 있을까?"를 생각하는 대신에 "무엇이 가장 중요한 일일까?"를 생각해야 한다. 그렇게 해나가다 보면 하루를 마감하면서 진짜로 중요한 일들은 거의 처리했다는 점을 깨닫고 기분이 좋아질 것이다.

이 장에서는 우선순위를 매기는 방법에 대해 이야기하려 한다. 가족들을 위해 시간을 쓸 때 무엇을 우선에 둘 것인지, 그리고 현재 당신이 시간을 쓰는 방식을 새로운 시각으로 볼 수 있도록 도울 것이다. 그리고 나서 당신이 '지금 하고 있는 일'과 '중요하다고 생각하지만 하지는 않고 있는 일'들 사이의 간극을 좁히기 위해 작전을 짤 것이다.

노트와 연필이 준비되었는가? 이제 시작하자.

나를 알기

중요하고 가치가 있는 일들을 골라내고 그것을 먼저 할 수 있는 힘을 기르려면, 우선 '내가 시간과 어떤 관계를 맺고 있는가?'를 알아야 한다. 시간을 쓰는 방식은 저마다 다르다. 스케줄 관리의 첫걸음은 시간과 나와의 관계를 파악하고 인정하는 것이다.

나의 '시간 스타일'은?

누구나 시간에 집중하고 관리하는 법을 배우면 훨씬 여유 있는 삶을 살 수 있다. 그리고 그 시작이 바로 나의 '시간 스타일'을 아는 것이다. 시간 스타일이란 시간을 운용하고 쓰는 데 있어서 당신이 가장 편하게 느끼는 방식을 말한다.

잠시 동안 가상의 세계로 들어가보자. 당신이 신경 써야 할 사람이 당신 하나뿐이라고 가정하는 것이다. 그러면 시간을 어떻게 쓰고 싶은가? 아래 질문에 답해보기 바란다(지금만큼은 현실적이 아니라 이상적이 되어보자).

- 당신은 계획에 맞춰 일하는 것을 즐기는 사람인가, 아니면 융통성 있게, 즉흥적으로 일하는 타입인가?
- 당신은 익숙한 일상이 편안한가, 아니면 따분한가?
- 친구들은 당신을 시간 약속을 잘 지키는 사람으로 기억하는가? 당신은 스스로를 어떻게 생각하는가? 그런 평판이 신경 쓰이는가?
- 당신은 하나의 일이 끝나고 나면 다음 일로 곧장 수월하게 넘어가는 스타일인가, 아니면 그 중간에 '숨 쉴 틈'이 필요한 스타일인가?
- 당신이 생각하는 이상적인 휴가란, 재미있는 일정으로 가득 채워진 활기찬 것인가, 아니면 숙소에서 느긋하게 앉아 즐기는 것인가?
- 당신은 사람들과 함께 있기를 좋아하는 타입인가, 아니면 혼자 있기를 좋아하는 타입인가? 누군가와 함께 있는 시간과 혼자 있는 시간의 이상적인 비율은 어느 정도라고 생각하는가?

위 질문들의 대답을 종합해보면 당신이 시간을 대하는 태도가 분명히 보일 것이다. 계획성, 치밀성, 사회성 등이 말이다. 예를 들어, 일주일 단위로 반복되는 회사생활과 일정한 양의 집안일, 규칙적으로 아이들과 놀아주기, 한 달에 한 번 갖는 포트럭 파티 등이 누군가에겐 이상적인 스케줄이 될 수도 있다. 하지만 다른 이들은 시간을 다른 방식으로 보낼 수도 있다. 우리가 시간을 쓰는 방법은 무궁무진하다.

지금 당장은 당신이 하고 있는 일, 의무, 가족들 때문에 불가능하게 보인다 할지라도 우선 당신이 이상적이라고 느끼는 스케줄을 짜보도록 하자. 그냥 재미로 한 번 해보는 것이다! 우리가 원하는 곳에 도달하기 위해서는 일단 우리가 뭘 원하는지 확실히 해둬야 하지 않을까?

나를 위한 황금시간 찾기

가족들을 위한 스케줄을 짜는 데 앞서 우리 스스로의 시간 스타일을 아는 것은 중요한 단계다. 그다음 단계는 나의 신체리듬에 귀를 기울이는 것이다. 누구나 하루 중 에너지가 높아지는 시간이 있고 낮아지는 시간이 있다. 그리고 그 시간이 언제쯤인지 아는 것은 그리 어렵지 않다. 스스로의 신체리듬 패턴을 되도록 꼼꼼하게 살펴보고 스케줄을 분배하도록 하자. 에너지가 높아지는 시간대에는 두뇌 회전이 필요한 일들을, 에너지가 낮아지는 시간대에는 단순노동을 배치하는 것이다.

- 당신은 아침에 일찍 일어나는 타입인가, 아니면 밤에 늦게 자는 타입인가?
- 하루 중 가장 활력 넘치는 시간대는 언제인가?
- 하루 중 가장 에너지의 고갈을 느끼는 시간대는 언제인가?

우리는 아직 가상공간에 있다는 사실을 기억하자. 이 질문들에 답할 때는 철저하게 '나'에게만 집중해야 한다. '옳은' 답이나 '이성적인' 답을 하려 해서는 안 된다. 가령, 당신이 오후 3시에서 5시 사이에 에너지 레벨이 가장 높아진다고 해도 — 그 시간대는 거의 모든 사람들이 낮잠에서 깨어나 가장 까칠해지고 멍해지고 신경질적으로 되는 시간이긴 하지만 — 당신이 그렇다면 그런 것이다. 그 시간대는 당신만의 황금시간인 것이다. 현실적인 문제들은 차차 다루기로 하자.

'딱 좋을 정도로만' 바쁘자

일주일은 눈 깜짝할 사이에 후딱 지나가버리고, 할 일들은 쌓여만 가고, 어느 틈엔가 그 일들에 짓눌려 허덕이고 있는 당신이 보인다. 이 책을 쓰고 있는 우리도 무수히 겪어온 일이다. 가끔은 의도하지 않은 일들이 터지는 바람에 정말로 어쩔 도리가 없다는 것도 안다. 그땐 그저 고개를 푹 숙인 채 꾸역꾸역 헤쳐나가는 수밖에. 하지만 꼭 그렇지 않을 때도 많다. 혹시 우리가 과도한 욕심을 부려서 가족들이 감당하지 못할 정도로 스케줄을 빽빽하게 잡았던 건 아닐까?

실험 삼아 이렇게 한 번 해보자. 지난달 달력에 체크된 스케줄표를 살펴보자. 한 주씩 나누어서 천천히 살펴보는 것이 좋겠다. 그 한 주간에 당신과 아이들이 했던 활동들의 숫자를 세어보고 노트에 기록하자. 4주, 혹은 5주간의 스케줄 검토가 끝났으면 이제 '스케줄의 황금비율'을 찾아보자. 할 일이 너무 적어서 무료하게 느껴졌던 주는 몇째 주인가? 반대로 너무 숨 가쁘게 지내야 했던 주는 몇째 주인가? 혹시 딱 적당히 바빴던 주가 있는가?

당신 가족들이 한 주간에 해내는 활동들은 몇 개 정도가 딱 좋은가? 그 숫자를 노트에 (크게) 적어라. 다음은 그 숫자에 맞춰서(딱 맞추거나 그보다 조금 적게 하는 게 좋다. 예상치 못한 스케줄이 갑자기 잡힐 수도 있고 누군가 아프게 될 수도 있으니까) 다음 달 주간 스케줄표를 짜는 것이다.

시간도 재고 조사가 필요하다

드디어 우리가 바라는 이상적인 스케줄을 향해 서서히 다가가고 있다. 하지만 기뻐하기 전에, 당신이 실제로 시간을 어떻게 쓰고 있는지 짚고 넘어가야만 하겠다. 걱정할 것 없다. 분명히 말하지만 아무도 당신의 시간 쓰기 방식에 고개를 설레설레 흔들거나 '시간을 그 따위로 낭비하다니' 하는 식으로 당신을 판단하지 않을 것이다. 하루에 페이스북을 3시간씩 한다고 해서, 사무실에서 하루 9시간씩을 일한다고 해서, 일주일에 10시간씩 TV 예능프로그램을 본다고 해서 문제될 것은 없다. 또한 우리는 당신이 학교 자원봉사를 몇 시간씩 하는지, 집안일을 몇 시간씩 하는지, 아니면 당신이 일 중독자인지 아닌지로도 시간 쓰기 수준을 평가할 마음도 없다. 시간 재고 조사라는 것은 단지 현재 당신이 시간을 쓰고 있는 방식의 데이터들을 있는 그대로 정리해보는 것이다. 그래서 지금부터는 시간을 쓸 때 좀 더 의식적으로, 깨어 있는 마음으로 쓸 수 있도록 해보자는 것이다.

   잠시 시간을 내어 다음의 표를 채워보자. 생활 전반에 걸쳐 넓은 범주를 다루고 있지만 만약 부족한 부분을 느낄 경우를 대비해 빈 칸을 몇 개 남겨두었다. 당신만의 활동영역이 있다면 이 빈 칸을 이용하자. 원한다면 좀 더 구체적인 표를 만들어도 좋다. 하지만 여기서 기억할 것은 지금 우리는 '큰 윤곽'을 보는 단계라는 점이다. 가장 평범한 하루를

무엇을 하는가?	하루에 몇시간이나 하는가?	그걸 하고 나면 어떤 기분이 드는가?
잠자기		
몸단장하기, 씻고 꾸미기		
돈 버는 일 하기, 혹은 학교 가기, 교육하기		
운동하기		
집안일 하기 (청소, 청구서 처리 등등)		
잡다한 바깥일 하기(슈퍼마켓 가기, 애완동물 병원 데려가기 등등)		
요리하기		
자원봉사 활동, 혹은 커뮤니티 활동 하기		
아이 돌보기(놀아주기, 차로 태워다 주기, 기저귀 갈아주기, 숙제 봐주기 등등)		
가족들과 어울리기(식사하기, 함께 운동하기, 교회[성당, 절 등]에 함께 가기 등등)		
취미생활 하기와 즐기기(다른 가족들의 취미생활이 아니라 당신만의 취미생활)		
다른 세상으로 가기(TV 보기, 인터넷 서핑하기, 소셜 미디어에 접속하기 등등)		
사회생활 하기 (친척들이나 친구들과 함께하기)		
애정관계 구축하기(밤에 데이트 하기, 남편과 수다떨기, 섹스 하기 등등)		

chapter 2   시간 쓰기의 재구성

골라 떠올려보고, 그날 당신이 시간을 어디에 얼마만큼 썼는지 가늠해보자.

위 표에서 주어진 예들은 전형적인 부모들의 일과에서 공통되는 부분들이다. 당신이 시간을 어떻게 사용하고 있는지 좀 더 또렷하게 보기 위한 작업일 뿐이니 '하루에 몇 시간이나 하는가?' 부분을 특히 솔직하게 채워 넣자. 당신이 써 넣은 숫자들에 놀랐는가?

이젠 각 활동을 하면서 어떻게 느끼는지를 적어 넣을 차례다. 되도록 빨리! 오래 생각하지 말고! 가장 먼저 마음속에 떠오르는 감정을 쓰자. 그게 무엇이 되었건 간에. 당신 말고는 이걸 읽을 사람이 아무도 없다(만약 당신이 누군가에게 보여주면 몰라도). 그러니까 당황할 필요도, 부끄러워할 필요도 없다. 기억하라. 당신은 이미 현재 할 수 있는 만큼 최선을 다하고 있고, 그것도 모자라 '좀 더' 잘해보려고 이 테스트까지 하고 있다는 사실을. 당신은 용감한 사람이다.

자, 평가시간이다. 뭔가 제대로 돌아가고 있지 않다는 느낌이 드는 항목이 눈에 띄는가? 바라보면 뿌듯하고 자랑스러운 항목이 있는가? 아니면 당신을 움츠러들게 하는 항목은? '다른 세상으로 가기' 활동에 대해서는 어떻게 느끼는가? 편안하고 릴렉스한 느낌인가, 아니면 정크푸드를 먹었을 때와 같은 느낌(즉각적인 즐거움은 주지만 나중엔 허탈해지는)인가? 당신 내면의 버스 드라이버는 뭐라고 말하는가? 이 모든 것들을 노트에 기록하자. 그 기록들은 다음 단계에서 귀중한 자료로 쓰일 것이다.

내 가족의 '시간 감각' 알기

지금까지는 당신 스스로의 시간 쓰기 패턴에 대해 생각해보았다. 이제 당신 가족들의 시간 감각을 알아볼 차례다. 다음 질문에 대해서 되도록 구체적인 답을 내도록 노력해보자. 가족 한 사람 한 사람에 대해서. 이번 역시 정답은 없다. 어떤 답이 되었든 그에 대한 평가는 내리지 말자. 대답하다 보니 화가 북받치는 한이 있더라도.

- 당신의 아이는 친구들과 놀거나 여타의 스케줄로 바쁘게 지내는 걸 좋아하는 타입인가, 아니면 '자유롭게' 그냥 혼자 지내거나 당신과 붙어 있길 좋아하는 타입인가?
- 당신의 아이는 원래 시간을 체계적으로 쪼개어 쓰는 쪽인가, 아니면 시간 감각이 무디거나 아예 없거나 아니면 아예 그런 데 관심이 없는가?
- 당신의 아이는 하나의 활동이 끝나고 나면 다음 활동으로 수월하게 넘어가는 스타일인가, 아니면 그 사이에 휴식이나 딴청 부리는 시간이 길게 필요한 스타일인가?
- 당신의 아이는 아침에 자연스럽게 일찍 일어나는가? 낮잠을 자는가? 언제 잠자리에 드는 것이 가장 좋다고 생각하는가(당신이 아니라 당신 아이의 취침시간 말이다)?
- 당신 아이의 성격은 어떤가? 의지력이 강하고 독립적인 성격인가? 느긋한 성격인가? 불평불만이 많은 스타일인가? 모험심이 많

은가? 부끄러움을 타는가? 호기심이 많은가? 심각한 스타일인가? 경쟁심에 불타는 스타일인가? 아니면 좀 실없는 스타일?

아이가 아직 너무 어려서 이런 질문들에 구체적으로 답할 만큼 성격이 뚜렷하지 않다면, 과거에 아이가 보였던 반응들을 이 질문에 비추어 생각해보는 걸로도 충분하다.

당신 남편은 어떤가? 그가 시간을 대하는 태도는 당신과 닮았는가, 아니면 다른가? 사실, 그것이 같건 다르건 큰 상관은 없다. 여기서 우리가 하고자 하는 것은 우리 가족들을 위한 좀 더 나은 길을 찾고자 하는 것뿐이니까. 좀 전에 우리 스스로를 위한 이상적인 스케줄을 연습할 때와 같은 마음으로 임하면 된다.

이제 당신 가족들이 시간을 쓰는 방식과 당신이 시간을 쓰는 방식을 비교해보자. 그들 사이에 겹쳐지는 부분이 있는가? 예를 들어, 당신과 아이들이 모두 아침에 일찍 일어나는 스타일이라면 남편이 아직 쿨쿨

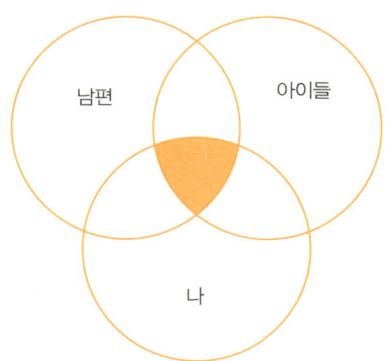

자고 있는 아침시간에 아이들과 함께 무언가(간단한 집안일이라든가 활동들)를 해볼 수 있을 것이다. 당신과 가족들의 시간 쓰기 방식에 어긋나는 부분이 있는가? 가령 당신은 꽉 짜인 일정대로 움직이는 걸 싫어하는데, 당신의 가족(남편이나 아이들)은 안정적이고 계획된 생활을 좋아한다든지 말이다. 그 겹쳐지는 부분과 어긋나는 부분들을 빠짐없이 노트에 기록하자. 이것 역시 다음 단계로 가는 중요한 자료가 될 것이다.

'더' 목록과 '덜' 목록

우리는 우리가 원하는 것을 알고 있다(우리가 이전에 만들었던 이상적인 스케줄표에 되도록 가깝게 하루 일정을 짜는 것 말이다). 또한 우리는 지금 우리가 어디에 있는지도 알고 있다(시간 재고 조사도 끝냈고, 한 주간에 '딱 좋을 만큼'의 활동이 몇 개까지인지도 알았고, 우리 아이들이 시간을 어떻게 쓰는 타입인지도 생각했으며, 그것이 우리가 시간을 쓰는 방식과 어떻게 같고 어떻게 다른지도 연구했다). 이젠 우리의 스케줄에서 무엇을 쳐내고 무엇을 더 할지를 결정할 차례다.

우리의 도구는 '더' 목록과 '덜' 목록이다. 말 그대로다. 당신 삶 속에 '더' 있었으면 하는 것들의 목록과 '덜' 있었으면 하는 것들의 목록을 작성하는 것이다.

'더'와 '덜'이라는 말이 지나치게 간단해서 시시해 보이는가? 처음엔 우습게 들릴 수도 있다. 하지만 일단 실행해보면 깜짝 놀랄 만큼 파워풀한 방법이다. 생각을 행동으로 옮기는 데는 특히 더 그렇다. 당신이 지금 서 있는 그 자리에서부터 당신이 꿈꾸는 그 자리까지 가기 위한 첫 걸음이 바로 이 목록을 써내려가는 일이다. 이 목록들이 우리가 꿈을 찾은 지도 위의 중요한 길잡이가 되어줄 것이다.

백지를 한 장 준비하자. 그리고 그 한가운데에서 위 아래로 선을 하나 긋자. 그리고 왼쪽 면에 '더'라고 쓰고, 오른쪽 면에 '덜'이라고 쓴다. 지금까지 살펴봐왔던 우리의 시간 스타일, 우리 가족들의 시간 스타일, 우리의 꿈의 스케줄표, 나와 가족들의 황금시간, 그리고 내가 실제적으로 시간을 쓰고 있는 방식 등을 하나씩 머릿속에 떠올려보자. 그러고 나서 당신의 삶 속에 좀 더 있으면 좋겠다 싶은 것들을 '더' 란에 적는다. 현실과 동떨어져 보이고 불가능해 보이는 것들이라 할지라도 마음속에서 원하는 것이 있으면 적자. 예를 들어, '인도네시아를 여행하고 싶다'라는 생각이 떠오를 수도 있다. 지금 당장은 그걸 실행할 만한 돈도 시간도 없지만, 그래도 적는 게 중요하다.

그리고 '덜' 란에는 당신을 우울하게 하고, 의기소침하게 하고, 마음을 무겁게 하는 것들을 적는다. 역시 걱정할 것 없다. 여기 적는다고 해서 아직 당신이 그 일들을 때려치운 건 아니지 않은가? 일단 당장 마음속에 떠오르는 목록들을 적어보고 나중에 마음이 바뀌면 얼마든지 수정할 수 있다.

한 가지씩 '더'와 '덜' 목록을 채워나가면서 내면의 버스 드라이버와 상의하는 것을 잊지 말자. 당신의 목록은 당신만의 것이어야 한다. 다른 누구도 아닌 당신과 당신의 가족을 위한 것 말이다. 만약 "아무리 그래도, 이건 꼭 해야 해(혹은 하지 않아야 해). 다들 그러는걸. 어쩔 수 없어……"라는 마음이 피어올라서 당신을 방해한다면 뱀을 물리치는 것처럼 단호한 태도로 맞서야 한다. 설령 다른 사람들이, 다른 가족들이 다 하고 있는 일이라 할지라도 당신과 당신 가족에게 맞지 않다면 필요 없는 것이다. '덜' 목록에 가차 없이 처박아야 한다. 예를 들어, '청소' 같은 것이라 할지라도. 물론 집이 깨끗하면 좋다. 당신도 깨끗한 환경에서 생활하는 걸 더 좋아할 것이다. 하지만 당신 내면의 버스 드라이버가 지금 당장 당신에겐 청소보다 더 중요한 것이 있다고 말한다면 청소는 '덜' 목록에 올라야 마땅하다.

또 한 가지 명심할 것은, 결코 '두려움'이 우리의 작업에 끼어들게 해서는 안 된다는 점이다. 내면의 버스 드라이버가 조용히 우리가 가야 할 방향을 가리키고 있는데도, 단지 두려워서 갈팡질팡 헤매고 있어선 안 된다. 스스로를 믿자. 당신은 두려움보다 강하다. 언제나.

처음엔 목록이 길지 않다. 하지만 앞으로 1~2주 동안 그 목록들을 덧붙여나가자. 그 목록들은 살아서 진화해나갈 것이다. 당신은 멋대로 마음을 바꿀 수 있다. 실험해볼 수 있고, 이리저리 굴려본 뒤 빼거나 덧붙일 수 있다. 목록을 연필로 쓰든 볼펜으로 쓰든 그것도 당신 마음이다. 당신 인생 아닌가?

시작은 느긋하게

지금쯤 되면 당신은 어렴풋하게나마 당신 가족들에게 '딱 좋을 정도로' 바쁜 게 어느 정도인지 감이 잡힐 것이다. 당신의 소중한 시간을 잡아먹어도 좋을 만큼 중요한 일과 그럴 가치가 없는 일들을 가려내는 법도 말이다. 당신 내면의 버스 드라이버는 옳은 방향을 가리키고 있다. 이제 버스에 시동을 걸고 본격적으로 바퀴를 굴릴 때다.

잠깐! 그렇다고 해서 당신의 새로운 가정생활 스케줄이 벌써(시작한 지 몇 분 안 지났다) 뚝딱 만들어졌다고 생각해선 곤란하다. 우리 작전의 핵심은 일단 느긋하게 출발하는 데 있기 때문에 지금은 시동을 건 것뿐이다. 그다음 단계들은 가면서, 길 위에서 하나씩 살펴보고 고쳐나가면 된다. 근사하게 균형이 맞는 생활을 위해서는 끊임없이 부딪히고 실패를 겪어야 한다. 또한 실생활에는 굉장히 유익하기 때문에 '더' 하려고 욕심을 부려왔던 일들(예를 들어, 청소, 아르바이트 등)을 마음 편하게 '덜' 할 수 있기까지는 시간이 걸릴 것이다. 몇몇의 사항들은 검토목록에 오를 것이고 어떤 것들은 너무 당연해서 수면 위로 떠오르지도 않을 것이다.

지금부터 당신이 내리는 결정들, 살아가는 방식들은 이제 달라질 수 있다. 그것들을 비춰보고 걸러낼 수 있는 렌즈가 생겼기 때문이다. 스스로를 믿어라(바람 부는 길 위에서 내면의 버스 드라이버에게 운전대를 내줘라). 처음엔 겁이 날 수도 있다. 혹시 아이들의 장래를 망칠까 아직도 조바심을 내고 있을 수도 있다. 우리라고 왜 모르겠는가? 소위 현대사회라고 하는 곳이 '덜' 하려는 의지를 그다지 환영하지 않는다는 사실을 말이다.

우리가 지금 해나가고 있는 '시간 쓰기의 재구성'은 우리 아이들의 삶에도 큰 영향을 미치게 된다. 오늘날의 사회적, 경제적 상황을 떠올려 본다면 고개가 끄덕여질 것이다. 우리 아이들이 좀 더 열려 있고 자유로운 시간 감각을 갖는 것은 학교나 축구장에서 배우는 것보다 (최소한 똑같거나 그 이상으로) 더 가치 있는 자산이 될 것이다.

- 아이들은 탐구하고, 마음이 끌리는 것을 추구하고, 자아실현을 함으로써 미래를 밝혀줄 가장 큰 연료, '열정'을 손에 쥐게 된다.
- 아이들은 가정생활을 함께 조화롭게 꾸려가는 경험을 통해서 팀워크와 서로 돕는 것의 가치를 깨닫게 된다.
- 아이들은 지루함을 어떻게 극복해야 하는지를 배우게 된다(지루하고 텅 빈 시간은 창조성을 꽃피우기 위한 최상의 조건이다).
- 아이들은 '아이들답게' 될 것이며 아이들만의 놀이를 함으로써 균형 잡힌 어른이 될 준비를 할 것이다.
- 아이들은 내면의 소리에 귀 기울이는 법을 배울 것이다. 그리고 그들이 커나가면서 함께 커질 책임감과 도덕적 위기들, 그리고 스트레스를 그 목소리와 함께 헤쳐나가게 될 것이다.

도구와 시스템을 정비하자

시간 개념을 새롭게 정립하는 것은 훌륭한 일이다. 하지만 그 새로운 개념 정립이 실생활에 적용되지 않는다면 그야말로 무용지물이다. 깨달음이 매일의 생활 속에서 실제로 쓸모가 있으려면 습관으로 굳어져야 한다. 그러기 위해서는 도구와 시스템이 필요하다.

내게 맞는 도구 찾기

지금까지 누누이 "모두에게 들어맞는 답이란 없다. 당신만의 것을 찾아라!"라고 외치긴 했지만, 딱 한 가지 모두에게 필요한 것이 있다. '스케줄 달력과 할 일 목록'이 그것이다. 시간을 관리하는 데 있어서 핵심적인 도구다. 날짜별, 시간별로 해야 할 일들을 적어놓음으로써 머릿속에 여유공간을 만들 수 있기 때문이다. 그것들을 기억하느라고 쓸데없는 에너지를 낭비하지 않고 보다 급한 문제를 해결하는 데 집중할 수도 있다.

엉망으로 구깃구깃해진 생활의 주름을 단번에 말끔하게 펴서 다려줄 '마법의 노트'를 찾으려들지 말자. 검색으로 밤을 새워봤자 그런 건 없다. 앞서 말했다시피 당장 손에 잡히는 몇 가지 옵션들 중에서(믿을 만한 친구에게 물어보거나 추천을 부탁해도 좋다) 가장 효율적으로 보이는 것을 선택해도 충분하다. 종이 한 장도 좋고, 전자수첩도 좋고, 싸구려 스프링 노트와 연필도 훌륭하고, 수백 달러짜리 '시스템 다이어리'도 물론 좋고, 공짜 어플리케이션, 혹은 인덱스카드 한 뭉치도 당신을 위한 마법의 노트가 될 수 있다. 만일 그것이 다음 조건을 만족시키기만 한다면 말이다.

- 들고 다닐 수 있을 것(그야말로 늘 당신과 함께 있어야 하므로)
- 쓰기 편하고 재미있을 것
- 남편과 공유가 가능할 것(남편도 가족 스케줄 다이어리와 할 일 목록을 작성하고 있다는 가정 하에)

그 도구를 지금 당장 활용하라

날짜와 시간이 구체적으로 정해져 있는 일들은 달력에 꼼꼼하게 기록하자. 그 외의 모든 일들은 '할 일 목록'에 적는다. 그러니까, 모든 것들을 말이다. 예를 들어, 여행하고 싶은 곳, 사고 싶은 것, 걸어야 할 전화 등등. 기억해야 하거나 하고 싶은 일들 중 특별히 시간이 정해진 것이 아닌 일들을 할 일 목록에 정리하는 것이다(만약 그 할 일 목록 중에 기간이 정해져 있거나 마감시한이 있는 일들이 있다면 재량껏 스케줄 달력으로 옮기면 된다).

어떤가. 마음속에 훨씬 여유가 생기지 않았나? 창조적으로 생각하고 휴식을 취할 수 있는 여유 말이다. 단지 마음속에 기억해야 할 것들을 스케줄 달력과 할 일 목록 위에 옮겨 적은 것뿐인데 뇌가 좀 더 중요한 일—당신 삶을 계획하고 경영하는 일—에 집중할 수 있게 되었다.

만일 당신이 이런 작업을 처음 해본다면, 모든 일들을 적어나가는 게 조금 짜증스럽게 느껴질 수도 있다. 시작단계에서는 이 도구들을 사용하는 것이 시간을 절약해주기는커녕 시간과 에너지를 뺏는 듯한 느낌조차 든다. 하지만 사용하면 할수록 점점 그 편리함에 길들여지고 의지하게 될 것이다. 일단 익숙해지고 나면, 당신이 한 주간의 시간을 쓰는 패턴이 보이기 시작하고, 어떤 일이 반복적으로 일어나는지를 파악할 수 있으므로 시간을 좀 더 효율적으로 쓸 수 있는 방법을 강구할 수 있다. 그리고 뭔가 새로운 아이디어나 목표가 생기면 당신의 마음은 자동적으로 그것들을 할 일 목록이나 스케줄 달력에 올리게 되고 결과적으로 당신은 그것들을 수행하기 위해 훨씬 더 능률적이고 합리적으로 움직이게 된다. 마치 마법처럼! 하지만 그것은 도구들의 마법이 아니다. 당신, 바로 당신이 그 모든 것들을 해내고 있는 것이다.

황금시간을 사수하라

앞에서 황금시간에 관해 이야기한 적이 있다. 정신이 가장 맑고 창조적으로 되는 시간대 말이다. 그 시간대에 당신이 해야 할 일들 중 가장 창조성이 필요하고 도전적인 일들을 배치하자. 그 시간대는 마땅히 '투자' 개념으로 보호 받아야 한다. 할 수 있다면 휴대폰, SNS 등은 꺼버리고 문도 닫자. 그 시간엔 미팅도 잡지 말고 커피 마시러 가자는 제안도 거절하는 용기가 필요하다. 아무튼 당신의 주의를 흐트러뜨릴 어떤 것도 접근하지 못하게 하자. 필요하다면 남편의 도움을 받아서라도 이 시간만큼은 가치 있게 사용하도록 하자. 처음엔 하루 10분이라도 좋다. 일단 시작하고 나서 천천히 그 시간을 늘려나가면 된다.

'자동 조종장치'를 가동시켜라

황금시간 이야기가 나왔으니 말인데, 일상적인 잡무들(이를테면 먹고 마시는 일, 고지서 납부하는 일, 집 밖으로 나가야 하는 자질구레한 일들, 집안 대소사 등)은 능률이 떨어지는 시간대에 해치울 수 있다. 가장 좋은 방법은 습관화, 고정화시키는 것이다. 일단 습관화를 시켜버리면 그 일을 하는 데 필요한 절차들은 눈감고도 할 수 있게 된다. 꼭 하긴 해야 하는데 할 때마다 고역인 잡일들이 있다면 '고정화시키자. 일정하게, 정해진 시간에, 고정적으로 하게 되면 그 일들이 쌓이지 않을 뿐 아니라 스트레스도 훨씬 줄어든다.

크리스틴 내가 제일 하기 싫어하는 일 중 하나는 매월 여기저기에 청구서를 보내는 일이다. 그걸 하는 데 시간이 그다지 걸리는 것도 아니요, 그걸 하고 나면 확실한 보상(돈이 들어오는 것이다!)까지 생기는데도 불구하고 끔찍하리만치 하기 싫었다. 하지만 일단 그것을 '고정화'하고 나자 그전만큼 싫게 느껴지지 않는다. 청구서를 보낼 곳들을 하나씩 분리해서 할 일 목록에 올리고 매월 첫째 주 월요일의 한 시간을 청구서 처리를 위해 따로 떼어두었다. 그렇게 해놓으니 한 달에 한 시간만 골치를 썩으면 되었다. 그리고 그 한 시간이 끝나고 나서 할 일 목록의 항목을 지우는 맛이란! 나는 온갖 영수증 정리도 그런 식으로 하기 시작했고, 덕분에 연말정산 하루 전날에 밤새워 낑낑거리지 않아도 된다.

현실적으로, 아이를 키우고 가정을 꾸려나가는 것은 무수히 반복되고 지루하지만 꼭 해야만 하는 일들의 연속이다. 그걸 하는 게 퍽 신나는 일은 아니라는 걸 안다. 하지만 그렇다고 해서 책임을 회피하는 것은 '미니멀 육아' 정신에 위배된다. 따분한 일들을 쉽게, 자동적으로 해치울 수 있는 고정 패턴을 만들어보면 어떨까? 당신이 가장 하기 싫은 집안일을 하나 골라서 그 과정들을 잘게 부숴보자. 그리고 그 각각의 과정을 좀 더 효율적으로 할 수 있는 방법은 없을지 궁리해보는 것이다. 필요하다면 다른 사람의 도움을 받아도 괜찮다.

아샤   내게 있어서 가장 귀찮은 집안일은 단연 빨래다. 우리가 '무시무시한 빨랫감 괴물'이라고 부르는 그것 말이다. 빨래를 한 번 하려면 절차가 얼마나 많고도 까다로운지, 까딱 정신을 놓았다가는 어처구니없는 꼴을 보고야 만다. 매주 최소한 한 가지 이상은 '세탁 사고'가 생긴다. 세탁 바구니는 흘러넘쳐 있고, 세탁기에 들어간 젖은 빨래들은 그 안에서 흰 곰팡이가 피도록 방치되어 있고, 탈수통에서 꺼내는 걸 잊은 마른 옷들은 그 안에서 구깃구깃해지고, 기껏 개어 놓은 옷들은 미처 옷방에 가져가기도 전에 잊혀져가고, 어쩌다가 옷방까지 갖고 가는 데 성공했다 해도 그 옷이 서랍 안에 모셔진다는 건 거의 불가능에 가까운 노릇이라고나 할까? 정말로 어쩌다 한 번, 기적적으로 이 모든 절차들이 제대로 수행되었을 때에도 꼭 누군가의 양말 한 짝이나 속옷 하나가 사라져 있기 마련이다. 죄책감과 짜증이 동시에 밀려온다.

나는 가족회의를 소집해서 빨랫감 괴물을 어떻게 처치해야 할지 방안을 강구했다. 우리는 세탁기를 한 번 돌리고 옷을 제자리에 정리하기까지 필요한 일들을 단계별로 나누었다. 그리고 그 단계들을 단순하고도 기계적으로 해치울 수 있도록 작전을 세웠다. 이렇게 말이다.

- 하루 한 번씩 세탁 바구니를 세탁기에 비워 넣는 일은 아이들이 맡는다.
- 세탁기는 매일 저녁식사 하는 시간에 돌린다(매일의 반복적인 일과 속에 끼워 넣기).
- 남편은 저녁 때 TV 보는 시간에 빨랫감들을 개고 정리한다. '빨래 동지'들이 생긴 나는 훨씬 쉽고 빠르게 이 일들을 해치울 수 있게 되었다.
- 남편이 개어놓은 옷들을 각자의 방에 가져다 주면 아이들은 그 즉시 옷장 속의 제자리에 정리해야 한다. 그 일이 끝나야 TV를 보거나 비디오게임을 할 수 있다(할 일 먼저, 놀이는 그다음에!).

마감시간을 정하라

엄마들의 일이라는 게 끝이 없다. 겨우 다 끝냈나 싶으면 또 한 가지 할 일이 불거져 나온다. 어쩌랴, 받아들이는 수밖에. 하지만 최소한 '마감시간'을 정해서 스스로를 보호하는 것도 필요하다. 집안의 잡다한 일들에 휩쓸려 있다가도 시간이 되면 "이제 그만!"이라고 선언할 수 있어야 한다. 일단 아이들을 재우고 난 시간부터 시작해보자. 스스로에게 놀이와 휴식을 선사하는 시간으로 만들어보자(꼭 밤이 아니더라도 당신이 적합하다고 생각되는 시간으로 선택하면 된다).

"궁금한 게 한 가지 있어요. 과연 남자들은 우리 여자들이랑 생물학적으로 달라서 그런 걸까요? 아니면 선천적으로 '집안일엔 무관심하기' 유전자를 타고나는 걸까요? 정말 재능이라고밖에는 달리 부를 말이 없어요. 집안이 엉망진창인 걸 뻔히 알면서도 '지금은 축구경기를 보겠어'라고 결정을 내리고는 소파에 주저앉아 실행할 수 있는 남편의 그 재능 말이에요. 여자들 눈엔 놀라울 뿐이죠. 남편에게 잔소리를 하다다 요샌 아예 그를 존경하기에 이르렀어요. '어질러진 집 안 무시하기' 방면의 스승으로 모시고 싶은 심정이에요. 꼭 비꼬는 뜻이 아니라, 남편에게 나처럼 집안일로 동동거리라고 닦달하는 대신, 내가 남편처럼 무심하고 느긋해지는 편이 좋겠다는 생각이 든 거죠."
_jbrileyb(themotherhood.com)

프리랜서로 일하거나 자유시간제로 일을 한다면, 밤에 일과 씨름하는 경우가 종종 있다. 낮 동안에는 처리해야 할 일들이 너무 많기 때문이다. 가령 아이가 아파서 하루 종일 일을 하지 못했을 경우에는 밤에 시작하는 수밖에 없다. 하지만 그런 경우에도 '마감시간'은 지켜야 한다. 그것이 업무든 집안일이든 말이다.

크리스틴 평소에 나는 '풀타임' 이상의 일거리를 떠맡고 있고, 아이들을 놀이방에 맡길 수 있는 시간은 낮 동안의 몇 시간뿐이기 때문에 남은 일들을 밤에 할 수밖에 없다. 바이올렛은 로렐보다 한 시간 일찍 잠자리에 든다. 그리고 남편이 로렐이 잘 때까지 돌봐주는 덕분에 나는 한 시간 동안 내 일을 할 수가 있다(이따금씩 로렐이 책을 읽거나 만들기를 하는 등 조용히 놀고 싶다고 하는 날에는 노트북을 들고 딸 옆에서 일을 하기도 한다). 이 시간은 내 하루의 '마감시간' 직전에 남은 업무를 처리할 수 있는 소중한 자투리 시간이다. 그리고 로렐까지 잠자리에 들고 나면 나와 남편은 비로소 부모 업무 종료를 선언하고 우리만을 위한 시간을 갖는다. 하루를 마감하는 최고의 방법이라고 생각한다.

이따금씩 아이들이 밤에 잠을 자지 않고 당신을 귀찮게 할지도 모른다. 또 어떤 날은 세상일이 너무 복잡하게 꼬여서 당신이 평화롭게 일하도록 내버려두지 않을지도 모른다. 그럴 땐 별 수 없다. 그래도 그 모든 것들이 다 지나가리라는 걸 아니까 괜찮다. 그럼에도 불구하고 우리가 꿋꿋하게 매일 아이들과 집안일 뒤치다꺼리의 '마감시간'을 지켜나가다 보면 어느새 우리를 둘러싼 일들도 우리를 도와주는 쪽으로 정리가 된다는 사실을 알게 될 것이다. 엄마 품에서 영영 떨어질 것 같지 않던 아이들도 언젠가는 "이제 난 더 이상 아기가 아니야"라고 말하는 날이 온다. 그리고 자기 물은 스스로 떠다 마시게 된다(선반 위에 아이용 컵들을 놓아두고, 아이가 올라설 수 있도록 발 디딤판을 놓아주면 더 빨리 스스로 물 마시는 법을 깨칠 것이다). 그리고 당신이 생활하는 모습을 보고 책임감을 갖는 법과 좋은 관계를 유지하는 법, 무엇보다 스스로를 돌보는 법을 배워나가게 될 것이다.

   매일이 완벽한 스케줄 아래 굴러간다거나 할 일 목록에 있는 것들을 모두 해치운다는 것은 불가능에 가까운 일이다. 하지만 우리는 우리의 스케줄을 '미니멀라이징' 하기 위한 커다란 도약을 하고 있다. 불필요하고 자질구레한 일들을 과감하게 잘라냄으로써 중요하고, 가치 있고, 재미있는 일들을 더 하면서 살기 위해서 말이다. 3장에서는 우리의 시간을 효율적으로 사용하기 위한 더 많은 팁들을 공유해보자.

chapter
3

가족의 시간을 알뜰하게 쓰기 위한 힌트

MINIMALIST PARENTING

엄마들의 하루 일과란 변화무쌍하기 짝이 없다. 어쩌다 하루가 순탄하게 풀린다 싶으면 바로 다음 순간 뭔가가 꽝 터져서 평화로웠던 일상을 엉망진창으로 만들어버리기 일쑤다. 원래 세상일이란 게 다 그렇다. 하지만 미니멀 육아의 원칙들을 생활화해나가다 보면 예기치 않은 상황에 좀 더 침착하게 대응할 수 있게 된다. 뿐만 아니라 아이들을 키우면서 생기는 돌발 상황을 좀 더 즐길 줄 아는 부모가 될 것이다.

　이 장에서는 우리가 발견한 시간 쓰기 방법들 중 유용했던 것들에 대하여 이야기하려고 한다. 한 주에 한 가지씩 실생활에 적용해보기 바란다. 그중 어떤 것이 내 가족들에게 적합한지 가려내고 거기서부터 구체적인 작전을 세워보자.

유용한 시간 쓰기 방법들

신경 써야 하는 잡다한 일들은 하필 하루 중 가장 바쁜 시간에 일어나기 마련이다. 그것도 끝도 없이 말이다. 그럴 때 어떻게 헤쳐나가야 할지 몇 가지 방법이 있다.

'멀티태스킹' 하려고 애쓰지 않는다

우리가 컨트롤할 수 있는 일들엔 한계가 있다(울며 보채는 아이에게 '소리끔[Mute]' 버튼이 달려 있다면 얼마나 좋을까?). 그걸 인정하고 지금 처리해야 하는 가장 중요한 일에 집중력을 잃지 않도록 최선을 다하자. 필요하다면 이메일 알람도 꺼버리고 휴대폰도 끄고 페이스북, 트위터 창도 닫아라. 그리고 지금 손에 들고 있는 그 일을 하라.

가장 골치 아픈 일을 가장 먼저 해치운다

누구나 하긴 해야 하는데 왠지 하기 싫은 일이 있다. 그것이 집중력을 요하는 일이라 그럴 수도 있고, 혹은 감정적으로 버거운 일이라 그럴 수도 있다. 어느 쪽이 됐든, 질질 끌며 미뤄둔 골칫덩이 '할 일'들은 우리의 에너지를 갉아먹는다. 할 일 목록에서 그 항목들이 눈에 띌 때마다, 그리고 아직도 미루고만 있는 스스로를 발견할 때마다 말이다. 그것 때문에 기가 죽어서 기껏 탄력을 받아서 밀고 나가던 일들조차 시들해지곤 한다.

이렇게 해보자. 할 일 목록 중 가장 하기 싫은 것을 가장 먼저 하는 것이다. 막상 해보면 그 일이 생각했던 것만큼 시간이 오래 걸리는 것도, 힘든 것도 아니라는 사실을 알게 된다. 그리고 앞을 막고 있던 돌덩이가 사라진 가뿐함에 목록에 적힌 나머지 일들은 가벼운 마음으로 해낼 수 있다.

뜻밖의 즐거움을 위한 시간을 비워놓는다

매일 반복되는 일상에 찌들어 살다 보면 가끔씩 중요한 사실을 잊곤 한다. 우리가 시간을 쓰면서 살아가는 방식을 우리 아이들이 고스란히 보고 배운다는 사실 말이다. 촘촘히 짜인 스케줄 사이사이 여유시간(고요히 비어 있는 시간)을 끼워 넣자. 그 시간엔 아무것도 할 필요도, 어디에도 갈 필요도 없어야 한다. 그 시간을 통해서 우리는 '지금'을 한껏 누릴 수 있다. 어린아이로 돌아가 물웅덩이를 뛰어넘을 수도 있고, 소파에 앉아 조용히 서로를 포옹할 수도 있다. 일부러 스케줄표에 짜 넣지 않는다면 우리는 결코 이런 시간들을 갖지 못할 것이다. 그러기엔 우리는 너무나 바쁘고 언제나 허둥지둥 어딘가로 가야 하니까.

자투리 시간을 활용한다

스케줄표를 사용하는 데 익숙해지면 이제 자투리 시간들이 보인다. 무언가 중요한 일을 처리하기에는 부족하지만 몇 분 안에 처리할 수 있는 간단한 일들을 하기에는 딱 좋은 시간 말이다. 자투리 시간에 자잘하게 처리할 수 있는 일들은 따로 '자투리 시간에 할 일' 목록을 만들어 관리할 것을 권한다. 그리고 틈날 때마다 하나씩 처리하는 것이다. 자투리 시간에 하기 좋은 일들을 예로 들면 이런 것들이다.

- 전화 걸기
- SNS 확인하기
- 이메일 답장 쓰기(이메일 답장하는 요령에 대해서는 5장에서 더 자세히 설명하겠다)
- 간단히 스스로를 위한 무언가를 하기(매니큐어를 덧칠한다든가, 스트레칭을 한다든가)
- 정리 정돈하기, 서랍장 한 칸이라도.
- 우편물 정리하기
- 종이 뭉치들 처리하기(철하거나 찢어서 버리거나 재활용하거나)
- 스케줄표와 할 일 목록을 훑어보고 자잘한 계획들을 끼워 넣기 (예를 들어, 다음 주에 새로 잡힌 생일파티 스케줄이 있다면 할 일 목록에 생일카드 사기를 추가로 적어 넣는다)

시간 쓰기 패턴을 바꿔보는 것도 재미있다

우리는 관계 속에서 스스로를 발전시키고 서로의 새로운 면을 발견해 간다. 하지만 그 안에는 늘 변수가 도사리고 있다. 스케줄을 유연하게 열어둠으로써 그 변수들에 적응할 필요가 있다.

크리스틴 남편 존과 나는 10년 전에 결혼했다. 그때 우리는 서로 다른 시간관리 스타일 때문에 티격태격하는 일이 많았다. 나는 무슨 일이든 닥치기 한참 전에 계획하고, 초대장을 받으면 참석할지 안 할지 바로바로 회신해야 직성이 풀리는 타입이었다. 하지만 남편은 뭐든 '그때 가봐서' 생각하는 타입이었다.

둘 사이의 타협점을 찾으려고 애쓰던 중, 나는 새로운 시도를 해보기로 했다. 남편의 방식대로 한 번 살아보기로 한 것이다. '그때 가봐서', 그러니까 일이 코앞에 닥쳤을 때 생각하는 방식을 써봤더니(초대장을 보낸 사람에게 결례를 범하지 않는 한도 내에서) 웬걸, 정말 홀가분한 게 아닌가? 놀라운 일이었다. 미리 계획하고 미리 약속해두지 않으니까 그 당시의 내 감정에 훨씬 더 충실할 수 있었다('의무감'이 아니라 내 기분에 맞출 수 있었던 것이다). 그뿐만 아니라 남편과 나의 신경전도 훨씬 줄어들게 되었다.

"네" 하기 전에 생각해본다

하기 싫은데도 그냥 "네" 하는 습관을 고쳐보자. 우리가 습관처럼 짊어지고 있는 의무감과 싸우는 것은 힘든 일이다. 하지만 정신을 똑바로 차리고 생각해보면 과연 어느 쪽이 나은지 확실해진다. 식사나 파티 초대를 좀 덜 받는 게 나은가, 아니면 매번 이를 꽉 물고 "진짜 오기 싫었는데"라고 웅얼거리며 시간을 죽이는 게 더 나은가? 실생활에 꼭 필요한 것들이 아니라면 하기 싫은 일은 하지 않는 용기를 내보자. 그 에너지를 좀 더 재미있고 신나는 일에 써야 하지 않을까? 원치 않는 초대를 거절하기 위해서 거창한 핑곗거리를 만들어낼 필요도 없다. 그저 "초대해주셔서 감사합니다만, 저(혹은 저희 가족)는 참석하지 못할 것 같습니다"라고 정중하게 말하면 된다.

크리스틴 시동생 조쉬는 빵을 아주 잘 굽는 남자다. 어느 날 그가 와이프와 부부싸움을 한 뒤, 평화협정의 '뇌물'로 브라우니를 구워서 선물하기로 했다. 브라우니를 굽는 동안에는 잘 몰랐는데 구워져 나온 모양을 보니 그가 아직 화가 덜 풀렸다는 게 확실해 보였다. 평소에 그가 만든 브라우니는 촉촉하고, 부드럽고, 맛에서 사랑과 애정이 느껴졌었는데 그날 구운 것은 시커멓게 탄 데다가 퍽퍽한 맛이 났던 것이다. 그 브라우니를 보면서 조쉬와 그의 와이프는 한바탕 웃고는 '분노의 브라우니'라고 이름 붙였다.

남편과 나는 이 이야기를 가슴에 새겼다. 서로에게 서운한 감정이나 미운 마음을 품은 채로는 아무것도 하지 않기로 한 것이다. 기껏 '그를 위해서' 뭔가를 한다고는 해도 결국 '분노의 브라우니'를 굽고 만다는 걸 아니까.

기꺼이 도움을 요청하자

요즘의 엄마 노릇은 '모든 것'을 해내야 할 뿐 아니라, 그 모든 것을 '혼자' 해내야 한다는 강박관념까지 갖게 만든다. 상당수의 엄마들이 홀로 싸움터에 나가는 병사처럼 지나치게 많은 스트레스를 짊어지고 있다. 그리고 다른 이에게 도움을 요청하는 것은 항복 깃발을 내거는 것인 양 수치스럽게 느낀다.

그러나 사실은 도와달라고 요구할 수 있는 사람이 진정 강한 사람이다. 그것은 당신뿐만이 아니라 주위 사람들에게도 도움이 된다. 혼자서 고통 받는 순교자가 될 필요는 없다. 가족들 모두가 함께 한다면 집안일이 한결 수월해진다. 그리고 다른 부모들에게 기대고 도움을 요청한다면 고립감에서 벗어날 수 있고 뜻밖에 새로운 친구들도 사귈 수 있다.

남편과의 파트너십을 위한 조언

남편과 함께 아이를 키울 때 가장 기본이 되는 것은 파트너십이다. 가족들이 힘을 합하는 것은 생각보다 어렵지만, 가정생활을 제대로 해나가고 손발이 척척 맞는 공동 육아를 위해서는 꼭 필요한 일이다. 여기 당신과 남편이 가족의 시간을 알뜰하게 꾸려나가는 데 도움이 되는 작은 힌트들을 몇 가지 소개한다.

네 일, 내 일을 바꿔서 해보자

육아에 필요한 일들을 분담할 때, 남편이 할 일과 내가 할 일을 너무 칼같이 나눠놓으면 부부가 서로 다른 세계에서 살게 될 수도 있다. 분명한 집에서 살고는 있는데 거의 마주칠 일이 없게 되는 것이다. 아무리 융통성 있는 부부라 해도 일단 분담한 일에 관해서는 고지식하게 거기에만 매달리는 경향이 있는데, 지금까지 쭉 해오던 식대로 하는 게 일단은 편하기 때문이다. 하지만 우리는 부부가 맡은 역할을 종종 바꿔서 해볼 것을 권한다. 바로 다음과 같은 이유들 때문이다.

- 가끔씩은 서로가 맡은 일에서 벗어나 다른 일을 하고 싶을 때가 있다. 그런데 만약 그럴 때 파트너가 그 일을 할 줄 몰라서 어쩔 수 없이 계속해야 한다면 스트레스가 쌓이지 않겠는가?

- 육아 분담을 너무 철저하게 해버리면, 부부 중 어느 한쪽이 일이 생겨서 자리를 비워야 할 경우 문제가 커진다. 더군다나 일 때문에 자리를 비운 쪽도 정작 그 일에 집중할 수가 없다. 남아 있는 쪽이 제대로 아이들을 돌보고 있는지 신경이 쓰여서 말이다. 이따금씩 역할을 바꿔본 경우라면 훨씬 안심이 될 것이다. 집에서 아이들을 돌보는 쪽도 불필요하게 겁을 집어먹거나(똑바로 하지 못했다고 나중에 배우자에게 혼날까봐) 자책하는 일 없이, 비록 완벽하게는 아니더라도 일상적인 수준으로는 집안을 건사할 수 있다.

- 아이들은 당신과 남편 모두에게 똑같이 의지할 수 있어야 한다. '완벽한 육아'에 대한 집착 따위는 던져버리자. '육아를 하고 있다'는 것만으로도 이미 완벽하게 훌륭하다. 부부가 서로의 장점과 약점들을 받아들이고 존중하면서 역할을 절충해나가는 것이다. 의견을 교환할 부분에 있어서는 명확하게 대화하고, 마음을 다해서 서로를 돕고, 각자의 책임 영역에 대해서는 존중하되, 언제나 그 자리를 대신할 수 있는 준비가 되어 있어야 한다.

- 마침내 당신이 집안일을 말 그대로 '나눠서' 할 수 있게 되었다면 (2장에서 이야기했던 아샤 가족의 빨래 분담처럼) 축하한다. 이제 집안일이 조금 쉽고 재미있어졌을 것이다. 최소한 매일 반복되는 가사노동을 다시 생각해보는 계기는 되지 않았을까?

서로에게 숨 쉴 틈을!

겨우 하루해가 저물고 퇴근시간이 가까워 오면, 우리는 또다시 가장 치열한 육아 전쟁의 시간 속으로 출근해야 한다. 당신과 남편, 어느 한쪽이 돈을 벌기 위해 나가서 일하는 경우라면 그 시간엔 둘 다 지쳐 있기 십상이다. 집에서 하루 종일 아이와 씨름한 쪽은 슬슬 아이를 누군가의 손에 넘겨주고 한숨 돌리고 싶고, 사무실에서 온종일 시달리다 돌아온 쪽도 쉬고 싶긴 마찬가지다. 맞벌이 부부의 경우는 상황이 더 숨 가쁘다. 베이비시터의 퇴근시간에 맞추기 위해 회사에서부터 현관문까지 그야말로 날다시피 돌격해야 한다. 가쁜 숨을 몰아쉬며 집에 들어서기가 무섭게 귀로는 베이비시터에게 그날 하루 있었던 일들을 들어가면서, 눈으로는 서류가방을 놓을 장소 — 아이들 손에 닿지 않는 — 를 물색해가면서, 두 팔로는 아이를 안고 얼러야 한다. 어느 경우가 되었건, 아이들은 우리를 보자마자 관심을 요구하며 징징거리기 시작하기 때문이다. 그때부터 두세 시간은 아이들을 먹이고, 씻기고, 책을 읽어주고, 놀아주느라고 눈코 뜰 새 없다. 낮 동안에 아이들과 떨어져 있었던 시간을 보상하기 위해 이것저것 함께하는 중에도 머릿속에선 미뤄놓은 집안일들이 맴돈다. 아이를 겨우 재우고 당장 눈에 띄는 큼직큼직한 것들부터 치우고 정리하다 보면 또 어느새 새로운 일거리들이 눈에 띈다. 휴우! 어쩌겠는가, 한꺼번에 다 해치우려고 들면 정말로 숨이 막혀버릴지도 모른다. 틈틈이 쉬어가면서 하는 게 상책이다.

크리스틴 남편과 나는 저녁시간의 육아 전쟁이 시작되기 직전, 서로에게 '작전상 휴식' 시간을 주려고 노력한다. 그렇게 하고 나서부터는 로렐과 바이올렛을 집중적으로 돌봐야 하는 저녁시간이 훨씬 쾌적하고 평화로워졌다. 그 휴식시간이라는 것이 길 필요는 없다. 존의 경우, 퇴근 후 10분이면 충분하다. 두 아이들이 아빠에게 매달리기 직전에 위층에 올라가서 머릿속을 비우고, 옷을 갈아입고, 심호흡을 몇 번 할 시간 말이다. 나는 집에서 일을 하기 때문에 쉬어야 할 때에는 — 아무리 잠깐이라도 — 늘 집 밖으로 나가는 편이다. 종종 존은 평소 시간보다 조금 일찍 퇴근해 들어와서는 나를 집 밖으로 내몬다. "이 기회를 놓치지 말고 얼른 좀 뛰고 와!"라고 말하면서. 조깅을 하는 것은 내가 가장 좋아하는 기분전환 활동이다. 눈앞의 풍경이 바뀌는 것도 즐겁고, 뛰고 나면 머릿속이 말끔하게 갠다.

육아와 가사 분담은 합리적으로

아이들을 돌보는 데 필요한 집안일들을 부부가 나눌 때는 각자의 소질과 취향, 스케줄 등이 기본적으로 고려되어야 한다. '공평하게' 나눈답시고 딱 반으로 갈라서 하는 것은 오히려 능률이 떨어진다.

"저는 매일 새벽같이 출근해야 하기 때문에 남편이 아이들의 아침밥과 점심 도시락을 챙깁니다. 그 대신 저녁 때 아이들이 학교를 마치고 돌아오면서부터는 제가 돌보죠. 주중에는 저녁만 제가 준비하지만 주말에는 하루 종일 가족들을 위해 요리합니다. 사실 저는 요리하는 걸 굉장히 좋아하거든요. 우리 부부는 이런 식으로 아주 잘 해나가고 있습니다. 청소를 할 때도 남편은 욕실 청소를 담당하고 저는 먼지를 털고 진공청소기를 돌리죠."

_티파니(MinimalistParenting.com)

혼자만의 시간을 확보하자

가족들이 다 함께 보내는 시간, 혹은 아이와 1대 1로 지내는 시간(한 아이만 데리고 외출한다거나, 아이들의 취향이 달라서 남편과 한 아이씩 맡아서 따로 과외활동을 하는 등)을 제외하고 오롯이 혼자만을 위한 시간이 필요하다. 스스로를 돌보거나 평소에 하고 싶었던 일들을 하는 시간이 있어야 행복한 부모가 될 수 있다.

크리스틴 남편 존과 나는 주말마다 돌아가며 '충전시간'을 갖는다. 두어 시간 정도 어느 한쪽이 아이들을 모두 돌보고 다른 한쪽은 자신만을 위해 시간을 쓰는 것이다. 우리는 이 '충전시간'이야말로 육아에 필요한 에너지를 채워 넣고 다시 좋은 엄마, 아빠로 돌아오기 위한 가장 효과적인 방법이라고 생각한다.

생활습관을 함께 만들어가자

아이들이 쉽게 따라할 수 있고 오래 계속할 수 있는 생활습관 모델을 찾자. 가족들도 훨씬 편안하게 육아를 즐길 수 있게 된다.

"우리 부부는 아이들과 가정생활을 하는 데 두 가지 규칙만은 꼭 지키려고 해요. 그중 첫 번째는 '패밀리 디너'입니다. 저녁엔 무슨 일이 있어도 가족이 모두 함께 식사를 하는 거죠. 그것도 매일, 휴대폰은 끄고요. 제대로 차린 만찬을 먹건, 어제 먹다 남은 음식을 데워 먹건, 일단 우리는 테이블에 둘러앉아서 대화를 합니다. 특별한 일이 없는 한 집 전화벨이 울리면 무시하고 대화를 계속하죠.

두 번째 규칙은 '아이들은 제시간에 잠자리 들기'입니다. 우리의 두 아이들은 저녁 8시면 모두 잠자리에 듭니다. 8시 이후의 밤 시간은 오롯이 남편과 저의 시간이에요. 우리는 이야기를 나누고, TV를 보기도 하고, 그냥 둘이 노닥거리거나 소파에서 같이 책을 읽기도 하죠. 그 시간은 우리에게 너무나 소중합니다. 매일 밤 서로를 확인하고, 삶을 나누는 기회니까요. 더군다나 우리는 그때 '육아 전략'을 수정, 보완하기도 한답니다. '우리 아이들에게 이런 방법은 맞지 않는 것 같아……'라고 생각하면 그 시간에 머리를 맞대고 다른 방법을 궁리하는 거죠. 이 두 가지 규칙들을 지켜온 덕분에 그나마 남편과 저는 '제정신으로' 아이들을 키울 수 있는 것 같아요. 그리고 두 아이들에게도(물론 우리 부부 서로에게도) 듬뿍 사랑받고 있다는 확신을 줄 수 있고요."

_킴(MinimalistParenting.com)

공동체를 활용하는 방법도 있다

지금쯤이면 당신도 주위의 도움을 요청하는 데 조금 익숙해졌으리라 믿는다. 우리가 몇 번이고 강조했던 것처럼 말이다. 만일 기꺼이 애 보기를 도와주겠다고 나서는 친척이나 가족이 가까이에 살고 있다면 그 이상 좋을 순 없다. 눈 씻고 찾아봐도 그런 친척이 없다고 해도 절망하기엔 아직 이르다. 당신 주위를 둘러싸고 있는 막강한 공동체로 눈을 돌려보자. 친구들, 이웃들, 아이 학교의 다른 학부형들 등등. 그들과의 상호협력은 무엇보다 든든한 육아 지원 시스템이 될 것이다.

특히 아이를 키우는 부모들끼리 서로를 돕는다면 그야말로 누이 좋고 매부 좋은 일이 된다(도움을 받는 쪽만 좋은 게 아니라). 도와주는 쪽은 친구를 위해 무언가를 했다는 만족감을 가질 수 있을 뿐만 아니라 좀처럼 얻기 힘든 깊고도 끈끈한 우정을 덤으로 얻게 될 것이다. 함께 아이를 키운다는 마음으로 서로가 가족이 되면, 도움을 주고받는 관계 속에서 이웃과 공동체의 유대도 한결 단단해진다.

크리스틴 처음으로 이웃 아이의 엄마가 내 아이를 학교에서 태워서 데려와주고 자기 집에서 함께 놀게 해주었던 그날을 나는 '기적의 날'로 기억한다. 지금 나는 이웃의 부모들과 단단한 결속을 이루고 있다. 다른 부모들과 친구가 되어 어울릴 수 있는 것도 즐겁지만, 뭐니 뭐니 해도 가장 좋은 점은 아이들이 저희들끼리 노느라고 정신이 팔려 우리를 가만 내버려둔다는 점이다. 이 황금시간이야말로 부모들이 필요한 일을 후딱 해치울 수 있는 절호의 기회다.

처음에는 나도 이웃집 엄마에게 내 아이를 부탁한다는 것이 많이 망설여졌다. 하지만 그 당시 나는 마감시한이 목에 걸린 일들이 첩첩이 쌓여 있어서 누군가의 손이라도 빌리지 않으면 정말 숨이 넘어갈 지경이었다. 누가 로렐을 학교에서 데려와만 준다면, 그리고 한두 시간만 데리고 있어준다면 내 인생이 활짝 필 것만 같았다. 마침내 용기를 내어 이웃집 엄마에게 부탁하는 순간, 기적이 일어났다. 그녀가 반색을 하며 이렇게 대답했던 것이다. "어머, 좋고말고요! 우리 딸도 방과 후에 친구가 있으면 날 귀찮게 안 할 테니까 정말 잘됐네요. 애들끼리 놀라고 하고 나도 집안일을 이것저것 좀 해야겠어요."

그때 머뭇머뭇 꺼냈던 말 한 마디가 새로운 세상의 문을 열어준 것 같았다. 지금은 로렐의 학교 학부모들과 정기적으로 모임도 갖고 즐거운 시간을 나누고 있다. 우리는 돌아가며 서로의 아이들을 집에 데리고 가 함께 놀게도 하고, 축구장에 갈 때 차에 태워주기도 하고, 때론 데려다 밥을 먹이기도 하면서 도움을 주고받는다. 그러다 보니 삭막한 현대사회 속에서 따뜻한 '마을'을 세운 것 같아 마음 든든하다.

필요할 땐 사람을 사라

때로 귀찮은 일을 처리해버리는 가장 빠르고도 쉬운 방법은 사람을 사서 시키는 일이다. 하지만 이 방법이 쉽기는 해도 우리가 좀처럼 '쉽게 하지' 못하는 데에는 이유가 있다. 일단 자존심이 상한다. 내 선에서 집안일 하나 제대로 건사하지 못한다는 느낌을 줄 것 같아서다. 게다가 나가는 돈도 아깝고 남의 손을 빌린다는 것 자체가 마음 편한 일이 아니다. 하지만 그 모든 망설임을 상쇄시킬 만한 장점들이 분명 있다. 특히 당신이 일분일초가 걸린, 마감 관련 일로 애쓰고 있을 때 누군가를 사서 '꼭 해야 하지만 반드시 내가 해야만 하는 일은 아닌' 일을 그 사람이 처리해준다면 훨씬 스트레스를 덜고 시한에도 맞출 수 있게 될 것이다. 그것만으로도 충분히 가치가 있지 않을까? 외부 인력을 씀으로써 지역사회 경제 발전에 이바지한다는 거창한 이유는 접어두고서라도 말이다(물론 내가 쓴 도우미의 가족들에게도 '혜택'이 돌아간다).

물론 늘 사람을 쓸 순 없는 노릇이다. 하지만 불가피하게 선택해야 할 땐, '당신이 아니면 할 수 없는' 일에 초점을 맞추자. 그리고 누군가 대신 할 수 있는 부분에 관해서는 망설임 없이 도우미를 부르자.

아이들에게도 집안일을 분담시키자

아이들이 아직 너무 어릴 때는 그들이 있다는 것 자체가 가장 큰 '집안일' 중 하나다. 하지만 기억하시라. 아이들은 생각보다 빨리 자란다는 것을. 그리고 어느 정도 성장한 아이들은 어느덧 그 '집안일'을 분담할 수도 있게 된다는 사실을 말이다. 아이들에게 스스로 책임지고 맡아 할 수 있는 집안일을 나누어주자. 빠르면 빠를수록 좋다.

아이들과의 가사 분담이 왜 중요한가?
처음엔 '앓느니 죽는다'는 말이 절로 나온다. 아이들에게 가사 분담이랍시고 시켜놓으면 도움이 되기는커녕 엉망으로 해놓은 걸 치우느라고 할 일만 더 늘어나게 되어 있다. 하지만 처음의 그 고비만 잘 넘기면 그만한 자식교육도 없다는 걸 알게 된다. 좀 서툴러도 끝까지 부모가 믿고 그 일을 맡겨주면 아이는 스스로의 힘으로 쓸모 있는 사람이 되는 법, 자존감을 세우는 법을 배운다. 그리고 그것은 아이가 평생을 함께할 자산이다.

뿐만 아니다. 아이들이 스스로를 '가족팀'의 중요한 멤버라고 인식하게 되면서 가족들 간의 결속이 훨씬 더 탄탄해지는 효과도 있다. 아직 어리지만 자신이 맡은 일을 해냈다는 성취감, 그리고 부모들이 지금까지 자신들을 위해 해왔던 가사노동에 대한 감사의 마음도 동시에 느끼게 되니 이보다 좋은 교육이 또 있을까?

어떤 일을 어떻게 시킬 것인가?

아이들에게 집안일을 시키라고 하면 많은 부모들이 겁부터 먹는다. 도대체 '어떻게' 시켜야 할지, 어떤 일을 시키는 것이 가장 좋을지 갈팡질팡하는 것은 물론, 아이들이 부모가 시킨다고 귀찮은 일을 고분고분 할리가 없으니 그들과 한바탕 전쟁을 치러야 할 거라고 손사래를 친다.

하지만 집안일을 할 수 있게 되는 것이 성장의 한 단계라는 사실을 아이들에게 이해시킨다면 문제 될 것이 없다. 당신이 시킨 일을 기다렸다는 듯 덥석 해내지 않는다고 너무 실망하진 말자. "네 방은 네가 청소해", 혹은 "식기세척기에서 그릇 꺼내는 일은 이제부터 네 몫이야"라는 말을 듣고 좋아라 뛰는 아이가 몇이나 될까? 어엿한 한 사람으로 살아가기 위해선 '귀찮지만 중요한' 몇 가지 일들 — 좋건 싫건 어떻게든 처리해야만 하는 — 을 해야만 한다는 사실을 배우는 것만으로도 독립적인 어른으로 성장하기 위한 훌륭한 첫걸음이 된다.

아이들에게 '할 일'을 해내고 나면 하고 싶은 것을 할 수 있다거나 자유시간을 가질 수 있다고 말해주는 것도 좋은 방법이다. "네가 맡은 일을 끝내기 전엔 TV 못 볼 줄 알아!"라고 말하는 대신 "그 일을 다 하고 나면 TV를 맘껏 봐도 좋단다"라고 바꿔 말하는 것이다.

또 다른 방법 한 가지, 집안일을 잘 해내면 용돈을 주자. 대부분의 경우, 이 방법은 꽤 잘 먹힌다. 하지만 가족으로서의 책임감 때문이 아니라 오로지 용돈을 위해서 집안일을 돕는다면 문제가 생길 수 있다. 이 용돈 부분에 관해서는 6장에서 더 자세히 다루도록 하겠다.

작은 것부터 시작한다

아이가 어리다면 식탁을 닦는다거나 식사하기 전에 수저를 놓는 일 등 쉽고 간단한 일부터 맡겨보자. 그리고 아이가 해낸 일이 가족들에게 얼마나 중요한 일이고 도움이 되는 일인지를 알려주자. 그러면서 당신이 얼마나 많은 일들을 가족들을 위해 하고 있는지도 가르쳐줄 수 있다. 그걸 시작으로 아이에게 조금씩 더 어려운 임무를 맡김으로써 당신이 아이의 능력을 신뢰하고 있다는 확신을 주자.

일을 시킬 때는 명랑한 목소리로

조금 이상하게 들리겠지만 '어떤 톤으로' 아이들에게 일을 시키느냐가 승패를 좌우한다. 아이들이 반항할까 두려워 조심조심 말을 꺼냈다가는 당장 그 느낌이 아이들에게 전해지고 '이 일은 안 하겠다고 버티면 안 할 수도 있겠다'는 생각을 품게 만든다. 집안일을 분배할 때에는 — 특히 아이들에게 — 솔직하고 당당한 어조로, 쾌활하게 말하는 것이 중요하다. 그리고 아이들이 그 일을 하는 동안 당신도 바로 곁에서 당신이 맡은 일을 해내는 것을 보여줘라.

아샤 나는 딸아이에게 집안일의 중요성을 이렇게 설명하곤 한다. "네가 조금만 더 크면 온 세계를 이리저리 날아다니게 될 거야. 그러려면 튼튼한 날개가 필요하겠지? 네가 날마다 맡은 일들을 잘 해낼 때마다, 그리고 네 문제를 스스로 해결해낼 때마다 네 날개는 더 자라고 더 튼튼해진단다." 물론 아들에겐 다른 방법을 쓴다. 그 아이에겐 좀 더 실용적인 구실이 잘 먹히기 때문에 나는 '독립의 기술'이란 말을 만들어냈다. 나중에 대학에 가면 부모와 집으로부터 독립을 하게 될 테고 그때 만나게 될 룸메이트에게 존경과 감사를 받으려면 미리 집안일을 익혀두라는 식이다. 물론 딸도 아들도 그런 뻔한 말에 홀딱 빠져서 집안일을 열광적으로 도울 만큼 순진하지는 않다. 하지만 그 아이들은 최소한, 지금 자신들이 해내고 있는 사소한 일들이 미래의 큰 그림 속에서 중요한 한 부분을 차지할 것이란 사실을 이해하고 있는 듯해서 기쁘다.

가능하다면 아이가 선택 가능한 옵션을 제시한다

아이에게 스스로 선택하고 컨트롤할 수 있는 권한을 주면 많은 것들이 달라진다. 아이들에게 집안일을 시킬 때 두 가지 선택 가능한 옵션을 제시해보자("저녁상 차리는 걸 도울래, 아니면 거실에 있는 장난감을 치울래?"). 그러면 아이들은 "싫어"라고 말하는 대신 무언가를 선택해야 하는 상황에 놓이게 된다(그래도 "싫어"라고 말하는 아이들이 분명 있다. 하지만 당신은 아이의 주의를 다른 방향으로 끌기에 좀 더 유리한 위치에 있게 된다).

아샤   나는 종종 내 아들 샘을 '3번 소년'이라고 부른다. 나나 남편이 샘에게 무언가를 시킬 때 두 개의 옵션을 놓고 1번과 2번 둘 중 하나를 고르라고 하면 그 아이는 늘 있지도 않은 '3번'을 선택했기 때문이다. 물론 그때마다 부아가 치밀었지만 우리는 부모로서 칼자루를 놓지 않기 위해 무던히 애썼다. 좋든 싫든 우리가 제시한 두 가지 중에서 한 가지를 골라야 한다는 점을 아이에게 이해시키기 위해 최선을 다했다. 샘이 남편과 나를 가장으로서 인식하고 그 권위를 받아들이기까지는 수년이 걸렸다. 하지만 지금은 부모의 결정을 무엇보다 신뢰하고 존중한다(무슨 일이든 우리의 의견을 묻는 것도 잊지 않는다). 이제 아이는 성장했고 3번 소년 특유의 '정해진 틀을 뛰어넘는' 발상이 드디어 빛을 발할 기회를 더 많이 갖게 되었다. 그 창의력이 그가 가진 가장 큰 장점임은 말할 것도 없다.

결과보다는 아이의 노력에 초점을 맞춘다

아이들은 모두 저마다의 성장속도가 있다. 그러니 내 아이가 지금 당장 다른 아이들이 하는 일을 해내지 못한다고 조바심 낼 필요는 없다. 옳은 방향으로 꾸준히 아이의 노력을 격려해주다 보면 언젠가는 그 일을 해내게 된다.

 가정을 행복하게 꾸려나가기 위한 최선의 시스템을 발견해내는 일은 인류의 진화만큼이나 수많은 과정을 거쳐야 할 것이다. 하지만 우리는 분명 해낼 수 있다. 이제 우리 곁에는 든든한 지원군들이 있다는 사실을 알게 되지 않았는가?

chapter
4

물건에 관한 새로운 시각

MINIMALIST PARENTING

2008년 11월, 《뉴욕타임스》에서 저널리스트이자 요리 칼럼니스트, 그리고 『모든 것에 관한 요리법(How to cook everything)』의 저자 마크 비트먼(Mark Bittman)을 인터뷰한 적이 있다. 그도 그럴 것이 그즈음이 되면 거의 모든 주부들이 추수감사절 만찬 준비 때문에 가슴앓이를 시작하기 때문이다. 싱크대 위를 꽉 채운 물건들 때문에 요리할 공간도 부족하고, 찬장도 이미 꽉 들어차서 뭘 새로 사도 넣어 놓을 데가 없고, 그런데도 막상 요리할 도구들은 아직도 부족한 것 같고…….

그 인터뷰에서 비트먼은 맨해튼에 있는 그의 소박한 아파트 부엌에서 요리하는 노하우를 공개했다. 그의 부엌은 너무나 작았기 때문에 그 흔한 토스터나 믹서 하나 놓을 곳이 없었다. 그런 '기본적인' 요리도구 하나 없이도 훌륭한 음식을 만들어내는 그 미식가의 재능에 찬탄을 금할 수 없었다(우연찮게도 그는 주간 《뉴욕타임스》에 '미니멀리스트'라는 칼럼을 수년 간 써왔다고 한다).

하지만 그의 인터뷰 기사가 아무리 감명 깊었다 해도 '토스터'를 포기하고 싶은 사람이 몇이나 될까? 집 안을 정리하기 위해 갖고 있는 물건들을 솎아내기로 결심했다면, 우선 집 안에 남겨두고 싶은 물건들의 목록을 작성하는 것이 도움이 된다. 그리고 '왜' 그것들을 남겨두기로 했는지도 함께 적을 수 있다면 더욱 좋다. 이 장에서는 왜 쓸데없는 물건들이 집 안에 쌓이게 되는지를 가장 먼저 살펴보고자 한다. 그 이유는 사람마다 다 다르다. 그렇기 때문에 무엇을 간직하고, 무엇을 버리고, 무엇을 기부하고, 무엇을 수리할 것인지의 목록도 각자 다를 것이다.

우리는 당신이 물건을 바라보는 시각을 바꾸는 데 도움이 되고 싶다. 말 그대로 '주변을 정돈하고' 물리적 환경뿐 아니라 정신적으로도 여유 공간이 생겼으면 한다. 좀 더 홀가분하고 깔끔하고 간단하게 행복을 향해 갈 수 있도록 말이다.

도대체 '왜' 쌓아두는 걸까?

미니멀 육아에 있어서 '여유 공간 만들기'가 핵심이라는 것은 두말할 여지가 없다. 우리는 누구나 널찍하고 탁 트인 공간, 잘 정리된 환경에서 행복을 느낀다. 하지만 그런 환경 속에서 지내는 것을 방해하는 수많은 물건들을 잘 살펴보면 미묘한 사실을 발견하게 되는데, 우리가 그것들을 쌓아두는 이유가 정작 그 물건들 자체와는 별 상관이 없다는 사실이다. 일단 우리의 '감정적' 공간에 쌓인 것들을 처분하고 나면, '물리적' 공간에 쌓인 것들을 처분하는 일은 그다지 어렵지 않다. 우리는 당신이 '왜' 그것들을 집 안에 쌓아두어야만 하는지 그 진짜 이유를 찾아가도록 도울 것이다. 일단 그 이유를 알고 나면 극복하기가 훨씬 쉬워진다.

마음의 '구멍'을 메우려고 쌓아두는 물건들

'물건'은 일단 외형적으로, 감정적으로 만족감을 준다. 단단하고 확실하게 손에 쥘 수 있을뿐더러 물건은 거짓말을 하지 않기 때문이다. 하지만 우리와 물건과의 관계는 그리 단순하지만은 않다. 예를 들어, 어린 시절의 박탈감을 보상하기 위해 무언가를 갖고 싶어 했던 적은 없는가(크리스틴이 자주 그랬던 것처럼)? 아니면 당신의 불안감을 감추기 위해 아이에게 무언가를 사주거나, 당신이 갖고 싶은 물건을 아이에게 사준 경험은 없는가? 물건들을 쌓아두는 행동의 이면에 숨어 있는 감정적인 이유를 아는 것만으로도 우리가 앞으로 전진하는 데(또한 과거를 정리하는 데) 도움이 될 것이다.

아샤 내가 물건을 쌓아두는 버릇은 전적으로 나의 어릴 적 가정환경에서 비롯되었다. 우리 집은 근검절약과 실용정신이 몸에 밴 집안이었다. 귀에 못이 박히도록 들어온 말이 있다. "아직 쓸 만해" 그리고 "언젠간 쓸모가 있겠지". 그 두 문장이 나를 어떤 것도 버리지 못하는 사람으로 만들었다. 무언가를 버리려 할 때마다 내가 낭비하고 있다는 죄책감이 들었고, 쌓아두면 언젠간 쓸 수 있으리라 생각했던 것이다.

어릴 때 받은 상처는 당신 탓이 아니다

우리가 물건을 대할 때 보이는 자동반사적인 반응은 대부분 우리의 어린 시절에 형성된 것이다. 그러나 철없던 시절에 겪은 콤플렉스에 더 이상 목숨 걸지 말자. 이제 우리는 성장했고 열심히 일했고 더 발전하기 위해 지금도 최선을 다하고 있지 않은가? 아직 과정 중에 있기 때문에 간혹 헷갈리고 넘어질 수도 있지만, 그건 또 그것대로 괜찮다.

아이들은 당신의 상처를 모른다

우리가 복잡하게 얽힌 스스로의 감정과 씨름하고, 그걸 보상 받기 위해 이것저것 쌓아두는 사이 자칫 잊어버리기 쉬운 게 있다. 우리 아이들은 우리가 도대체 '왜' 그러는지 이해하지 못한다는 사실이다. 아이들이 우리가 지닌 기억과 콤플렉스를 알 턱이 없지 않은가? 늘 이 점을 기억해 두길 바란다. 당신이 물건들을 대하며 보이는 감정들(분노, 슬픔, 짜증 등)이 아이들의 정서발달에 혼란을 줄 수도 있다는 것을 말이다. 아이들은 지금 막 인생에서 무엇을 원해야 하는지, 그것들을 어떻게 손에 넣고 다뤄야 하는지를 배우기 시작했다.

그저 불안해서 가지고 있는 물건들

"사줘, 사줘, 더 사줘!"라고 우리 사회는 부모들을 윽박지른다. 다른 집 부모들은 다 사주고 있다고……. 그래서 우리는 제대로 된 부모처럼 보이기 위해(최소한 나쁜 부모로 보이지는 않기 위해) 또다시 무언가를 산다. 아이들에게 최고의 것을 사줘야 한다는 의무감이 늘 우리를 짓누른다.

설혹 그것이 우리가 어렸을 땐 꿈도 꾸지 못했던 물건이라 하더라도. 매년 수백억 씩의 광고비를 쏟아부어가며 마케터들은 우리의 숨통을 조인다. 이것을 사주지 않으면 당신의 아이는 뒤처질 것이라고 겁을 주고, 부모로서 해야 할 뭔가를 덜 하고 있다는 불안감을 효율적으로 창조해낸다.

미디어가 떠드는 소리에 귀 기울이다 보면 내면의 버스 드라이버가 하는 말을 놓치게 된다. 실제로 언론에서 그렇게 떠들건, 당신의 상상이 만들어낸 스트레스건, 그것들과 맞서 싸우기 위해 기억해야 할 것들이 몇 가지 있다.

아샤 첫 아이를 임신했을 때 '꼭 사야 할 아기용품' 목록은 거부하기 힘든 유혹이었다. 물론 머리로는 거기 적힌 모든 — 그 수많은 — 물건들이 다 필요하지는 않다는 걸 알고 있었다(일회용 종이 기저귀가 발명되기 전에는 모두들 천 기저귀로 아기들을 키웠지 않은가?). 하지만 나 역시 가슴 밑바닥에서 불안감을 느끼고 있었다. 만약에 내 아이를 위해 최고급 이불세트와 유명 브랜드 유모차를 사지 않으면 나중에 두고두고 아이에게 미안할 것 같은 기분이 들었던 것이다. 응당 아이가 받아야 할 몫을 가로챈 듯한, 그러니까 소위 엄마라는 사람이 아이를 헐값에 얼렁뚱땅 키워버린 듯한 느낌이 들면 어쩌지?

당신만 그런 게 아니다

다른 엄마도 당신만큼이나 불안해하고 있다. 우리가 인터넷 커뮤니티를 운영하면서 밤낮으로 듣는 소리가 당신이 느끼고 있는 바로 그 불안을 호소하는 목소리다. 그것도 큰소리로 똑똑하게 들린다.

이 기회에 당신의 능력을 보여줘라

주위의 참견에 흔들리지 않고 당신의 가치관에 맞는 선택을 할 때 그것은 훌륭한 본보기가 될 수 있다(당신의 아이들은 물론 다른 부모들에게도 말이다). 우리가 그런 자신감 있는 태도를 보이면 가족들도 훨씬 안정감과 신뢰를 느낄 것이다.

당신은 스스로 생각하는 것보다 더 똑똑한 사람이다

자기 회의가 밀려올 때 스스로 무언가를 결정한다는 것은 어려운 일이다. 문제를 해결할 충분한 능력을 갖고 있다는 사실을 망각하기 때문이다. 버스를 운전하고 있는 사람은 당신이라는 점을 기억하자. 당신은 해낼 수 있다.

물건에 대한 다른 시각 갖기

미니멀 육아가 '즐거움의 박탈'을 의미하는 것은 아니다. 우리는 여전히 쇼핑을 즐길 수 있고, 집 안을 예쁘게 꾸밀 수 있고, 피부 미용에 공을 들일 수도 있다. 미니멀 육아의 핵심은 '가치'다. 삶의 여유 공간을 마련한다는 것은 모두에게 가치 있는 일이기 때문이다.

당신이 물건들을 정리하고 여유 공간을 만들기로 결심했다면, 지금까지와는 다른, 새로운 눈으로 물건들을 바라볼 때다.

아샤   내겐 딱히 쓸모도 없는, 조잡한 휴대폰 고리 하나가 있다. 가족들과 샌프란시스코를 여행할 때 차이나타운 기념품 숍에서 산 것인데, 사람들로 복작복작한 좁다란 길가에 줄줄이 늘어선 노점에서 파는 장난감들을 갖고 놀면서 우리는 무척 즐거운 시간을 보냈었다. 아이들이 차이나타운을 방문한 것은 그때가 처음이었기 때문에 기념으로 그 휴대폰 고리를 샀던 것이다. 그 조그만 싸구려 기념품이 코트 주머니나 지갑에 달랑거리며 매달려 있는 것을 볼 때마다 그때의 즐거웠던 추억이 새록새록 되살아난다. 만일 다른 누군가가 갖고 있었다면 망설임 없이 '버릴 것' 목록에 올릴 만큼 볼품없는 물건이지만, 내게 그 휴대폰 고리는 꼭 간직하고 싶은 보물이다.

작은 집의 효율성

일단 빈 공간이 생기면 우리는 습관적으로 무언가를 채워 넣으려 든다. 큰 집에 산다고 해서 반드시 여유 공간이 있는 게 아닌 것은 그런 이유 때문이다. '물건들의 홍수'를 막기에 작은 집이 오히려 유리할 수도 있다는 사실을 알고 있는가?

"우리는 작은 집에 살고 있어요. 그리고 거실 한 켠을 장난감 수납공간으로 지정하고 있죠. 그림책꽂이가 하나, 장난감 바구니들이 몇 개 있는 게 다예요. 만약에 장난감이 바구니에 다 들어가지 않으면 우리는 본능적으로 알아차리죠. '아, 장난감 몇 개를 버릴 때가 왔구나!' 하고요. 두 딸들(두 살과 세 살 반)은 매일 밤 제가 버릴 것은 버리면서 청소하는 동안 장난감들을 정리합니다. 집이 작으니까 관리하고 정리하기도 쉽죠."

_카를라(MinimalistParenting.com)

빈 공간의 힘

'작은 집의 효율성'과 쌍벽을 이루는 또 하나의 콘셉트가 있다면 '빈 공간의 힘'이다. 우리는 보통 비어 있는 공간을 부정적인 시선으로 바라보곤 한다. 쓸쓸하고, 버려지고, 낭비된 공간, 심지어는 애정이 결핍된 공간이라고 생각하는 것이다. 하지만 빈 공간은 사실 그 반대를 의미한다. 비어 있음으로써 주위의 것들을 빛나 보이게 한다.

아샤 남편 라엘은 내게 빈 공간의 아름다움을 가르쳐주었다. 예전에는 남편의 취향이 금욕적이라고 생각했었는데 지금은 나도, 아이들도 눈에 보이는 물건들이 적을수록 더 기분 좋게 느낀다.

물건들이 '더 높은 곳을 향하여' 갈 수 있도록 도와주자

이 말이 좀 괴상하게 들릴 수도 있겠다. 하지만 실제로 당신이 묵혀두고 있는 그 물건들이 실은 좀 더 고귀한 목적을 위해 만들어졌을 수도 있지 않을까? 당신의 물건들이 다르게, 혹은 더 긍정적으로 쓰일 수 있는 곳이 없는지 생각해보자. 기부를 할 수도 있고, 팔 수도 있고, 좋아하는 누군가에게 줄 수도 있다.

아샤   내 물건들이 다른 이에게, 혹은 다른 곳으로 가면 얼마나 유용하게 쓰일 수 있을까를 생각해보는 것만으로도 나의 '쌓아두기 병'을 많이 고칠 수 있었다. 나뿐만 아니라 이 방법은 우리 아이들이 철 지난 장난감들을 미련 없이 떠나보내는 데에도 큰 도움이 되었다. 아들 샘은 사업가 기질이 있어서 늘 자신의 물건들을 처분하기 위한 '사업'을 벌이길 좋아한다. 집 앞마당에 벼룩시장을 열거나 헌책방에 오래된 책들을 갖고 가서 돈으로 바꾸는 것이다. 딸 미라바이(자신의 장난감이나 옷에 의미를 부여하고 애착을 보이는 타입)는 자신의 물건들이 다른 아이들을 돕는 데 쓰인다는 것을 알고는 훨씬 마음 편히 그것들을 내어놓는다.

적을수록 더 특별해진다

'양'보다 '질'이라는 건 이미 오래된 지혜다. 아이들조차 물건을 덜 갖고 있을 때 그것들이 더 소중하고 특별하게 느껴진다는 사실을 알고 있다.

크리스틴   딸 로렐은 물건에 굉장히 집착한다. 욕심이 많아서라기보다는 물건 하나하나에 감정적 애착을 보이는 것 같다. 또, 그 물건을 준 사람에 대한 예의로서 그걸 간직해야 한다고 생각하는 것 같다. 만약 자기가 준 물건을 버린 걸 알면 그 사람이 마음 상해할까봐 걱정을 한다. 그 심정을 나도 이해한다. 하지만 최근에 나의 인내심이 바닥이 나고 말았다. 동물 인형(솜을 채운 봉제 인형)들이 많아도 너무 많았던 것이다! 솔직히, 아이에게 그토록 많은 동물 인형을 사다준 건 거의 나라는 걸 인정한다. 그리고 그건 내 어릴 적 상처를 보상 받기 위한 행동이었다는 것도(나는 아기 때 부모님으로부터 인형을 선물 받지 못했다. 다섯 살이 되어서야, 그것도 편도선 수술을 받고 나서 받았던 동물 인형이 내 최초의 인형이었다). 그래도 그렇지, 로렐의 인형은 말 그대로 넘쳐났다. 나는 로렐에게 기부에 대해 이야기해보기로 결심했다.

처음 이야기를 꺼냈을 때, 딸아이는 예상대로 찡그리며 거부했다. 나는 아이에게 차근차근 설명했다. 엄마가 그 수많은 인형들 때문에 얼마나 불편하게 느끼는지를, 그리고 그중에 갖고 노는 인형이 별로 없다는(실은 거의 없다) 사실을, 또 세상에는 인형이 하나도 없는 아이들이 많다는 사실을 말이다. "엄마가 깨끗하게 갖고 논 동물 인형을 기부할 수 있는 웹사이트를 찾았어. 인형이 없는 아이들에게 나누어 주자."

로렐은 잠시 생각에 잠기는 듯하더니 확실히 마음을 정한 것 같았다(그녀는 누군가를 돕는 것을 아주 좋아했고, 우리 가족은 전부터 새 장난감들을 많이 기부해왔다). 고개를 끄덕이며 내게 이렇게 말했다. "좋아요, 엄마! 인형들을 나눠주기로 해요."

나와 딸은 당장 기부할 인형들의 선별 작업에 들어갔다. 누가 사준 인형인지 잘 모르는 경우는 결정이 아주 쉬웠다. 그리고 동물 인형들의 거의 전부가 새것처럼 잘 간수되어 있었다. 10분에서 15분 정도가 지나자 산처럼 쌓여 있던 동물 인형들이 거의 다 커다란 비닐봉투 속으로 들어갔다. 그리고 남아 있는 몇 안 되는 인형들은 진정으로 로렐이 아끼고 추억이 깃든 것들뿐이었다.

그러고 나서 로렐은 '선택된' 몇 안 되는 인형들을 조심스럽게 안고 자신의 방으로 가서 침대 맞은편에 늘어놓았다. 언제라도 그 인형들을 전부 볼 수 있고, 원할 때 갖고 놀 수 있도록 말이다. 그 작업이 끝나고 나자 로렐은 한 발 물러서더니 웃었다. 뭐가 그렇게 우습냐고 묻자 딸은 이렇게 대답했다. "엄마, 있잖아, 사실은 내 인형들을 준다는 게 굉장히 힘들 줄 알았어. 그런데 일단 주고 난 인형들 중에 하나도 미련이 남는 게 없지 뭐야? 그리고 이렇게 조금 갖고 있으니까 애네들이 훨씬 더 소중하게 느껴져."

아무렴.

진정 마음에 드는 것만 내 것으로 하자

물건 하나를 사러 가게에 들어갔다가 열 가지 넘게 사들고 나온 적이 없는가? 물론 이 글을 쓰고 있는 우리도 똑같다. 하지만 쇼핑카트에 물건을 집어넣기 전에 스스로에게 물어보자. 이게 '정말' 필요할까? 이게 특별한 물건인가? 이게 과연 내 집 안의 공간을 차지하고 내 삶의 일부를 차지할 만한 가치가 있는 물건일까?

스스로의 이미지를 '귀가 얇은 소비자'(모두들 갖고 있다고 하니까, 혹은 세일이니까 허둥지둥 사고 보는)에서 '높은 감식안을 가진 큐레이터'로 격상시켜라. 6장에서 우리는 가치를 판단하는 기준에 대해서 더 자세히 알아볼 것이다.

중고품도 훌륭하다

누가 쓰던 물건은 무조건 기피하는 사람들이 있다. 그것은 일종의 편견이고, 우리는 그 편견이 도전 받아 마땅하다고 생각한다. 물론 특정 품목은 제외될 수도 있겠지만(예를 들어, 속옷처럼) 그 이외의 중고품은 대체로 쓸 만하다. 아니, 쓸 만한 정도를 넘어 훌륭한 경우가 많다. 왜냐하면,

- 튼튼하고 질 좋은 물건을 싼 값에 구입할 수 있다.
- 아이들은 쑥쑥 자라므로 옷과 장난감이 금방 쓸모없게 된다.
- 아기용품들 중 그다지 활용도가 높지 않은 물건들이 꽤 된다.

크리스틴 둘째를 가졌을 때, 사실 나는 굉장히 놀랐다. 아이를 하나 더 갖고 싶어서 수년 간 노력했지만 생기지 않아서 내심 포기하고 있을 무렵이었기 때문이다. 나는 이미 더 이상 아이를 갖지 못하는 몸이 되었구나 싶어서 첫 아이를 키울 때 쓰던 아기용품들을 전부 다 기부해버렸다. 그리고 세상일이 늘 그렇듯이, 몽땅 기부를 하고 나자 딱 한 달 뒤에 둘째가 생겼다. 친구 하이디가 베이비 샤워 파티를 해주겠다고 했을 때 나는 그녀에게 '중고 아기용품 베이비 샤워'로 꾸며줄 수 없겠냐고 부탁했다. 왜냐고? 나는 아기용품 재활용을 적극 찬성하는 사람이기 때문이다. 게다가 내 주위에는 이미 아기들을 다 키워서 아기용품들(집에서 자리만 차지하고 있는)을 물려줄 사람을 애타게 찾고 있는 친구들이 수두룩했다(그녀들은 아마도 이렇게 외치고 싶을 것이다. "제발 누가 이 물건들 좀 빌려가줘! 그리고 절대, 절대로 돌려주지

마!").

우리가 베이비 샤워를 마치고 나자 많은 사람들이 '중고품 베이비 샤워 하는 법'을 물어왔다. 여기 그 노하우가 있다.

- **실제로 필요한 품목들을 적어서 목록을 만든다.** 내 경우, 아기를 키워본 지가 오래전이라 뭐가 필요한지 기억을 되돌리기 위해서 일단(개인적으로 좀 우습다고 생각되지만) 잡지의 '꼭 사야 할 것' 목록을 참고했다. 거기서 꼭 필요하다고 꼽은 1,382개의 품목들 중에서 가리고 가려, 그야말로 기본적인 것들로만 목록을 작성했다. 당신도 그렇게 하기 바란다. 그 목록을 초대할 손님 명단과 함께 파티를 기획해주는 친구에게 넘기면 된다.
- **뭘 물려줄 건지 묻는다.** 그냥 친구들에게 필요물품 목록을 돌리고 그들이 주는 대로 받는 것도 한 방법이기는 하다. 하지만 당신이나 파티를 기획하는 친구가 좀 더 효율적인 방식을 원한다면 내 친구 하이디가 썼던 방법을 권한다. 그녀는 파티에 초대된 친구들에게 뭘 가져올 건지 미리 알려달라고 했다. 불필요하게 중복되는 선물을 피하기 위해서 말이다.
- **선물이 아기용품이 아니어도, 혹은 빈손이어도 환영!** 무엇보다, 나는 선물을 받기 위해서라기보다는 친구들과 함께 시간을 보내고 싶었기 때문에 베이비 샤워 파티를 열었다. 그 파티에 참석한 친구들은 내 인생의 여러 시기에 만났던 굉장한 여성들이었다. 나는 정말 그들이 뭘 들고 오는지에는 관심이 없었다. 그저 그들이 와주

는 것만으로도 가슴 벅찬 선물이었으니까. 그리고 그중에는 아이들이 오래전에 다 자라, 물려줄 아기용품이 하나도 없는 친구들도 있었다. 사려 깊은 내 친구 하이디는 그런 점을 염두에 두고 미리 초대장에 이렇게 적었다. '그냥 참석만 해주셔도 환영입니다. 정 무언가를 선물하고 싶으시다면 조그마한 카드나 기저귀 정도면 좋을 듯합니다.'

- **파티는 간단하게** 하이디는 원래 놀랄 만큼 손이 큰 친구라 그날도 기가 막히게 맛있는 과자와 음식들을 준비해주었다. 하지만 베이비 샤워 파티가 꼭 이렇게 거창해야 할 필요는 없다. 식사를 준비하는 것이 번거롭다면 오후 2시에서 4시 사이에 파티를 열면 된다. 그리고 간단한 음료나 스낵을 대접하자.

'~없이' 살아보기

이따금씩 매일 일상적으로 써오던 물건들을 쓸 수 없는 상황이 생긴다. 물건을 잃어버리거나, 고장이 나거나, 아니면 우리가 집을 떠나 있는 경우에 말이다. 그럴 때 당장 새것을 사와서 그 자리에 놓기 전에 조금 시간을 끌어보자. 그것 없이 얼마간 지내보는 것이다. 그러면 없으면 못 살 것 같았던 그 물건 없이도 살아갈 수 있다는 사실을 알게 된다.

크리스틴 얼마 전에 우리는 대대적인 집수리를 해야 했다. 수도 배관에 여러 가지 문제가 생겨서 배수펌프를 새로 깔아야 했던 것이다. 바닥과 벽을 뜯어내는 동안 실수로 전기 배선을 건드렸는지 얼음 제조기와 전자레인지가 작동을 멈췄다. 그때 남편과 나는 그것들 없이 살아보는 실험을 하기로 했다(돈도 절약할 겸, 새것을 사러 마트에 가는 수고도 줄일 겸).

얼음 제조기 없이 살기는 쉬웠다. 냉장고의 얼음판에 물을 붓는 게 그리 어려운 일은 아니니까. 나는 그 편리한 전자레인지 없이 살아야 한다는 생각에 조금 망설였다. 하지만 전자레인지를 교체하는 것 자체가 너무 성가신 일이었기 때문에 쉽게 포기할 수 있었다(캐비닛에 붙어 있는 붙박이형 전자레인지였다). 남편과 나는 일단 한 달 동안 '없이' 살아보고, 만약 우리가 한 달 후에도 그것들이 필요하다고 느낀다면 그때 새것을 사기로 했다.

첫 주는 적응하느라 조금 노력이 필요했지만 곧 우리는 스토브와 토스터를 대신 사용하는 데 익숙해졌다. 뜻밖의 보너스가 있다면 그 고장 난 전자레인지(뜯어내는 게 귀찮아서 우린 고장 난 것을 그 자리에 놓아두고 있다)를 수납공간으로 유용하게 쓰고 있다는 점이다.

집 안을 정리 정돈하는 것은 비단 물건만을 정리하는 게 아니다. 감정적인 찌꺼기들도 함께 정리하는 것을 의미한다. 이제 우리는 쌓여 있는 잡동사니들이 '왜' 거기에 있는지를 밝혀나가기 시작했다. 그리고 우리가 갖고 있는 물건들을 조금 새로운 시각으로 바라보게 되었다. 다음 장에서는 우선 그 물건들부터 어떻게 줄이고 정리할 수 있는지 알아보도록 하자.

chapter
5

집 안을 점령한 쓸데없는 물건을 정리하라

MINIMALIST PARENTING

아늑하고 깔끔하게 정돈된 방 안에 있을 때 느끼는 그 쾌적함("아아……" 하는 기분 좋은 탄식이 절로 나오는)을 아는가? 꼭 있어야 하는 것들만, 편리한 위치에 놓여 있는 그런 방 안에 있으면 우리는 절로 긴장을 풀고 쉴 수 있다. 물건들이 마구잡이로 쌓여 있는 공간에서는 결코 누릴 수 없는 느낌이다. 아이들도 마찬가지다. 놀이방이나 책상 위가 깨끗이 정돈되어 있고 몇 가지 장난감들만 눈에 보이는 곳에 예쁘게 배치되어 있어야 한다. 그런 환경에서 아이들의 창의력과 상상력이 샘솟는다.

  이제 우리는 집 안을 변모시키기로 결심했다. 하루이틀 사이에 기적은 일어나지 않는다. 노력 없이 집 안이 짠, 하고 깨끗해지지도 않는다. 하지만 언젠가 해낼 것이라는 점이 중요하다. 이 장에서는 집 안에 쌓인 불필요한 것들을 걷어내는 작업을 할 것이다. 그리고 남아 있는 물건들을 어떻게 재배치하고 손질할지도 함께 생각해볼 것이다. 물론 가장 중요한, 어떻게 가족 모두의 참여를 이끌어낼지도 궁리해보자.

대청소: 이 물건들을 어떻게 할 것인가?

가족 수가 늘어남에 따라 (대개는) 물건들도 쌓여간다. 잡동사니들은 토끼처럼 왕성한 번식력을 가지고 집 안 곳곳을 채워나간다. 조금이라도 빈 공간이 있으면 어김없이 쓰레기들(그 잡동사니들을 달리 뭐라고 부르겠는가?)이 그 자리를 메운다. 그래도 아이들은 날마다 갖고 놀 장난감이 없다고 징징댄다. 장난감이 없기는커녕 멀쩡한 장난감이 너무 많아서 그 더미에 깔릴 지경인데도. 과감하게 불어나는 쓰레기들에게 '더 이상은 안 돼!'를 외치고 대청소를 시작하자(지금 당장 정리를 시작할 필요는 없다. 잡동사니들의 '처분'이 먼저고 '정리'는 그다음이다. 어차피 버릴지도 모를 물건들을 정리하느라고 시간을 낭비할 필요가 없으니까).

시작

대대적인 정리를 하겠다는 마음을 먹고 나면 가장 먼저 엄청난 부담감이 밀려든다. 어디서부터 어떻게 시작해야 할지 엄두가 안 나는 것이다. 그래서 시작하는 과정을 단계별로 잘게 잘라보았다. 하루에 한 시간, 아니면 15분밖에 시간을 낼 수 없다 해도 좋다. 그것만으로도 많은 것들이 달라질 수 있다.

커다란 봉투를 준비한다

쌓여 있는 잡동사니들을 종류별로 분류하여 담을 용기들을 준비하는 것이 우선이다. 우리가 추천하는 것은 (1) '쓰레기'를 담을 대형 쓰레기봉투, (2) 재활용 가능한 것들을 담을 대형 비닐봉투, (3) '기부'할 것들을 담을 또 다른 대형 비닐봉투, 그리고 (4) '남길 것들'(나중에 집 안 곳곳에 재정비해야 할 물건들)을 담을 상자.

가장 엉망인 곳을 가장 먼저 공략한다

봉투들을 종류별로 준비했다면, 제일 처음 공략할 타겟을 정해보자. 가장 엉망으로 어질러져 있는 곳, 아니면 마음에 가장 걸리는 곳부터 시작하는 것이 좋다(예를 들어, 장난감, 혹은 잡동사니들이 첩첩이 산을 이루고 있는 거실 한 구석 같은 곳). 그곳이 조금이라도 깨끗해지면 그 성취감에 다른 구역도 청소할 힘이 나게 된다.

실현 가능한 목표를 세운다

성공할 수 있는 계획을 짜라. "오늘 안에 지하실을 싹 정리해버리겠어!"라고 주먹을 불끈 쥐기보다는 당신이 낼 수 있는 시간을 고려해서 실현 가능한 분량을 목표치로 삼는 것이다(예를 들어, "오늘은 지하실의 선반 한 줄[혹은 선반 한 칸이어도 좋다]을 정리하겠어"라고 계획하는 게 현실적이다).

아샤 나는 청소 자체보다는 그때 내려야 하는 수많은 결정들이 번거로워서 지레 겁을 먹는 스타일이다. 이걸 팔아야 하나, 누구에게 줘야 하나, 이걸 어디에 둬야 하나, 이게 내게 정말 필요한가 등등. 이런 의문들이 한꺼번에 밀려들 때마다 나는 패닉에 빠지고 만다. 그래서 정리를 한꺼번에 하지 못하고 조금씩 잘라서 천천히 하는 편이다.

때론 타이머를 10분에 맞춰놓고 10분 만에 할 수 있는 정도만 하거나, 그것도 힘에 부치면 도움을 요청한다.

철거 작전을 세운다

한 구석이라도 정리가 끝났으면 그 확 트인 공간을 흐뭇하게 바라보는 것으로 작업을 마무리하자. 남겨두기로 작정한 물건들을 어디에 둬야 하나는 나중에 궁리해도 된다. 그보다 처분하기로 결정한 것들을 '집 밖으로' 내보내는 작업이 먼저다. 당장 싣고 기부단체로 달려갈 수 있다면 가장 좋다. 하지만 되팔거나, 누구에게 주거나, 기부하기로 결정된 물건들(그것들을 담은 봉투들)을 주차장이나 차 트렁크에 내놓는 것만으로도 훨씬 홀가분하게 느낄 것이다.

정리 모드

지금 우리는 '생각만 하는 단계'에서 '행동하는 단계'로 옮겨가는 문턱에 서 있다. 본격적으로 정리 모드에 돌입해보자.

냉정해질 것

무언가를 버릴까 말까 망설여질 때는 냉철하고 객관적인 질문들로 그 가치를 따져보자. 우리 블로그에 들른 독자 중 한 사람이 이런 기발한 방법을 제안한 적이 있다. "'만약에 불이 나서 이 물건이 타 없어진다면, 이걸 다시 돈 주고 사게 될까?'라고 스스로에게 물어봐요. 그럼 답이 명확해지죠."

결정은 빠를수록 좋다. 만약에 어떤 물건이 쓸모가 있는지, 의미가 있는지 단번에 결정을 내리기 힘들다면, 그건 필요 없는 물건일 가능성이 높다.

큰 물건, 혹은 비싼 물건부터 시작한다

망설여지고 미적거리게 될 때, 박차고 일어나 정리를 시작할 수 있는 방법이 하나 있다. 큰 물건이나 값비싼 물건을 먼저 처분하는 것이다. 기부를 해도 좋고 팔 수 있다면 더욱 좋다. 그런 뒤 얻게 되는 돈이나 빈 공간은 굉장한 만족감을 줄뿐더러 다른 물건들도 정리할 수 있는 의욕을 불어넣어주기 때문이다. 또 한 가지, 만약 당신이 물건들을 파는 대신 그것을 원하는 친구나 가족들, 친척들에게 주기로 했다면 그것 또한 여러 의미에서 훌륭한 결정이다. 당신이 사랑하는 사람들을 도왔다는 기쁨을 느낄 수 있으니 좋고, 당장 줄 수 있으니 집 안이 깨끗해져서 좋고, 팔거나 기부단체를 수소문하는 데 드는 번거로운 수고들을 하지 않아도 되니 좋다.

크리스틴 얼마 전 최신식 유선형 스테레오 시스템을 집에 설치한 뒤, 그동안 쓰던 작은 스테레오를 어떻게 처분할까 고심하다가 인터넷 중고시장에 내놓았다. 그런데 얼마 지나지 않아 쏟아지는 이메일들과 값을 깎아달라는 요구들에 녹초가 되고 말았다. 남편에게 이 이야기를 하자 그는 이렇게 말했다. "당장 인터넷에서 그 물건 내려. 1분도 더 그런 일에 허비하지 마. 옆집의 토머스(대학생 아들)한테 작은 스테레오 필요하냐고 물어보는 게 어때?"

우리가 토머스에게 스테레오를 보여주자 그는 마음에 들어 하며 가격을 물었다. "그냥 줄게. 네가 마음에 든다면 그걸로 우리는 기뻐." 우리의 대답에 그는 놀란 듯 보였지만 무척 행복해했다. 그리고 우리도 행복했다.

추억의 물건에 집착하지 말자

대청소를 일단 시작했다고 해도, 곧 난관에 부딪힌다. 그 대표적인 것이 바로 '오래된 추억의 물건들'이다. 이를테면 편지들을 담은 상자(들), 농구대회 첫 트로피, 값비싼 캠핑장비들(10년 전 캠핑에 열을 올리던 시절에 쓰던 것), 산더미 같은 아기용품들…….

만일 추억이 담긴 물건이라 차마 버리지 못하고 집 안을 답답하게 만들고 있다면, 다음과 같이 한 번 해보자. 추억은 간직하면서도 집 안은 깨끗하게 할 수 있는 방법이 있다.

물건은 추억이 아니다

옛 향수를 기억하고 싶어 하는 마음은 당연하다. 하지만 헤어진 옛날 남자친구의 편지가 담긴 상자는 왜 버리지 못할까? 필요해서? 아니면 앞으로 쓸데가 있을 것 같아서? 또 상자들마다 가득가득 담긴 엽서들과 생일카드들, 기념일 편지들은 어떤가? 그중 정말 의미 있는 내용이 적혀 있는 것이 아니라면 과감히 포기하자. 하지만 당신이 쓴 글들은 보관할 가치가 있을 것이다. 이렇게 생각하자. 당신의 개인적 역사를 보여줄 수 있는 것들 — 인생의 여러 단계의 자취를 간직하고 있는 것들 — 은 선별해서 간직하되, 그 나머지 것들은 집 밖으로 내보내기로.

아샤 딸 미라바이는 굉장히 감성적인 아이다. 미라바이는 자신이 갖고 있던 물건들을 없애는 것을 너무 힘들어한다. 그 물건과 함께 행복했던 기억들도 사라진다고 느끼는 것 같다. 그래서 우리는 미라바이에게 추억과 물건은 별개라는 사실을 이해시키려 애쓴다. 그러니까 추억을 간직하기 위해서 꼭 그 물건을 간직할 이유는 없는 거라고. 우리는 딸아이가 아끼던 장난감을 디지털 카메라로 찍어 디지털 앨범에 저장해주었다. 미라바이는 그 '저장'이라는 행위를(비록 이미지뿐이라 할지라도) 몹시 마음에 들어 했고 안심하는 것 같았다. 그리고 전보다 훨씬 가벼운 마음으로 오래된 물건들을 떠나보낸다.

이렇게 사진으로 추억의 이미지를 남기는 방법은 자녀들의 미술과제로 활용해도 좋을 것이다. 만약 당신이 조금 더 욕심을 부린다면 아예 그 사진들과 이야기들을 모아 책으로 엮을 수도 있다.

당신의 직감은 옳다

만약 어떤 물건을 봤을 때 즉각 좋은 '느낌'이 들지 않는다면 아마도 그 물건은 당신에게 필요하지 않거나 당신을 위한 물건이 아닐 것이다. 그리고 어떤 물건이 확실하게 부정적인 감정을 불러일으킨다면 당장 쓰레기봉투에 집어넣어야 한다. 그런 물건들을 내보내는 것은 우리 삶에서 독소들을 내보내는 것이다. 브라보! 우리는 지금 삶에 근사한 것들을 들여놓을 공간을 만들고 있다.

'혹시 필요할지 몰라서' 쌓아놓지 말자

크리스틴의 중고 베이비 샤워는 두 가지 큰 의미를 갖고 있었다. 첫 번째는 크리스틴이 거의 돈 한 푼 들이지 않고 — 친구들 덕분에 — 아기용품들을 넘치도록 장만할 수 있었던 것이고, 두 번째는 크리스틴이 그 아기용품들을 '딸의 추억이 깃든 것이니까', 또는 '혹시 다시 필요할지도 모르니까' 집에 쌓아놓지 않게 해주었다는 점이다.

크리스틴 과연 내가 아이를 다 키운 것일까? 혹시 셋째가 생기지는 않을까? 지금의 나로선 전혀 알 수가 없다. 하지만 한 가지만은 확실하다. 미래에 생길 수도 있고 안 생길 수도 있는 내 아이를 위해서 '지금 당장' 그것들이 필요한 사람이 있는데도 그 아기용품을 움켜쥐고 있지는 않을 거란 사실이다.

동물 인형들을 기부한 것이 깨달음을 얻은 계기가 되었다. 인형들을 기부하면서 몸도 마음도 훨씬 가벼워졌다. 진정 그것들을 원하는 아이들에게로 인형들이 갔으리라는 걸 알기 때문이었다. 인형 기부를 하고 나서 얼마 안 되어, 우리 동네에서 장난감, 옷, 가정용품의 자선 기부 사업을 계획하고 있다는 소식을 들었다. 나는 우리 집에 있는 아기용품들을 내놓기로 마음먹었다. 우리에게 아기가 또 생긴다면 분명 다시 필요하게 될 것들이지만, '지금' 필요한 이들을 위해 기꺼이 넘겨주기로 한 것이다. 나는 지하실로 내려가 유모차를 꺼냈다. 휴대용 유모차 시트, 나무로 만든 높다란 아기의자, 그리고 두 개의 아기 미끄럼틀도. 모두 누군가 나에게 물려주었던 것들이고 지금 다시 누군가에게 물려주기에 손색이 없는 물건들이었다.

'마지막 기회' 상자

어떤 물건을 집 안에 남겨둬야 하나 말아야 하나 너무 고민이 된다면(그리고 그런 고민을 하느라고 정리 시간에 스트레스가 쌓인다면) 그 물건을 '마지막 기회' 상자에 넣어라. 큰 가방이나 상자 하나를 '마지막 기회' 상자로 삼으면 된다. 아직 떠나보낼 마음의 준비가 안 된 물건들을 잠시 보관하는 작은 간이역 같은 것이라고 생각하자. 그 상자가 가득 차면 뚜껑을 덮고 테이프로 봉한 뒤, '마지막 기회'라고 써서 붙인다. 그 마지막 기회를 쓸 수 있는 기간은 그날부터 1년간이다. 그 상자를 차고나 지하실의 눈에 띄지 않는 구석에 처박아라. 그러고 나서 다시 일상생활을 시작하는 것이다. 그러다가 만일 그 상자 속에 있는 물건이 다시 필요하게 되거나 못 견디게 원하게 될 때는 언제라도 가서 꺼내오면 된다. 하지만 아마도 그런 일은 일어나지 않을 것이다. 오히려 그 상자 속에 담긴 물건들을 까마득히 잊어버리게 될 것이다. 그리고 1년이 지나고 나면, 당신은 그 상자를 기부단체에 아무런 갈등 없이 보낼 수 있을 것이다.

단, '마지막 기회' 상자를 너무 남용하다 보면 판단력이 약해질 수도 있다. '정말로' 차마 손에서 떨어지지 않는 극소수의 물건들만 그 상자에 넣어야 한다. 우리에게 이 상자가 필요한 이유는 우리가 불필요하게 집착하는, 감정적으로 애착이 형성된 물건들과 조금 거리를 둠으로써 객관적인 시각으로 바라보기 위해서다.

물건들에 새 집 찾아주기

집 안 정리를 시작하는 것은 분명 힘든 일이다. 하지만 일단 시작하고 나면, 멈추기도 힘든 것이 바로 이 정리다. 그런데 역설적이게도 정리를 하다 보면 '치울수록 쌓여가는 것들'이 생긴다. 만약 내보내기로 결정한 물건들을 그때그때 집 밖으로 들어내지 않는다면 말이다. 그 퇴출대상 물건들이 또 다른 잡동사니의 산을 이루며 집 안 어딘가에 쌓여갈 것이기 때문이다. 그걸 얼른 치워버리지 않으면 숨은 복병은 또 있다. 아이들 말이다. 만약 당신의 아이들도 우리 아이들 같다면 기부용 봉투를 가만 내버려두지 않을 것이다. 기를 쓰고 달려들어서 뒤져보려 할 것이고 결국은 다시 엉망진창으로 어질러진 물건들 속에서 성질을 내거나 다시 갖겠다고 울거나 할 것이다(아이들이 울지 당신이 울게 될지는 두고 봐야 하겠지만).

내 경험상 가장 좋은 방법은, 시간도 최소한으로 들고 스트레스를 가장 덜 받는 쪽으로 해결하는 것이다. 만약 당신이 온라인 중고시장에 내놓는 것을 즐긴다면 더할 나위 없이 좋다. 하지만 만약 그렇지 않다면(나처럼), 그걸 팔아서 벌게 될 수백 달러를 내 정신건강을 위해 투자했다고 생각하고 '그냥 누구한테 줘버려라'. 그게 뭐가 됐든 기부하거나, 친구나 친척들에게 줘라. 세상을 위해서도, 당신 스스로를 위해서도 좋은 일이다. 잡동사니들을 빠른 시간 내에 집 밖으로 퇴출시키는 방법들을 모아보았다.

기부

선교단체나 구세군 같은 곳을 제외하더라도 수많은 자선단체들이 트럭을 몰고 당신 집 앞을 지날 것이다. 그들은 모두 당신의 기부를 기다리고 있다. 자리만 차지하고 있는 그 많은 물건들을 말이다(자선단체에 낡은 차를 기부하면 세금 감면 혜택도 받을 수 있다).

위탁

최근에 위탁 판매업체들과 특별 세일 이벤트가 하루가 다르게 많이 생겨나고 있다(특히 아이들 육아용품 분야에서). 부모들이 그만큼 원하고 있다는 뜻이고 재활용이 그만큼 필요하다는 뜻이다. 아이들이 작아서 못 입게 된 옷을 위탁업체에 갖고 가면 뜻밖의 보너스도 얻을 수 있다. 조금 큰 사이즈의 아이 옷을 특별히 싼 가격에 살 수 있는 것이다.

인터넷 중고시장

만약 당신이 웹상에서 무언가를 하는 데 익숙하다면 권할 만한 방법이다. 특히 좀 비싼 가격에 팔 수 있는 물건을 처분할 때 쓰면 좋다(인터넷 중고시장에 상품을 등록하고, 사겠다는 사람들과 흥정하고, 배송까지 해야 하는 정신적, 시간적 수고를 보상 받을 만한 가치가 있어야 하니까).

물물교환

물물교환 또한 훌륭한 방법이 될 수 있다. 친구들이나 이웃들 간에 교환할 수도 있고 인터넷상의 교환도 좋다. 몇몇 동네에서는 부모들이 지역 인터넷 커뮤니티를 통해서 교환 가능한 물건이나 서비스의 목록을 올리고 정기적으로 맞바꾼다.

버리기

마지막 선택은 버리는 거다. 팔 수도, 누구에게 줄 수도 없다면 버리는 수밖에 없다. 조금 비용을 들일 수 있다면 수거회사를 부르는 방법도 있다. 그들이 당신의 집까지 와서 물건들을 싣고 가 알아서 처리해줄 것이다. 아니면 당신 스스로 동네의 쓰레기 처리장에 갖고 가서 버리는 것도 한 방법이다(동네의 쓰레기 수거 규정을 체크해보자).

> **크리스틴** 내 친구 중 한 명은 보스턴 외곽의 부자 동네에 산다. 그런데 그 동네에는 쓰레기 수거차가 없어서 항상 주민들이 직접 쓰레기를 싣고 처리장에 가서 버려야 한다. 그 이야기를 듣고 처음에는 기겁했다. "세상에, 불편해서 어떻게 사니? 나 같으면 그 냄새 나는 쓰레기 처리장에 가서 오물들을 던지는 일이 굉장히 싫을 것 같은데." 하지만 내 친구는 어깨를 으쓱하더니 그렇게 하는 데 두 가지 좋은 점이 있다고 말해주었다. 첫째, 직접 가서 버려야 하니까 애초에 쓰

레기를 덜 만들게 된다는 점. 재활용을 하거나 덜 쓰게 된다는 것이다. 둘째, 그 동네의 쓰레기 처리장 옆에는 중고물품 교환장터가 있어서 늘 쓸 만한 물건들을 맞바꾸려는 사람들로 붐빈다는 것이었다.

지금까지의 성공에 대한 축하도 잊지 말 것

부모들이 습관적으로 잊어버리곤 하는 아주아주 중요한 한 단계가 아직 남아 있다. 무언가 일을 하나 끝냈으면 '멈추고, 성취를 맛보고, 축하하기'의 단계를 꼭 거쳐야 한다. 지금 우리는 굉장한 일 하나를 해냈다! 일단 몇 발자국 물러서서 열심히 일한 결과를 음미해보자. 그리고 옆에 있다면 남편이나 아이들을 부둥켜안고 이렇게 말하자. "이것 좀 봐! 이걸 다 우리가 한 거야. 굉장하지 않아? 나는 우리 가족이 너무너무 자랑스러워." 흡족한 미소도 잊지 말자. 아무리 사소한 것이라도 무언가 해낸 것에 대한 축하를 절대 거르지 않아야 한다. 하다못해 스스로의 등이라도 두드려줘라.

남겨둔 물건들 정돈하기

불필요한 잡동사니들은 다 집 밖으로 내보냈으니, 이제 집 안에 남겨둔 물건들을 정돈해보자. 그 일이 생각보다 얼마나 수월하게 진행되는지 아마도 깜짝 놀라게 될 것이다. 훨씬 넓어진 집 안 공간, 그리고 지금껏 갈고닦은 미니멀라이징 철학이 당신을 도울 것이다.

당신이 집 안 정리를 위한 명확한 기준을 갖고 있다면, 매번 정리를 할 때마다 번거롭게 이것저것 궁리하지 않아도 된다. 정리 정돈에 관한 한, 딱 들어맞는 한 가지 틀은 없다. 정돈의 달인 메간 프란시스(Meagan Francis, TheHappiestMom.com 운영자)의 현명한 조언을 들어보자. "정돈의 핵심은 완벽한 시스템을 찾는 것이 아니에요. 스스로의 시스템을 만들어내는 거예요. 어떤 시스템이라도 당신에게 맞는다면 완벽하죠. 그리고 그걸 따르면 돼요!"

집 안을 빠르고 쉽게 정돈할 수 있는 조언들을 아래에 모아보았다.

공간을 기능별로 나눈다

집 안을 한 번 둘러보자. 그리고 천천히 거닐면서 각 공간, 각 방에서 어떤 활동을 하고 싶은지 느껴보자. 책읽기, 놀이, 대화, 요리, 청소, 잠자기……. 어떤 그림이 떠오를 것이다. 각 장소의 기능을 고려해본다면 그 공간에 무엇을 배치해야 하는지 더욱 쉽게 감이 잡힌다.

"우리는 옷장 안을 몇 개의 구역으로 나누었어요. 내 코트들은 왼쪽에 걸고, 아이들 것은 가운데, 남편 것은 오른쪽에 걸었죠. 그리고 옷장 위에 세 개의 바구니를 놓고 '장갑', '모자', '스카프'라고 써붙였어요. 이렇게 해놓고 나니 옷장이 한결 깔끔하게 정리가 되고 무언가를 찾지 못해 뒤지는 일이 없어졌답니다."   _La Reveuse(MinimalistParenting.com)

우편물은 즉시 처리한다

편지, 아이들의 학교 통지서, 그 밖에도 갖가지 우편물이 집 안으로 날아든다. 그때마다 쌓아두지 말고 바로바로 처리하자. 불필요한 것들은 당장 버리고, 필요하고 기억해야 하는 것들은 스케줄표와 할 일 목록에 기록한 다음 치운다(나중에 처리하기 위해 그냥 싱크대 위나 식탁 위에 쌓아두는 것이 아니라).

비슷한 종류의 물건은 함께 넣어 보관한다

서류철, 바구니, 상자, 그리고 통은 우리의 절친한 친구들이다. 크기별로, 모양별로, 색깔별로 그것들을 적절하게 섞어서 사용하면 크고 작은 물건들을 깔끔하고 보기 좋게 수납할 수 있다. 물건들을 종류별로 분류하여 집 안 곳곳의 통들에 보관하자.

수납 시스템을 만들고 정리가 끝났으면, 아이들에게 물건들이 어디에 있는지 설명해주자(아이들이 말을 알아들을 만큼 컸다면). 아이들이 물건들을 갖고 놀고, 다시 치우는 데 큰 도움이 될 것이다.

통마다 라벨을 붙인다

구입할 만한 가치가 있는 물품 중 하나가 바로 가정용 라벨메이커다. 손으로 써서 붙이는 것도 좋지만, 아무래도 라벨메이커로 작업하면 일관성 있고 깔끔해서 훨씬 정돈된 느낌이 든다. 빼놓을 수 없는 또 한 가지 장점은 아이들이 라벨메이커에 열광한다는 사실이다. 당신의 아이들도 틀림없이 라벨을 만들고 싶어서 안달할 것이다. 그러면서 자연스럽게 당신이 라벨 만드는 것도 돕고, 정리도 재미있어하게 될 것이다.

자잘한 일은 자투리 시간을 활용한다

조그만 공간의 자잘한 정리거리들은 틈틈이 자투리 시간을 활용해서 처리하자(크리스틴은 에스프레소 머신에서 커피가 뽑아져 나오길 기다리는 동안 잽싸게 일들을 해치우곤 한다). 물론 가족들도 일상생활을 해나가면서 처리할 수 있는 간단한 정리 정돈에 동참시키자. 그러면 하루를 마감하면서 집 안을 정리할 때 훨씬 부담이 줄어들 것이다. 단 몇 분 만에 해치울 수 있는 자잘한 집안일들을 장소별로 모아보았다.

현관에서 할 수 있는 일들

- 신발 정리(신발장이나 선반에 신발 넣기)
- 우편물 분류하기(광고용지들 재활용 봉투에 넣고 중요한 편지나 청구서는 따로 보관하기)
- 기부할 물건들 차에 싣기

부엌에서 할 수 있는 일들

- 식기세척기에 그릇 넣기, 혹은 꺼내기
- 싱크대 주위에 널려 있는 그릇, 냄비, 조리기구 선반에 넣기
- 냉장고 속 '수상한'(오래되었거나 상한 것 같은) 음식물 버리기
- 바닥 닦기
- 음식물 쓰레기통 비우기

거실/놀이방에서 할 수 있는 일들
- 장난감들 통에 넣기
- 리모컨 제자리에 놓기(서랍이나 리모컨 거치대에)
- 던져놓은 옷가지들 개기, 혹은 쿠션들 제자리에 놓기
- 책 정리

식탁에서 할 수 있는 일들
- 의자들 밀어 넣어놓기
- 식탁 닦기

서재에서 할 수 있는 일들
- 서류 정리(할 일 목록에 올리거나 파일에 철하기)
- 문구류 정리(통이나 컵, 서랍의 제자리에 넣기)

침실에서 할 수 있는 일들
- 침대보 깔기
- 여기저기 벗어던진 옷들 정리하기
- 침대 옆 스탠드 닦기
- 빨래바구니 비우기

욕실에서 할 수 있는 일들
- 걸려 있는 타월들 반듯이 접어 다시 걸기

- 목욕용품들 선반에 정리하기
- 세면대 위의 잡동사니 치우기
- 샤워커튼 달기, 그리고 목욕용 매트를 욕조 난간에 널기
- 두루마리 휴지 두어 개 더 갖다 놓기

우편물과 이메일 쓰레기 처리하기

집 안에 쌓이는 물건들 못지않게 우편물로 배달되는 종이들, 그리고 스팸메일들이 주는 스트레스도 만만치 않다. 우리에게 쏟아져 들어오는 모든 '정보' 쓰레기들을 효과적으로 처리하는 방법을 알아보자.

편지, 청구서, 그 밖의 종이들에서 헤어나는 방법

당신 앞으로 배달되는 수많은 스팸메일의 개수만큼이나 그것들을 정리하는 방법 또한 다양하고 많다. 그중 가장 효과적인 방법을 소개한다.

우편물은 받는 즉시 처리한다

무언가를 우편함에서 수거하는 즉시 훑어보고, 분류하고, 던져버리자. 쓸데없는 봉투들, 전단지들, 그리고 광고용지들은 즉시 재활용 쓰레기 박스에 넣는다. 청구서와 답장을 써야 할 편지들은 따로 보관함에 넣는다(라벨을 붙인 박스에 넣는 것, 잊지 않았겠지?).

처리할 일은 정해진 시간에 처리한다

청구서의 요금을 지불한다던가 답장을 해야 하는 우편물들을 위한 시간을 따로 정하자. 하루에 한 번도 좋고 — 꾸준히 그 시간에 일들을 해치울 수만 있다면 — 혹은 일주일에 한 번도 좋다.

최소한의 우편물만 보관한다

세금고지서라든지, 법원에서 날아온 문서라든지, 연체고지서라든지 아니면 사업상의 공문서가 아닌 이상 모든 종이우편물은 재활용 쓰레기다. 무조건 서류박스에 집어넣기 전에 한 번 생각해보자. 똑같은 내용을 인터넷이나 전화상으로는 확인할 수 없을까?

학교 통신문, 공작용 종이더미에서 헤어나는 방법

아이들은 그야말로 '어마어마한' 종이들을 집 안으로 실어 나른다. 학교에서 보내는 통신문, 과제물, 동의서뿐만 아니라 집 안에서도 만들기를 하거나 작문숙제를 하느라고 아이들 곁엔 늘 종이가 쌓인다. 물론 그것들 중 보관할 가치가 있는 것도 있지만, 거의 대부분은 결국 쓰레기일 뿐이다. 그 종이더미들을 해결하는 방법을 살펴보자.

분류하자

집 안 정리의 변치 않는 룰이 여기서도 적용된다. 일단 필요한 것만 골라내고 나머지는 미련 없이 재활용 봉투에 집어넣는다. 날짜를 기억해야 하는 것들은 바로 스케줄 달력에 적어 넣고 재활용 봉투에, 그 밖에 필요 없는 것들은 즉각 재활용 봉투에 넣는다. 그렇게 해야 싱크대 위가 종이 천지가 되지 않는다.

"우리 집 부엌 벽에는 세 개의 게시판이 붙어 있어요. 세 아이들을 위해 마련했죠. 학교의 과제물, 통지서, 생일파티 초대장, 운동 연습 스케줄표 등등 아이들을 위해 알아야 할 모든 것들을 붙여놔요. 꽤 많은 종이들을 붙여놓을 수 있는 게시판이지만 그래도 한계가 있기 때문에 정기적으로 철 지난 정보들을 떼어내야 한답니다." _크리스티(MinimalistParenting.com)

보관하자

아이들의 학교 통신문을 모아두는 바구니를 따로 하나 만들어서 부엌이나 현관에 놓자. 그리고 커다란 박스 하나에 라벨을 붙여서 아이들이 만든 공작품이나 작문 중 잘된 것들을 넣어서 보관하자. 그 박스의 용량에는 한계가 있기 때문에 시간이 지날수록 '정말' 보관할 가치가 있는 것들만을 골라내게 될 것이다.

전시하자

아이들은 자신이 만든 작품이 전시되는 것을 굉장히 자랑스러워한다. 창의성을 칭찬해주고 집 안에 작품을 올려놓을 공간을 마련해주자.

집 안 공간을 절약하는 또 다른 방법은 아이들의 작품을 사진으로 찍어서 디지털 앨범에 보관하거나 사진들을 모았다가 매년 책으로 펴내는 것이다.

이메일 처리하는 법

과다한 이메일 문제는 이제 국제적인 이슈가 되었다. 크리스틴은 한 주에 수천 통씩 쌓이는 이메일과 담판을 벌이기 위해 '3단계 법칙'이라는 기발한 방법을 고안해냈다. 모든 이메일에 일일이 답할 필요가 없을 뿐만 아니라, 흥미 없는 이메일에는 답하지 않아도 인생에 아무런 지장이 없다는 사실을 깨달았기 때문이다. 그 3단계를 소개한다.

- 첫 번째, 걸러내는 단계: 이메일 박스를 열고 재빨리 필요 없는 것들은 삭제하고 '쉬운' 메일들을 골라낸다. 예를 들어, 크리스틴은 단체 메일(개인 앞으로 온 메일이 아닌 것)은 삭제하고 그녀 앞으로 온 메일이라 해도 관심이 없는 것들은 삭제한다. '쉬운' 메일이란 그녀를 기분 좋게 하는 정보들(작업 아이디어, 새로운 기회들, 일상 안부 메일들)을 주는 메일을 말한다. 그것들은 인박스에 남겨놓는다. 물론 마감시간을 지켜서 응답해야 하는 메일들의 답장도 이 단계에서 쓴다.
- 두 번째, 일을 진척시키는 단계: '쉬운' 메일보다 더 시간과 공을 들여서 답해야 하는 메일들을 처리하는 단계다. 사업 관계의 메일(무언가를 디자인하거나 설계하는 일, 창조적인 계획을 세워야 하는 일, 혹은 아이디어를 짜는 일 등)이 주로 이에 속한다.
- 세 번째, 짐을 덜어내는 단계: 처리하고 남은 이메일의 종착역이라 할 수 있는 단계다. 크리스틴은 이 단계에 남겨진 메일을 '짐'이라고 부른다. 우리가 열어보고 싶지 않은 메일들, 관심 없는 메일

들, 혹은 단순히 기분 나쁜 메일들이 마지막에 쌓여 있을 것이다. 그 디지털 잡동사니들을 없애버리자! 크리스틴의 경우, 어떤 메일이 세 번 이상 눈에 띄었는데도 열지 않고 그냥 놔뒀을 경우, 스팸메일로 처리한다고 한다. 당신의 메일함에 버젓이 자리만 차지하고 앉아서 업무를 방해하게 두지 말고 당장 그것들을 들어내자.

사진과 동영상을 정리하는 법

아샤는 아직도 처음 디지털 카메라를 샀을 때 얼마나 행복했었는지 기억하고 있다. 필름사진을 현상해서 보관하는 일이 얼마나 번거롭고 자리를 많이 차지하는 일이었는지 거의 진저리를 치고 있던 참이었기 때문이다. 하지만 디지털 사진이라고 해서 무작정 찍어댈 수만은 없다는 사실을 곧 알게 되었다. 쉽게 찍고 쉽게 저장할 수 있다는 바로 그 사실 때문에 쓸데없는 디지털 사진이나 동영상 파일도 나름의 공간을 차지하며 쌓여간다. 디지털 잡동사니를 처리하는 방법을 알아보자.

깐깐한 감독이 되어라

크리스틴은 사진을 고르는 데 유난히 엄격하다. 그녀는 양보다 질을 따지기 때문에 고르고 고른 몇 장의 사진들만 보관한다. 중복되는 비슷비슷한 사진이나 '미운' 사진(누군가가 눈을 반쯤 뜬 사진이라든가, 입에 음식을 가득 물고 찍은 사진이라든가)은 삭제한다. 또, 따분한 사진, 추억이 깃들지 않은 사진들도 미련 없이 삭제한다.

다운로드와 편집 시스템을 개발하자

동영상 파일이나 사진을 다운로드해서 그때그때 편집하고 백업하는 습관을 들이자. 조금씩 처리해두면 나중에 한꺼번에 처리하느라고 부담에 짓눌리지 않게 될 것이다. 만약에 필요하다면 할 일 목록에 사진, 동영상 파일 정리를 끼워 넣어도 좋다.

이미 디지털 파일이 쌓여 있다면 잘게 나눠서 조금씩 정리하자

디지털 잡동사니들이 이미 손 댈 엄두가 안 날 지경으로 쌓여 있다 해도 겁낼 것 없다. 짧은 시간에 해낼 수 있을 양만큼씩 나누자. 그리고 하루에 10분씩 투자해서 차근차근 해나가는 것이다. 일단 불필요하거나 마음에 안 드는 사진들을 솎아내고 나면, 휴가 사진첩을 만들거나 특별한 이벤트 사진들을 따로 묶어 정리하는 일이 훨씬 수월해질 것이다.

말끔하게 정리된 집 유지하기

집 안의 잡동사니들을 몰아내고, 그야말로 '미니멀라이징' 된 집을 갖게 된 걸 축하한다. 물론 쾌적한 환경을 유지하려면 꾸준한 관리, 보수가 필요하다. 하지만 우리는 이미 가장 힘든 과정을 거쳤다. 이제 조금만 더, '유지'에 관한 마음의 각오를 다져보자.

집 안을 꾸미는 큐레이터

스스로를 특별한 물건들만을 효율적으로, 보기 좋게 전시하는 큐레이터라고 생각해보자. 무언가 사고 싶은 마음이 들거나 사야 할 때마다 이 사실을 떠올리면 도움이 될 것이다. 처음엔 조금 실수를 해도 괜찮다. 돈을 지불하고 산 물건은 언제나 교환이나 환불이 가능하니까(영수증 보관하는 걸 잊지 말도록!) 나중에 마음을 바꿀 수 있다. 하지만 우리의 궁극적인 목표는 애초에 물건을 살 때 현명한 선택을 하는 것, 그래서 바꾸거나 환불할 필요가 없어지는 것에 있다는 점을 기억하라.

그다음에는 말끔하게 정돈된 집 안을 유지하기 위한 한 단계 높은 전략을 도입할 수 있다. 바로 '플러스 마이너스 제로' 전략이다. 무엇이든 집 안에 물건 하나가 들어오면 다른 하나를 내보낸다.

"우리 집을 물건들의 홍수에서 벗어나게 하는 최고의 방법은 뭐니 뭐니 해도 물건을 안 사는 거예요. 쇼핑센터 카달로그는 아예 안 받고, 이메일로 오는 광고지들은 컴퓨터의 '쇼핑 폴더'에 자동으로 저장시켜두고 평소에는 열어보지도 않죠(하지만 정말로 뭔가가 사고 싶어지는 경우를 대비해서 세일 정보는 꼭 모아두는 편이에요). 생일이나 특별한 기념일이 다가오면 스스로의 선물을 고르기 위해서 그것들을 열어보고 위시 리스트를 만들어요. 그런데 정말 이상하죠? 너무 갖고 싶어서 '머스트 해브' 아이템에 올려놓고 벼르고 있던 물건이라 해도 시간이 조금만 지나면 금방 시시하게 느껴지니 말예요!"
_누텔라(MinimalistParenting.com)

매일 시간을 정해두고 정리할 것

'조금씩, 매일' 정리하는 것이 기적을 만든다. 잠자리에 들기 전 10분만이라도 매일 하는 것과 안 하는 것은 엄청난 차이가 난다. 누구나 할 수 있다(우리가 앞서 설명한 힌트들을 참고할 수 있다면 기쁘겠다). 너무나 피곤해서 정리를 거르고 싶을 때, 그냥 침대로 파고들고 싶은 유혹을 느낄 때 기억하자. 아침에 말끔하게 정돈된 방 안에서 눈을 뜨는 것이 얼마나 행복한 일인지, 그리고 그 행복한 아침과 활기 넘치는 하루를 위해 조금 피곤하지만 지금 10분을 투자한다고 생각하는 것이다. 스스로에게 주는 작은 선물이라고 여기자.

집 밖에 있는 물건들

꼭 있어야만 하는 기본적인 것들(미술도구, 혹은 기본 장난감)만 집에 두고 나머지 물건들은 집 밖의 시설(어린이 놀이방, 화실, 동네 도서관 등)에서 사용하도록 하자. 아이들의 친구들 집에 교대로 놀러가는 날을 정해서 아이들이 다른 집에 있는 다른 장난감들을 갖고 놀 수 있도록 하는 것도 좋은 방법이다.

가족들의 참여를 유도하자

고르고 골라 집 안에 남긴 물건들을 적재적소에 배치하는 것은 엄청난 시간과 노력이 필요한 일이다. 그렇기 때문에 이 장을 마무리하면서 짚고 넘어가야 할 것이 있다. 집 안을 '미니멀라이징' 하고 그 상태를 유지하는 데는 함께 사는 가족들의 참여가 무엇보다 절실하다는 사실 말이다. 우리는 이 일을 혼자 할 수 없다. 혼자 해서도 안 된다.

남편과 일을 분담한다

남편, 혹은 동거인이 있다면 당당하게 작업 분담을 요구하자. 혼자서 희생정신에 불타 모든 것을 해치우려 하면 힘만 들고 후회만 남는다. 남편에게 어떤 부분을 어떻게 도와주길 원하는지 확실히 전달해야 한다. 알아서 도울 거라고 생각했다가는 상대방에게 서운한 감정만 쌓인다.

또 한 가지 기억해야 할 것은 당신 남편은 당신과 일하는 방식이 다를 수도 있다는 점이다. 당신과 똑같은 방식으로 하지 않는다고 발을 동동 구르지 마라. 그 나름대로 훌륭하게 일을 처리해낼 테니까. 어쩌면 남편의 방식대로 하는 편이 더 좋을지도 모르는 일 아닌가?

크리스틴 나는 남편이 세탁물을 처리하는 방식에 그야말로 쇼크를 받았다. 나보다 훨씬 효율적으로 해내는 것이 아닌가! 마른 빨래들을 전부 마룻바닥(혹은 침대)에 쏟아놓더니 일단 자기 것, 내 것, 아이들 것을 분류한 다음 개어서 각자의 방에 배달했다. 내가 하던 방식은 일단 옷을 종류별로 분류한 다음에 개고, 그것들을 다시 남편 것, 내 것, 아이들 것으로 나누어서 각자의 옷장에 넣는 식이었는데 남편이 하는 방식을 따라해보니 훨씬 빠르고 쉬웠다.

되도록 빨리, 아이들도 동참시킨다

집 안을 정리하고 깨끗하게 유지시키는 일에 아이들을 빨리 참여시킬수록 좋다. 아이들이 스스로 집안일을 돕고 있다는 느낌을 갖게 하는 것만으로도 일이 훨씬 쉬울 수 있다(일의 진행은 좀 더뎌질 수도 있지만). 3장에서 이미 아이들을 집안일에 동참시키는 방법에 대해서 이야기했다. 여기서는 좀 더 가족이라는 공동체의 일원으로서 아이들의 참여를 이끌어내는 방법에 대해 이야기해보자.

> "신나는 음악들로 '신나는 청소시간' CD를 한 장 만들고 가족들과 함께 집안을 치울 때 그 CD를 틀어보세요. 아이들이 도와주면 거실을 말끔하게 치우는 데 두어 곡이면 충분해요. 가장 중요한 건 거실을 치우면서 모두가 춤을 추고 즐긴다는 거예요."
> _La Reveuse(MinimalistParenting.com)

> "저는 아이들에게 청소를 시킬 때 키친 타이머를 유용하게 쓴답니다. 타이머를 아이들 앞에 놓으며 이렇게 말하는 거죠. '네 방을 치우는 데 ( )분을 주겠어. 그걸 다 끝내면 상으로 ( )을 하게 해줄게. 이 타이머가 울릴 때까지 방바닥에 안 치우고 널브러져 있는 물건들은 다 갖다가 버릴 거야.' 말로만 겁주는 게 아니라 저는 실제로 그렇게 해요. 그렇지 않으면 효과가 없어요."
> _브레이든(MinimalistParenting.com)

전문가의 도움을 받는 것도 괜찮다

정 시간이 없고, 어쩌다 자유시간이 생긴다 해도 그 천금 같은 시간을 집 안 정리에 쓰고 싶지 않다면 물론 다른 방법도 있다. 여유가 된다면 (그리고 그렇게 할 의향이 있다면) 전문가를 불러서 집 안을 재정비하는 것도 미니멀 육아를 위한 훌륭한 투자다.

크리스틴 남편 존과 나는 둘 다 풀타임으로 일한다. 그런데 집 안을 '미니멀라이징' 하는 데는 내가 더 열성적이라, 늘 청소는 내 몫인 것처럼 느껴져서 가끔씩 목 안에 가시가 걸린 듯 껄끄럽다. 그러니까, 내가 청소를 싫어한다는 뜻이 아니라(진공청소기 돌리는 것만 빼고 — 진짜 끔찍하게 싫다) 내 자유시간을 청소보다 소중하게 여기고 싶을 때가 있다는 뜻이다. 극단적인 예로, 딱 30분의 시간이 있다면 화장실 변기를 닦을 것인가, 아이들과 뒹굴며 놀 것인가?

남편은 처음에 청소 도우미를 쓴다는 생각을 탐탁지 않아 했다. 하지만 집 안 곳곳에 묵은 때가 끼고 우리가 그걸 청소할 시간이 없다는 걸 인정할 즈음, 마침 인터넷 지역 광고란에 '청소 서비스 50퍼센트 세일' 공지가 떴다. 나는 남편에게 말했다. "우리 이 서비스 한 번 써봐요. 딱 한 번이라도 좋으니까, 응?"

청소 도우미들이 우리 집에 도착했고 단 두 시간 만에 완전한 새 집으로 변신시켜주었다. 그것은 기적에 가까운 일이었다. 남편과 나는 그 순간부터 청소 서비스의 신봉자가 되었다. 그리고 정말 솔직히 말해서, 그 두 시간 동안 내가 일해서 버는 돈을 고스란히 도우미에게 주는 적도 많았지만 나는 그 편이 좋았다. 그래서 존과 나는 우리 집의 청소 규칙을 바꿨다. 평소에는 우리가 기본적인 청소만 하고, 한 달에 한 번씩 도우미 서비스를 부르기로. 들인 돈 대비 가장 만족도가 큰 투자라고 생각한다(가족 위생상으로도 훨씬 좋다). 나는 이 멋진 서비스를 엄마(매주 우리 집에 오셔서 딸들과 놀아주시는)에게도 선물하기로 했다. 한 달에 한 번씩 엄마 댁에도 도우미를 보내드리기로 한 것이다. 내가 지금껏 엄마에게 해드린 선물 중 최고가 아닐까?

집 안의 잡동사니들을 정리하는 작업의 가장 어려운 관문은 '시작하는 것'이다. 이제 우리는 어떻게 그 일에 뛰어들어야 하는지, 어떻게 해나가야 하는지, 어떻게 집 안으로 쏟아져 들어오는 쓰레기들을 막아내는지, 어떻게 자투리 시간을 활용하여 정리하는지, 어떻게 현실적인 목표들을 세우고 달성해가는지 알게 되었다. 그리고 더욱 중요한 한 가지, 우리는 혼자서 그 모든 작업들을 해나갈 필요가 없다는 사실도. 가족들을 참여시키고, 친구와 이웃의 도움을 구하고, 당신의 시간과 에너지를 **빼앗는** 일에는 전문가의 도움을 받아도 좋다는 사실을 말이다. 당신의 마음도, 당신의 집도 깨끗하게 정돈될 것이다.

chapter
6

가정 경제에 대한 미니멀리스트의 생각

MINIMALIST PARENTING

'돈'이라고 말할 때, 우리는 흔히 명확한 어떤 것을 떠올린다. 숫자로 나타낼 수 있는, 똑 떨어지는 단위의 어떤 것. 무언가를 하기에 충분한 돈이 있거나 혹은 없거나 둘 중 하나 아닌가? 그런데 알다시피, 살다 보면 돈이라는 게 ― 그것에 대해 생각하고, 그것을 다루고, 그것을 유지하다 보면 ― 그렇게 단순한 물건이 아니다. 우리가 인정하고 싶은 것보다 훨씬 더, 돈은 우리의 감정과 문화와 사회에 깊숙이 관여하고 있다. 돈이 많으면 대부분의 문제가 풀릴 거라고 생각하는 경향이 있지만, 실제로 돈이 많으면 더 많은 골칫거리가 생긴다.

"골치 아파도 좋으니까 돈이 많아봤으면!"이라고 방금 생각하지 않았나? 여기까지 다 들린다! 은행 잔고 숫자 뒤에 0을 두어 개 더 붙이고 싶지 않은 사람이 누가 있을까? 더 많은 돈은 더 많은 기회와 자유를 의미하는 세상에 말이다. 하지만 어느 선까지만 그렇다. 일단 당신과 가족들의 기본적인 욕구를 만족시킬 만한 선까지는 돈의 양에 비례하여

행복도 커질 것이다. 하지만 그 선을 넘어서면 소비를 통제할 수 있는 힘이 약해지게 되고, 삶 속에 불필요한 물건들이 점점 더 쌓이게 되며, 결국 지금 우리가 풀려고 하는 문제들의 원점으로 돌아오게 된다.

돈에 관한 한, 지금껏 우리가 외쳐왔던 '더 적은 것이 더 좋다'는 원칙이 100퍼센트 적용되지는 않기 때문에 이 장에서는 가정 경제에 대해 다른 시각으로 접근하려 한다. 우리는 경제 전문가가 아니다. 다만 — 당신이 그렇듯이 — 돈 문제에 현실적으로 부대끼며 사는 사람들이다. 여기서 우리는 우리가 원하는 삶을 사는 방편으로써, 그리고 아이들을 교육하는 유용한 도구로써 돈을 사용하는 방법에 대해 이야기하고 싶다. 만약 당신이 원하는 삶이 깔끔하고 정돈된 것이라면, 지금 당신이 돈을 어떻게 다루고 있는지 돌아볼 필요가 있다. 그리고 — 일단 삶이 미니멀라이징 되었다면 — 당신이 원하는 삶을 살기에 충분한 돈을 이미 갖고 있다는 사실을 알게 될 것이다.

미니멀리스트는 금욕주의자가 아니다

우리는 당신에게 쇼핑을 끊으라고 말하는 게 아니다. 네일숍에 가지 말라거나 카페에서 라떼를 마시는 게 낭비라고 말할 생각도 없다. 미니멀리스트는 금욕주의자를 의미하는 것이 아니기 때문이다.

검소함에 대해 이야기할 때 우리는 돈을 아끼는 것에만 목숨을 건다. 하지만 과연 무엇을 위해 돈을 아끼는가? 우리가 자기 자신과 가족들을 이해하고, 스스로 '가치 있다'고 여기는 것들을 명확히 알고 있을 때 그 목표는 뚜렷해진다. 가정 경제를 생각하기에 앞서, 한 번 스스로에게 물어보자. '나는 어떤 것을 가치 있게 생각하는가?'

만약 이 질문에서 뭔가 느껴지는 게 있다면, 우리가 앞서 2장에서 이야기했던 시간에 대한 담론들이 뇌리를 스치기 때문일 것이다. 시간과 돈에는 공통점이 많다. 둘 다 쓸 수 있는 한계가 있고, 쓰면 없어지며, 현명하게 사용한다면 미니멀 육아의 핵심적 부분이 될 수 있다는 점에서 말이다. 시간과 돈의 미묘한 상관관계 — 시간이 많으면 돈이 적고, 돈이 많으면 그걸 쓸 시간이 적은 — 때문에 우리는 '균형'에 초점을 맞추지 않으면 안 된다. '어떻게 돈과 시간의 균형을 맞출 것인가?', 그리고 '어떻게 시간을 벌고 그 시간을 값지게 하는 데 돈을 쓸 것인가?'에 대해 이야기해보자.

돈을 쓸 만한 가치가 있는 것 선별법

돈 문제를 '미니멀라이징' 하기 위해서는 우선 생각하는 관점을 바꿔야 한다. '내가 돈을 충분히 갖고 있나?'를 생각할 것이 아니라 '내가 가치 있게 여기는 것이 무엇인가?'를 생각하는 것이다. 항상 그렇듯이 '나와 내 가족'에서부터 출발해보자. 나와 내 가족이 원하는 것은 무엇인가? 필요한 것은 무엇인가? 그리고 우리에게 더 중요한 것은 무엇인가?

우리는 다른 모든 여자들이 그렇듯이 쇼핑하는 것을 좋아한다. 크리스틴은 집 안에 그림을 걸어서 인테리어 하는 걸 좋아하고, 대담한 액세서리들로 옷장을 채워 넣기도 한다(그 대신 그녀의 옷들은 정말 단순한 디자인이다). 아샤는 먹는 것, 입는 것 할 것 없이 싼 걸 선호한다(그것도 나름의 문제를 일으키곤 하지만). 하지만 그 대신 여행을 하거나 라이브 공연을 보는 데는 망설임 없이 돈을 쓴다.

이 모든 것들에는 돈이 든다. 그것도 많이 든다. 하지만 돈을 쓰면서도 우리가 여전히 '미니멀리스트'인 이유는 '지출'과 '투자'의 차이점을 알기 때문이다. 지출은 말 그대로 돈을 쓰는 것이다. 간단하다. 하지만 투자는 삶을 풍요롭게 하는 무언가를 사는 행위다. 좀 더 중요한 일을 할 수 있는 자유시간을 산다거나, 우리가 더 소중하다고 여기는 경험을 산다거나 하는 것 말이다. 단순한 '지출'을 '투자'로 변모시키는 두 가지 핵심은 '의미'와 '장기적인 효과'에 있는데, 이 두 가지는 가족마다 각기 다를 것이다. 예를 들어, 당신이 최우선으로 여기는 것이 가족들의 건강이라면 당신은 아마도 건강식품을 사고, 메뉴를 구상하고, 요리하고, 건강 관련 서적을 탐독하는 데 가장 많은 시간과 돈을 쓸 것이다.

자, 우리는 지금껏 온갖 머리를 다 짜내어 돈을 아껴왔다. 이제 그 돈을 투자할 때다. 돈을 쓰는 것 자체는 문제가 안 된다. '내게 별 가치 없는 것들을 사는 데 돈을 쓰는 것'이 문제다. 당신의 재무상태를 점검할 때 한 번 체크해보기 바란다. 돈의 흐름이 '지출' 쪽으로 기울어져 있는지, '투자' 쪽으로 기울어져 있는지. 스스로에게 아래와 같은 질문들을 던져보면 쉽게 체크할 수 있다.

이게 정말 필요한가?

'필요하다'는 느낌은 그다지 믿을 만한 게 못 된다. 값비싼 대형 믹서가 정말 필요할까? 만약 당신이 전문 요리사나 요리광이 아니라면 그 대답은 '아니오'다. 하지만 당신이(크리스틴의 경우처럼) 요리를 하는 것에서 인생의 즐거움을 찾는 타입이라면 아마도 그 대답은 '예'가 될 것이다. 그런데 일은 그렇게 단순하지가 않다. 당신에게 새 믹서가 정말 필요하다고 치자. 하지만 당신 남편도 공구세트가 정말로 필요하다고 한다면? 집 안의 여유자금은 빠듯하고 누군가 하나는 포기해야 하는 상황에서 과연 믹서와 공구세트 중 어느 쪽을 선택해야 할까? 이런 때야말로 지금껏 가족들과 나누어왔던 '무엇이 더 소중한가'에 관한 대화들이 가치를 발휘하게 된다. 당신 가족들에게 더 가치 있다고 여겨지는 쪽으로 결정을 내린다면 후회 없을 것이다.

정말로 필요한 것들만 사기로 마음을 먹었다면 '…… 하지만 다들 이걸 사고 있잖아' 하는 생각부터 경계해야 한다. '당신이 보기에' 돈을 쓸 가치가 있는 것이 아니면 돈을 주고 사지 마라. 아무리 주위에서 그걸 사라고 부추긴다 해도. 접어서 버리기 쉽게 특별 설계된 기저귀가 내게 꼭 필요할까? 아니다. 이 교육용 비디오가 내 아기를 더 똑똑하게 만들어줄까? 흠…… 아마도 아니다.

또 하나 당신이 경계해야 할 생각이 있다면, 그건 바로 어린 시절의 결핍감을 뭔가를 사서 메워보려는 생각이다. 부모님이 사주시지 못했던(혹은 사줄 필요가 없다고 느끼셨던) 비싼 물건들을 사들이면서 물론 일시적 만족감은 느낄 수 있다. 하지만 그런 행위가 반복되고 습관화되면 문제가 된다. 어린 시절에 가졌던 결핍감은 상담을 통해 해결하거나 받아들임으로써 풀어나가야 한다. 당신이 필요하다고 생각하는 것들을 하나하나 자세히 관찰해보자. 그리고 그것들이 진정한 필요가 아닌 '욕구'에 물들어 있는 것은 아닌지 점검해보자.

내가 이걸 사랑하나?

'갖고 싶다'는 마음이 든다고? 맙소사, 우리는 세상 모든 게 갖고 싶을 수 있는 존재다. 지극히 당연한 일이다. 우리는 무언가를 보면 자연스럽게 '갖고 싶은 마음'이 든다. 그러니까 너무 갖고 싶은 게 많다고 자책할 필요는 없다. 당신이 '욕구'와 '필요'를 구분할 수 있는 능력만 있다면 말이다.

하지만 우리가 구분해야 할 또 한 가지 중요한 느낌이 있는데 그것은 '갖고 싶은' 마음과 '사랑하는' 마음이다. 무언가를 사랑한다는 것 — 정말로, 진정 사랑하는 것 말이다 — 은 '욕구'와 '필요' 사이에 있는 또 다른 특별한 영역이다. 우리는 누구나 인생에서 아름답고 즐거운 것을 누리고 싶어 한다. 그리고 어떤 것들은 실제로 그런 아름다움과 즐거움을 우리에게 선사한다. 누군가에게 그것은 할머니가 물려주신 소금단지일 수도 있고, 또 누군가에게는 뜨개질용 비싼 털실일 수도 있고, 혹은 동네 갤러리 벽에 걸린 한 점의 그림일 수도 있다. 진심으로 당신이 사랑하고 당신을 기쁘게 하는 물건이라면 기꺼이 사자. 그것 또한 아름다운 인생을 위한 투자니까.

이걸로 내 삶이 나아질까?

어떤 구매는 인생을 바꾸어놓기도 한다. 예를 들어, 대학교육, 여행, 자전거(차에서 내려 동네 골목길을 탐험하고 이웃들과 만날 수 있게 해준 물건), 반려동물(돈도 시간도 엄청나게 투자해야 하지만 어떤 이에게는 삶이 바뀌는 계기가 되기도 한다) 등이 그것이다. 언제, 어디서 그런 엄청난 기회들을 만나게 될지 알 수는 없지만 우리에겐 내면의 버스 드라이버가 있다. 우리가 일생일대의 기회 앞에 설 때마다 내면의 드라이버가 우리에게 '찡~' 하는 신호를 보내줄 것이다.

아샤 나는 부모님의 커피 테이블 위에 놓여 있었던 두꺼운 미켈란젤로 화집과 함께 어린 시절을 보냈다. 초등학교 시절, 그 화집의 사진들 중 나를 가장 매혹시켰던 것은 벌거벗은 남자(인정할 건 인정하자. 다비드상이 섹시하긴 하지 않나?)였다는 사실을 부인하지는 않겠다. 하지만 그 책이 내 인생에 결정적인 영향을 미쳤던 것은, 내게 이탈리아를 여행하고 싶다는 꿈을 심어준 것이었다. 대학 시절, 나는 이탈리아를 몇 주 동안 여행했고 졸업 후에는 이탈리아어를 배우기 위해 1년간 머물렀다. 그동안 다비드 씨를 '직접 만나러' 피렌체의 갤러리아 델 아카데미아를 방문했음은 물론이다. 그리고 지금 남편과 나는 아이들을 데리고 이탈리아를 여행하기 위한 이런저런 궁리를 하고 있다.

이 물건이 내 인생에 긍정적인 영향을 미칠까?

일반적으로 볼 때, 돈을 아끼는 가장 좋은 방법은 소비를 줄이는 것이다. 하지만 때로는 가치 있고 의미 있는 곳에 투자함으로써 삶이 더 '미니멀'해지는 경우도 있다.

크리스틴 13년간 남편과 나는 차 한 대를 함께 썼다. 우리는 늘 도심에서 살았기 때문에 크게 문제될 것이 없었다. 그런데 존이 대중교통이 닿지 않는 병원에서 일하게 되면서부터 문제가 생겼다. 주중에는 늘 아침에 차를 몰고 나가서 저녁 때가 되어야 들어왔기 때문에 나는 차를 쓸 수가 없게 된 것이다. 처음엔 그런 대로 버텨보려고 애썼다. 나는 이래봬도 환경운동가니까(그때 쓸데없이 잘난 척했던 걸 지금은 후회한다). 그리고 낮 동안 꼭 차를 써야 할 경우에는 집카(Zipcar, 미국의 저렴한 렌트카 서비스. 하루, 혹은 시간 단위로도 렌트가 가능하다 — 옮긴이)를 이용했다. 딸 로렐과 나는 학교에서 걸어서 돌아왔다. 이따금씩 눈보라가 치거나 소나기가 퍼붓던 날만 빼면 뭐 그럭저럭 할 만했다. 바이올렛이 놀이방에서 돌아오면 우리는 작은 렌트카 — 우리 셋이 타기에도 좁은 — 에 겨우 타고 움직여야 했다. 덕분에 짐이 거의 없이 여행하는 법을 배울 수는 있었다. 장난감이나 즐길거리들을 갖고 타지 못했기 때문에 조금 섭섭하긴 했지만 말이다. 그것도 처음 얼마간은 견딜 만했다. 하지만 결국 나는 폭발하고 말았다. 그 코딱지만 한 렌트카를 타고 다니면서 큰딸 로렐, 아직 아기인 바이올렛, 로렐의 유아용 의자, 바이올렛의 카시트, 유모차……. 그뿐인가? 주렁주렁 들어야 하는 가방들까지 내가 다 짊어지고 낑낑거려야 했기 때문이다. 그리고 차가 없어서 아이들을 친구 집에 놀러 보내주지도 못하는 신세가 되자 한계에 부딪혔다.

우리는 결국 고집을 꺾었다. 차를 한 대 더 사기로 한 것이다. 차 한 대로 버텨보려다가 속병이 날 뻔했다는 사실을 인정해야만 했다. 지금껏 내가 무엇 때문에 그토록 '차 한 대로 살기'에 집착했었는지! 우리는 당장 나가서 중고차를 한 대 샀다. 그러자 모든 자잘한 문젯거리들이 싹 사라졌다. 정말 지금껏 끙끙 앓아왔던 감정적 찌꺼기들까지 한 방에 날아가버렸던 것이다. 남편과 나도 따로 움직일 수 있게 되어 각자의 일을 더욱 자유롭게 할 수 있었고, 스케줄을 맞추려 애쓸 필요가 없었다. 그뿐인가? 로렐의 학교 친구들도 태워다줄 수 있게 되면서 '공동육아 그룹'에 합류했다. 학부모들과 연계해서 번갈아가며 아이들을 학교에서 데려오고, 축구장에 태워다주고, 서로의 집에 놀러 보낼 수 있게 되었다.

돈 관리도 미니멀하게!

신용카드를 생각 없이 긁거나, 한 달 예산을 무시한 채 생활한다면 가정 경제가 제대로 굴러갈 수 있을까? 물론 말도 안 된다! 하지만 세상일이 다 그렇듯이 돈을 쓰는 문제도 '옳다, 그르다'를 딱 잘라 말할 수 있는 문제가 아니다. 그것은 우리 스스로가 매 순간 '내가 지금 어디에 있으며, 어디로 가고 싶은지'에 따라 결정해야 하는 일이다.

지금 당신이 살림을 '그럭저럭 잘 해나가고 있는 수준'이라면 — 다달이 청구되는 요금들을 낼 만한 충분한 돈이 있고, 한 달에 한두 번 영화를 볼 여유는 되지만 저축은 그다지 많이 하지 못하는 수준 — 큼직큼직한 지출들은 현명하게 잘 컨트롤하고 있다는 뜻이지만, 자잘하게 새어나가는 돈을 체크해볼 필요가 있다. 그 정도 수준의 주부들을 위해서는 참고할 만한 자료들이 충분히 있고, 조금만 노력하면 소비 패턴을 좀 더 효율적으로 바꿔서 저축액을 늘려나갈 수 있다.

하지만 만약 지금 당신이 카드빚에 허덕이고 있다거나 외상으로 겨우 연명하고 있다면 그 상황을 극복하기 위해 좀 더 시간과 노력을 기울여야 한다. 힘은 들겠지만 '내가 지금 어디에 있는가'를 직시하고 '어디로 가고 싶은가'를 명확히 한다면 지금부터라도 시작할 수 있다. 언제나 그렇듯이, 최상의 방법은 가장 미니멀한 방법이다.

현금의 흐름을 파악한다

돈은 흘러 들어왔다가 흘러 나간다. 그것을 우리는 '현금의 흐름'이라고 부른다. 상황을 개선하기에 앞서 경제학상으로 스스로의 위치를 먼저 파악해보자. 현금은 물론, 신용카드, 체크카드, 자동납부되는 공과금 등등을 모두 포함해서 냉정하게 평가해보는 것이다. 놀랍게도 돈 문제에 관한 한 우리는 현실감을 잃는 경우가 많다.

첫 번째 단계는 한 달, 혹은 두 달 단위로 당신의 수입과 지출을 추적해보는 것이다. 맞다. 귀찮고 성가신 일이다. 그런 답답한 작업을 하기보다는 '지금 당장' 행동에 돌입해서 돈 문제를 해결하고 싶을 것이다. 하지만 돈의 흐름을 꼼꼼하게 추적해보는 것은 그 '문제'가 어디에서 터졌는지를 알려주는 작업이다. 아마도 포장음식을 너무 자주 사는 게 문제일 수도 있다. 아니면 너무 비싼 휴대폰 요금을 이용하고 있을 수도, 식료품 비용이 너무 많이 나가고 있을 수도 있다. 여러 가지 일을 하고 있는 프리랜서의 경우라면 한 곳에서 들어오는 시간당 수입이 너무 적을 수도 있다. 당신의 수입과 지출을 체크해보지 않는다면 뭐가 문제인지 어떻게 알 수 있단 말인가?

좀 더 정확하게 체크해보고 싶다면 인터넷 뱅킹 서비스를 이용할 수도 있다. 몇몇 은행에서는 '지출 추적 시스템'을 갖추고 있어서 언제라도 쉽게 당신이 언제, 어디에 돈을 썼는지 알아볼 수가 있다. 좀 더 꼼꼼하게 지출 관리를 하고 싶다면 손으로 적는 가계부를 권한다. 지출 내역을 영수증과 함께 매일 기록하는 것이다. 중요한 것은 당신이 가장 편안하고 쉽게 느껴지는 방법을 찾는 것이다.

"우리가 '개인 경제'라고 부르는 데는 다 이유가 있다고 생각해요. 돈 때문에 스트레스를 가장 덜 받는 방법은 각자 나름의 융통성을 갖는 거거든요. 그리고 수입을 넘지 않는 한도 내에서 잘 살면 된다고 봐요. 다른 사람에게 좋은 방법이라고 해서 내게도 통하진 않아요. 예를 들어, 많은 사람들이 자동이체 서비스를 이용하지만(공과금 납부건, 저축이건) 어떤 사람들에겐 (저를 포함해서) 그다지 편한 방법이 아니거든요. 저는 돈이 나가는 일은 제 손으로 직접 하는 편을 선호해요. 길어봐야 일주일에 한 시간 정도면 그 모든 일들을 직접 처리할 수가 있고, 그 시간만큼은 돈에 집중하게 되니까 우리가 어디에 얼마만큼 쓰는지 확실히 알 수가 있어요."

_켈리 왈렌(thecentsiblelife.com)

인정하자. 돈 문제가 나올 때마다 우리가 얼마나 불안과 초조, 죄책감마저 느끼는지를. '어쩌다 우리가 이 지경까지 됐지?', '이렇게 해서 어떻게 우리 애들을 대학까지 보낼 수 있을까?', '은퇴 후에는 어쩌지?', '비상금을 모으긴 해야겠는데 도대체 여유가 안 생기니 모을 도리가 있나?' 등등. 당신의 머릿속에 떠오르는 의문들은 다 일리가 있다. 그리고 물론 문제가 있으면 답도 있다. 그러니 지금 당장 '문제'에서 '해결'로 건너뛰려고 조급해하지 말고 용감하게 첫 단계부터 시작하자. 일단 시작하고 나면 상황은 나아지게 되어 있다.

재정적 토대를 마련한다

경제 상태를 전체적으로 점검하고 우리가 서 있는 위치를 알았다면, 이제 소비를 계획할 수 있다. 아래의 방법에 따라 장기적 관점에서 튼튼한 재정적 토대를 마련해보자.

재정적인 계획을 완성하기 위해서는 물론 다른 것들도 그 안에 포함시켜야 한다(예를 들어, 보험이나 부동산 등등). 하지만 이제 막 경제에 관한 계획을 시작한 단계에서 그런 것들까지 생각하느라 진을 뺄 필요는 없을 것 같다.

비상자금

비상자금 계좌를 하나 마련해서 3개월에서 6개월 정도 생활할 수 있을 정도의 돈을 저축해두자. 여기서 말하는 건 기본 생활비다. 대출이자나 월세, 식비, 생활필수품 구입비 등 한 달에 꼭 써야 하는 금액만 계산하면 된다. 이렇게 해두면 언제 닥칠지 모르는 비상상황 — 수입이 끊기는 상황 — 이 닥쳐도 적어도 몇 달 간은 버틸 수 있다.

은퇴자금

일단 비상자금이 마련되었으면 한 달에 얼마가 되었건 은퇴자금 저축에 돌입하자. 처음엔 정말 작은 금액이라도 상관없다. 하지만 매달 그 금액을 키워나가도록 애써보자. 은퇴자금 마련의 핵심은 '더 빨리 부을수록, 더 적게 부을 수 있다'는 것이다. 은퇴자금은 시간의 게임이기 때문에 한 살이라도 젊었을 때 더 많이 모아놓을수록 유리하다. 복리의 마법이 당신의 둘도 없는 벗이 될 것이다. 지금 붓는 금액이 '충분한가'로 고심하지 말자. 당장 시작하는 게 중요하다.

아이들 학자금

그렇다. 당신을 위한 은퇴자금이 먼저, 그다음이 아이들 학자금이다. 그 순서가 뒤바뀌어서는 안 된다. 왜인지 아는가? 은퇴자를 위해서는 장학금 제도가 없기 때문이다.

돈 씀씀이를 줄인다

적게 쓰면 그만큼 돈이 더 모인다는 건 누구나 안다. 하지만 도대체 어디서부터 줄여야 할지 모른다는 게 문제다. 이미 줄일 만큼 줄여서 살고 있다면 특히나 더 어렵게 느껴질 것이다. 그 답은 이미 우리가 앞에서 이야기했던 것들 속에 있다. '당신이 가치 있다고 생각하는 것에 초점을 맞춰라'.

'덜' 목록과 '더' 목록을 기억하는가? 그 목록을 돈 문제에도 똑같이 적용시켜보자. 당신의 현금 흐름을 추적한 자료들을 한 번 더 살펴보고 그다지 관심도 없고 가치 있게 느끼지도 않는 곳에 돈을 쓰고 있지는 않은지 점검하는 것이다. 문제의 양상은 사람마다 다를 것이다. 하지만 간혹 공통적으로 눈에 띄는 문제점도 있다.

- 분에 넘치는 아이템들. 예를 들어, 필요 이상으로 큰 집, 잘 쓰지도 않는 여분의 차(그 유지비와 보험료).
- 프리미엄 위성TV 요금: TV를 볼 시간도 거의 없는데.
- 장거리 통화서비스 요금: 대부분의 통화는 휴대폰으로 하는데.
- 테이크아웃 음식비용: 조금만 신경 쓰면 저녁식사 마련에 스트레스를 덜 받을 수 있는데.
- 주말에 노느라고 돈을 흥청망청 쓰는 것: 자전거를 탄다거나, 보드게임을 한다거나, 공원에서 열리는 공짜 콘서트로도 충분히 즐거운 시간을 보낼 수 있는데.
- 과도한 여행경비: 창의적인 스테이케이션(stacation, stay와 vacation

의 합성어로서 집 안에서 휴가를 즐긴다는 뜻의 신조어 — 옮긴이)으로도 모험을 즐길 수 있는데.

"미니멀 육아를 실천하면서 돈 문제에 부딪힐 때마다 저는 늘 생각해요. '7, 80년대 엄마들이라면 어떻게 했을까?' 저는 아이들을 좀 구식으로 키우려고 노력해요. 제가 어릴 때 하고 놀았던 것들을 함께 즐기죠. 위플볼(wiffle ball, 구멍이 뚫려 있는 플라스틱 공으로 하는 야구 게임 — 옮긴이)도 하고, 축구도 하고, 집에서 영화도 봐요. 특별한 날에는 외식을 하거나 여윳돈이 있을 땐 야구장에 가기도 하지만 자주 있는 일은 아니에요. 일단 돈을 쓰는 우선순위가 확실하면 어떻게든 그 안에서 창조적으로 놀게 되죠."
_카렌(MinimalistParenting.com)

미니멀 육아의 핵심 중 하나를 잊지 말자. '완벽하게 하기보다는 고쳐가면서 하자'. 일단 한두 가지의 소비습관을 바꿔보고, 좋은 것은 취하고 맞지 않는 것은 버리면 된다. 그러고 나서 또 한두 가지를 바꿔본다. 천천히 단계적으로 접근하다 보면 소비를 줄이는 일도 생각만큼 어렵지 않다는 걸 알고 깜짝 놀라게 될 것이다. 실험정신과 의지로 도전해 보자. 충만하고 즐거운 인생이라는 것이 우리가 생각하는 것만큼 돈이 드는 일이 아니라는 걸 발견하는 데도 도움이 될 것이다.

수입을 늘린다

저축을 늘리는 또 하나의 방법은 돈을 더 버는 것이다. 돈이 더 들어오면 그만큼 더 저축할 수 있으니까(하지만 과연 그럴까? 글쎄. 그 돈을 다 써버리지 않는다는 전제 하에서만 말이다). 수입이 늘면 '욕구'도 덩달아 커지는 법. 집이 커지면 그 안을 채우려고 잡동사니들이 많아지는 것과 같은 이치다.

돈을 더 버는 것의 또 다른 함정이 있다. 더 많이 버는 만큼 당신의 시간이 줄어들 수 있다. 더 높은 시급을 약속하는 일거리를 떠맡기 전에(혹은 부업을 시작하기 전에) 배우자, 아니면 내면의 버스 드라이버에게 물어보기 바란다. 그 일이(혹은 그 일을 함으로써 얻는 돈이) 과연 당신의 자유시간을 희생할 만한 가치가 있는지를. 하지만 또 다른 한편으로는 일을 하기 위해 집 밖으로 나가는 것이 당신에게 좋을 수도 있다. 예를 들어, 당신이 항상 집 안에서 아이들을 돌보며 할 수 있는 일만 하느라고 성인들과의 교류, 바깥세상과의 소통에 굶주려 있었다면 출퇴근하는 바깥일은 돈 이상의 의미를 가질 수도 있다.

좀 더 수입을 늘리는 것만이 살 길이라고 결정했다면, 당신이 지금부터 더 버는 돈의 대부분은 당신의 계좌에 저축을 하겠다고 결심하기 바란다. 그러면 훨씬 더 힘이 날 것이다! 돈으로 '돈을 벌 수 있는' 시간을 사는 것은 현명한 투자다. 예를 들어, 집 안 청소 전문 도우미를 쓰고 그 시간을 효율적으로 사용한다면 도우미 비용을 지불할 수 있는 것은 물론, 스스로를 위한 여유자금, 혹은 그 이상의 돈도 만들 수 있다.

크리스틴 오랜 시간 몸담아왔던 학계를 떠나, 지금껏 프리랜서 경력을 쌓아오면서 내 인생이 두 가지 면에서는 확실하게 좋아졌다고 생각한다. 첫째는 내가 무엇을 얻고자 애쓰는지를 알게 되었다는 점이다. 글쎄, 좀 엉터리 철학자 같은 소리로 들리겠지만 남편과 나는 마음의 힘(내면의 버스 드라이버라고 해도 좋다)을 굳게 믿는다. 우리가 스스로의 삶이 어떤 형태로 흘러가기를 원하는지 확실히 떠올리고, 그것을 열망하는 마음을 갖는 것. 그것은 굉장히 파워풀한 일이다.

물론 그런 마음 — 가령 '내일 로또에 당첨되었으면 좋겠어!' 같은 것 — 만 먹는다고 해서 요술램프에서 지니가 펑! 하고 나와 꿈을 이루어주지는 않는다. 다만 원하는 바가 뚜렷하면 생활 전반을 점검하게 되고, 눈앞에 닥친 일들을 직시하게 되고, 지금 당장 가질 수 있는 것과 노력해서 손에 넣어야 하는 것을 구분할 수 있게 된다.

마음의 힘이 항상 돈 문제를 해결해주는 것은 아니다. 하지만 원하는 쪽으로 마음을 기울이고 꾸준히 집중하면 상황을 변하게 할 수는 있다. 예를 들어, 어느 날 나는 스스로의 능력과 재능에 비해서 돈을 덜 벌고 있는 것은 아닌가 하는 생각이 들었다. 그래서 내가 갖고 있는 재능들과 그때 하고 있던 일들을 쭉 펼쳐놓고 분석해보았다. "흠……. 나는 확실히 일을 썩 잘하는 편이야. 그런데 그 보수가 좀 모자라는군(수입이 훨씬 높아야 마땅해)." 이렇게 혼잣말을 하고 나서 나는 내 마음을 '높은 보수' 쪽으로 초점을 맞추었다. 그리고 상황이 그쪽으로 옮겨갈 수 있도록 몇 개의 씨앗을 뿌렸다. 그리고 그다음 해, 나는 그때 내가 원했던 만큼의 수입을 올리고 있었다.

두 번째로 좋아진 점이라고 한다면 '때론 기회를 잡는 게 위험할 수도 있다'는 교훈을 얻었다는 것이다. 사실 이 교훈은 남편 존에게서 배운 것이다. 우리는 흔히 목표를 향해 달려갈 때, 눈앞에 오는 모든 기회들을 붙잡으려 애쓴다. 하지만 그 기회에 올라타기 전에 잠깐! 스스로의 직감에 귀를 기울이자(느낌이 좋은가? 아니면 왠지 비굴해지는 느낌이 드는가? 실망스러울 것 같은가?). 그리고 그 기회를 잡음으로써 생기는 시간과 비용의 상관관계도 따져보자. 만약 당신의 마음속 버스 드라이버가 '브레이크를 힘껏 밟아! 이 길로 가서는 안 돼'라고 말한다면 그 말을 들어라. 기회는 또 온다. 우리에게 돈과 행복을 모두 줄 수 있는 무언가에 초점을 맞추자.

경제 구조는 단순할수록 좋다

돈 문제를 다루는 데 있어서 또 한 가지 미니멀라이징 해야 하는 것은 경제의 기본 시스템이다. 즉, 은행계좌, 예금계좌, 신용카드, 청구서 지급 및 그 모든 것들이 굴러가게 하는 시스템 말이다. 그 시스템을 운영하는 데 시간을 덜 쓸수록 효율적이고 깔끔하게 경제생활을 할 수 있다.

돈이 나가는 창구가 적을수록 지출을 감시하기도 쉬워진다. 그래서 다달이 꼭 나가야 하는 돈들(대출금이라든가 보험금 등)은 체크카드 통장에서 지불하고, 나머지 자잘한 경비들은 카드 한 장으로 통일해서 쓰는 가정들이 많다. 우리 블로그에 자주 들르는 한 독자로부터 간단하지만 효과 만점인 돈 관리법을 배워보자.

"저는 매월 첫째 날에 그달 쓸 만큼의 현금을 뽑아요. 그리고 여러 개의 봉투에 나누어 담는 거죠. 저는 외출할 때 신용카드는 물론, 체크카드도 갖고 나가는 법이 없어요. 오로지 봉투 안에 든 돈 중 그날 쓸 만큼만 들고 나간 답니다. 저처럼 한 번 해보세요. 장담컨대 생활비를 '확' 줄일 수 있을 테니까요."

_제시카(MinimalistParenting.com)

지출과 저축, 공과금 납부를 자동화한다

돈 관리를 '자동화'한다는 것에 대해 두 가지 견해가 엇갈릴 수 있다. 자동이체로 돌려놓고 신경을 덜 쓸수록 저축하기가 쉬워진다는 견해와, 돈이 자동으로 빠져나가면 경제감각이 없어지고 돈의 흐름을 놓친다는 견해다.

자동화 시스템이 당신에게 득이 될지 해가 될지는 스스로 결정하는 수밖에 없다. 하지만 우리는 개인적으로 자동이체의 팬들이다(일단 그쪽에 신경을 끄고 다른 일들을 생각할 수 있게 해주니까). 종이 고지서들을 자동납부 시스템으로 전환시켜라. 그리고 인터넷 뱅킹과 친해지도록 하자. 은행에 들르지 않고서도 할 수 있는 일들이 뭐가 있는지 체크하자(세금 납부, 타은행 송금 등).

"우리 어머니는 늘 말씀하셨죠. '먼저 자신을 위해 돈을 써라'. 자동화 시스템이 잘 갖춰진 시대 덕택에 그 말씀대로 살기가 더 쉬워졌어요. 우리가 돈을 버는 족족 알아서 각각의 계좌들로 들어가게끔 해뒀거든요. 장기저축 몇 개(아직 특별한 목적이 있는 돈은 아니지만 미래를 위한 준비), 단기저축 몇 개(바로 눈앞의 목표들을 위한 돈으로 예를 들어 주택 부금 등)는 물론, 남편과 내가 즐기기 위한 돈을 모으는 '놀이' 계좌로도 자동으로 돈이 쌓여요. 그 나머지 돈은 생활비로 체크카드 계좌로 들어가서 남편과 공동으로 쓰죠. 큰 이변이 없는 한 우리는 그 나머지 돈 안에서 한 달을 살아요. 다달이 중간 체크를 하는 것도 잊지 않아요. 월초에 돈을 많이 써서 생활비 계좌에 돈이 얼마 없다면 나머지 기간 동안 허리띠를 졸라맬 각오를 하는 거죠. 하지만 계좌에 한 푼도 남아 있지 않다 하더라도 미리 저축을 했다는 걸 아니까 별 걱정 안 해요."
_킴(MinimalistParenting.com)

"저는 연 단위로 지불해야 하는 비용은 신용계좌들 몇 개에 나누어서 관리해요. 예를 들어, 재산세, 보험료, 자동차세 등등이죠. 매년 그 전년도에 지불한 금액의 총액을 계산해서 이번 해에 지불해야 할 횟수로 나눠요(월급을 받기 때문에 보통 12로 나누죠). 그 금액만큼씩 매월 자동이체되고 이율 변동에 대비해서 여유분(한 해에 150달러 정도)도 함께 입금해놓죠. 그렇게 해놓으면 무시무시한 연간 청구서가 날아왔을 때 돈을 긁어모으느라 애먹을 필요가 없으니까요."
_에이드리언(MinimalistParenting.com)

여기서도 기본은 마찬가지다. 작은 것부터 시작하자. 위의 블로그 독자처럼 여러 개의 자동이체 시스템을 굴리는 게 벅차다면 다달이 50달러씩 자동으로 저축되는 통장 하나로 시작하는 것이다. 자동으로 돈을 다루는 일이 편하게 느껴질수록 시간과 에너지를 절약할 수 있다.

전문가의 도움을 받는다

이것저것 방법을 강구해봐도 여전히 돈 문제 때문에 머리가 터질 것 같은가? 그렇다면 경제 전문가의 도움을 받는 것도 훌륭한 방법이다(회계사, 재무 상담사, 세금 플래너 등등). 잘만 활용한다면 경제적으로는 물론 당신의 정신건강을 위해서도 값진 투자가 될 것이다.

전문가와의 상담을 겁낼 필요는 없다. 개인 재무설계의 기본은 간단하고도 정직한 원리로 이루어져 있다. 누구나 조금만 공부하면 쉽게 배울 수 있는 원리들이다. 전문가에게 재정 문제를 의뢰하기로 했다 하더라도 당신이 그 원리를 알고 있으면 훨씬 도움이 된다. 좀 더 전문적이고 체계적인 요구를 할 수 있기 때문이다. 그리고 전문가들의 객관적인 조언은 당신이 원하는 바를 행동으로 옮기는 데 큰 힘이 될 것이다.

"저와 남편은 살림살이가 좀 나아질까 해서 책에서 시키는 대로 모든 시도를 다 해봤지만 여전히 카드빚으로 연명하고 있었어요. 다른 사람들에겐 유용하게 쓰였던 방법들이 저희에겐 맞지 않더군요. 하지만 우리에게 꼭 맞는 해결책을 찾았어요. '경제평화대학(FPU)'(Financial Peace University, 미국에서 DVD와 온라인 강의를 통해 전파되고 있는 기독교 교리에 바탕을 둔 경제 강연. 데이비드 램지[David Ramsy]에 의해 만들어졌으며 주로 가정경제를 살리는 법에 관한 내용을 다룬다 — 옮긴이) 코스에 등록한 거죠. 우리는 몇 달 전에 코스를 시작했고 인생이 완전히 달라졌답니다."

_스테이시(MinimalistParenting.com)

아이들에게 경제 교육 시키기

지금 당신의 경제 사정이 어떻건 간에, 아이들에게 돈 관리를 교육하는 일을 미룰 수는 없다. 스스로를 위해서, 혹은 다른 이들을 위해서 돈을 어떻게 써야 하는지의 기본을 가르치는 일은 부모의 몫이기 때문이다. 아이들에게 '돈 교육'을 어떻게 시작하면 좋을지 알아보자.

돈은 어떻게 들어오는가

아이들에게 돈 관리에 관해 이야기할 때 가장 먼저 이해시켜야 하는 부분은 돈이 어떻게 들어오는가 하는 것이다(그냥 나무에서 열리는 게 아니라). 돈을 선물로 받건, 일을 해서 받건 '수입' 부분은 모든 것의 기본이다. 돈을 저축하는 습관이나 물건을 살 때 우선순위를 정하는 법을 배울 때도 그 수입이 바탕이 된다.

용돈

아이들에게 돈 관리 하는 법을 가르치기 위해 부모들이 가장 흔히 사용하는 방법은 용돈 주기다. 용돈 시스템은 복잡해선 안 된다. 일주일에 쓸 만큼의(과하지 않은 정도의) 금액을 딱 정해서 일관성 있게 주는 것이 중요하다. 용돈을 주기 시작하는 시기는 보통 7~8세 무렵, 그러니까 초등학교에 입학해서 덧셈과 뺄셈을 배우기 시작하고 '숫자' 놀이가 대화의 대부분을 차지하게 되는 무렵인 듯하다.

용돈의 액수는 그야말로 정하기 나름이다. 하지만 흔히들 '아이의 나이만큼'(일곱 살이면 일주일에 7달러, 여덟 살이면 일주일에 8달러) 주면 무리가 없다고 말하곤 한다.

아샤 남편 라엘과 나는 아이들 용돈 주는 날만 되면 늘 주머니에 현찰이 부족했다. 용돈은 꼬박꼬박 정해진 날에 일정액씩 지급되는 게 핵심인데, 번번이 날짜를 미루게 되니 교육적 효과가 반감될 게 뻔했다. 그래서 우리는 키디뱅크(KiddyBank) 앱(어린이를 위한 모바일용 직불계좌 서비스 어플리케이션)을 사용하기로 했다. 매주 정해진 요일이 되면 아이들의 계좌로 일정액이 자동으로 적립되는 시스템이다. 그래서 만일 아이들이 뭔가를 사고 싶다고 하면 그 가격만큼을 각자의 계좌에서 삭감하면 된다. 이 시스템의 훌륭한 점은 '내가 쓸 돈이 얼마나 남았는지' 확실히 가르쳐줄 수 있다는 것이다.

집안일을 도왔을 때 주는 돈

아이들은 집안일을 통해서 가족의 일원으로서 기능하는 법과 일상생활을 스스로 해나가는 법을 배운다. 아이들에게 집안일은 당연히 해야 하는 것으로 인식시켜야지, 그걸 했다고 돈을 주는 것은 옳지 않다고 생각하는 부모들도 있다. 하지만 아이들이 집안일을 잘 해냈을 때 얼마간의 용돈을 주는 것은 아이들을 가사에 참여시키는 좋은 동기 부여가 될 수도 있고, '노동과 수입'의 상관관계를 가르쳐줄 수 있는 기회라고 생각하는 부모들도 많이 있다. 하지만 그 두 견해 사이에는 공통분모가 있다는 사실을 아는가?

크리스틴 나와 형제들은 어렸을 때부터 열심히 일해야 했다. 그것도 '굉장히' 열심히 말이다. 학교 수업이 끝나는 순간부터 밤까지 집안일은 물론 부모님의 가게 일을 돕느라고 눈코 뜰 새가 없었다. 주말에도 물론 부모님 일을 도와야 했다(나는 초등학생 때부터 일을 돕기 시작했다). 부모님은 우리에게 그 대가로 단 한 푼도 용돈을 주신 적이 없었다. 하지만 우리 형제들 중 누구도 그것에 대해 불평하지 않았다. 그것은 가족의 한 사람으로서 너무나 자연스러운 일이었기 때문이다.

그 결과, 나는 집안일을 돕는다고 해서 아이들에게 용돈을 줘야 할 필요는 없다고 믿는 부모가 되었다. 큰딸 로렐도 다행히 집안일을 알아서 돕는 아이로 커주었다. 우리는 아이에게 집안일을 거들라고 시킬 필요가 없었다. 그러니까 당연히 돈을 요구하지도, 주지도 않았다.

하지만 지난 해, 남편과 나는 작전을 조금 수정하기로 했다. 로렐에게 일주일에 3달러씩의 용돈을 주기로 한 것이다. 그 돈으로 아이가 저축과 소비의 기본적인 원리를 맛보게 하고 싶었다. 여전히 일상적인 가사(세탁이나 방 정리 등)를 돕는 것에는 돈을 주지 않지만, 가끔씩 좀 더 강도 높고 힘든 일을 시켜야 할 때에는 보수로 일정 금액을 제시하면서 아이에게 선택권을 준다.

그런데 재미있는 게, 이따금씩 로렐이 그 돈을 거절하거나 우리가 제시한 액수보다 적은 금액을 요구하는 게 아닌가? 언젠가 한 번은 우리가 차를 닦는 걸 도와주면 2달러를 주겠다고 제안했을 때 딸이 이렇게 말했다. "엄마, 그냥 1달러만 받고 하면 안 돼? 사실, 나 차 닦는 게 굉장히 재미있거든."

선물로 받는 돈

일정 나이가 되면 아이들은 선물로 현찰을 받기 시작한다. 그 액수의 크기를 떠나서, 아이가 '목돈'을 한 번에 손에 쥔다는 것은 큰 의미가 있는 일이다. 아이와 저축과 소비에 관해서 진지하게 이야기를 나눌 수 있는 좋은 기회이기도 하다.

노동의 보수로 받는 돈

아이들은 실제적이고, 유용하고, 도전적인 갖가지 일(노동)을 통해 삶의 기술과 자긍심을 키운다. 아이들이 커갈수록, 할 수 있는 일들의 종류와 기회도 점점 더 넓어지고 다양해진다. 아이들이 일하는 기쁨을 맛보도록 적극 장려하자. 그 여정에서 아이들이 얼마나 성장하는지를 보면 실로 경이로울 것이다.

크리스틴 나는 아직도 생생하게 기억하고 있다. 내가 대학 신입생이던 어느 날, 엄마가 전화를 하셔서는 더 이상 내 학비를 대줄 수 없다고 말씀하시던 그 순간을. 학비는 물론 생활비도. 그것은 부모님이 나를 미워하셔서가 아니었다. 순전히 실질적인 이유에서 그러실 수밖에 없었다는 걸 알고 있었다(내가 우리 집에서 대학에 진학한 여섯 번째 아이였기 때문이다). 통화를 끝낼 무렵 엄마는 이렇게 덧붙이셨다. "어쨌거나, 크리스틴. 우리는 네 걱정은 하지 않는다. 넌 항상 잘 이겨내는 아이잖니."

나는 대학 학비 보조 사무실에 가서 정말 꼴사나울 정도로 펑펑 울고 말았다. 하지만 그때의 상황이 나를 강하게 키웠음은 100퍼센트 인정해야겠다. 나는 그야말로 서사적인 아르바이트의 장르를 두루 섭렵할 수 있었고 그 경험이 오늘의 나를 있게 해준 자신감을 심어주었다. 시간을 효율적으로 쓰는 법과 예산 안에서 돈을 쓰는 법을 배웠음은 물론이다. 어떻게 일자리를 구하고 유지하는지, 절박한 상황에서는 얼마나 빨리 기술을 습득할 수 있는지도 뼛속 깊이 새겼다. 그리고 무엇보다, 나에게 의미 있는 목표를 달성하기 위해서는 스스로의 한계를 뛰어넘는 수준까지도 일을 해낼 수 있다는 사실을 알게 되었다(매 학기 여름방학이 시작되면 낮 동안은 사무실에서 일하고 퇴근과 동시에 버스를 타고 아이스크림 매장으로 향해서 자정까지 아르바이트를 했다. 정말, 정말로 고된 방학이었다). 하지만 일단 학기가 시작되면, 나는 죽을 정도로 아프지 않은 이상 수업을 절대 빠지지 않았다. 대학 강의실에 앉아 수업을 듣는다는 특권은 내가 지난 여름 뼈 빠지게 일한 대가로 산 것이기 때문이었다.

그리고 또 한 가지 빼놓을 수 없는 것은 지금껏 부모님들이 얼마나 힘들게 돈을 버셨는지 깨닫게 되었다는 점이다. 어느 날 엄마가 울면서 내게 전화하신 적이 있다. 내가 부모님께 부쳐드린 봉투를 열어보신 것 같았다. "얘야, 왜 이 돈을 우리에게 보냈니?" 그때 나는 여름방학 동안 다음 학기 등록금을 내고도(학비 보조 사무실의 도움 없이)

남는 돈을 벌었던 것이다. 그리고 나는 엄마와 아빠가 아직도 돈 때문에 궁핍한 생활을 하고 계신다는 사실을 알고 있었기 때문에 수표를 보내드렸다. 하지만 고백하건대, 그 수표들은 정말 푼돈에 불과한 액수였다(그 당시 내가 학교 도서관에서 일하고 받은 시급이 4.65달러였다). 하지만 엄마에겐 백만 달러의 가치가 있는 돈이었으리라.

아이들이 커갈수록 돼지저금통에 돈이 쌓여갈 것이다. 어느 정도 모였다 싶으면 '저금통을 깨서' 은행에 갖고 가도록 도와주자. 크리스틴의 딸 로렐은 처음 아빠와 은행에 가서 자신의 이름으로 된 통장을 갖게 되던 날, 큰 뿌듯함과 흥분을 느꼈다고 한다. 아이들이 자신의 돈을 키워갈 공식적인 집을 갖게 된다는 것은 큰 의미가 있는 일이다.

돈은 어떻게 나가는가

돈은 벌어야 하는 동시에 또 써야 하는 물건이다. 당신도 알다시피, 우리는 돈을 가치 있는 데 써야 한다고 굳게 믿고 있다. 그리고 만일 우리가 이 원칙대로 돈을 쓴다면 우리 아이들도 '가치 소비'를 쉽게 몸에 익히게 될 것이다. 아이들에게 소비의 원칙을 가르치는 법은 간단하다. "네 돈으로 사!"라고 말하는 것이다. 만일 스스로 그 값을 지불해야 한다면 아이들은 무언가를 사기에 앞서 더 오래, 더 신중히 생각하게 될 것이다.

아샤 우리 아이들은 생활필수품이나 선물을 제외하고 갖고 싶은 물건이 생기면 다 자기 용돈으로 산다(여분의 옷, 비디오 게임, 장난감 등 등). 계획만 잘 세운다면 몇 달에 한 번은 40달러쯤(그 정도면 웬만한 애들 용품은 살 수 있다) 돈을 모을 수 있을 정도의 용돈을 준다. 아이들이 돈 씀씀이를 스스로 조절할 수 있게 되면 예산을 세우고 가치를 따져서 꼭 사야 하는 것을 골라내는 힘도 키워진다.

크리스틴 나는 항상 우리 아이들을 '합리적으로' 키워야 한다는 굳은 신념을 갖고 있는 사람이다(내 어린 시절에 풍족하게 갖지 못했다고 그 보상심리로 아이들에겐 펑펑 사준다는 건 어림도 없는 일이다). 그리고 그 신념은 아메리칸 걸(AG) 인형 앞에서도 흔들리지 않았다. 딸 로렐이 내게 그 인형이 갖고 싶다고 했을 때, "엄마는 인형 하나에 105달러를 쓸 마음이 추호도 없다"고 잘라 말해주었다. 하지만 그때는 크리스마스 시즌이었고, 나는 다시 곰곰이 생각해본 뒤 아이에게 한 가지 제안을 했다. 만일 친척들이 크리스마스 선물로 뭘 받고 싶냐고 묻거든 '인형 기금'에 대해서 설명하고, 돈(5달러에서 10달러 사이의 적은 금액)을 조금씩 보태달라고 요청하라고.

크리스마스 날이 되자, 로렐은 예상대로 그 인형을 살 수 있을 정도의 돈을 '모금'할 수 있었다. 그리고 부족한 10달러는 자신의 용돈으로 충당했다. 나와 남편은 그 인형에 붙은 세금을 내주기로 했다(굉장히 너그러운 처사 아닌가?). 그뿐만 아니라 남편은 로렐을 태우고 그 인형을 파는 백화점까지 가주는 엄청난 관용을 베풀었다. 남편과 딸은 불굴의 의지로 그 인형을 사서 돌아왔고, 그 후 인형이 너덜너덜해지도록 딸이 열심히 갖고 논 것은 말할 필요도 없다. 그 작은 인형이 그토록 소중했던 이유는 그것을 얻기 위해 오랫동안 고심하고 노력해야 했으며, 그해의 크리스마스를 충족시킬 욕망들을 그것 하나에 집중시켰고, 스스로도 얼마간 돈을 보탰기 때문이라고 생각한다. 여기서 끝이 아니다. 그 크리스마스가 지나고 한 달 뒤, 로렐은 뜻밖의 선물을 한 가지 받았다. 그 아메리칸 걸 인형가게에서 (친절하게도) 50달러짜리 쿠폰을 로렐에게 보내온 것이었다. 로렐은 당장 아메리칸 걸 웹사이트에 들어가 50달러로 살 수 있는 인형을 검색해내고는 그걸 갖고 싶다고 했다(친구들과 인형놀이 하는 날 자랑하고 싶다며). 그 말을 듣고 나는 좀 으르렁거렸다. 아니, 좀 많이 으르렁댔던 것 같다. 하지만 침착해지려 애쓰며 아이에게 설명했다. 그 인형을 사려면 인형 값만 드는 것이 아니라 온갖 세금들을 덧붙여서 내야 하고, 또 그걸 여기까지 배달하는 데도 돈이 든다고(남편도 나도 금쪽같은 휴식시간에 그 백화점까지 다시 차를 몰고 갈 생각이 없었다). 그 말을 듣고 로렐은 고민에 빠진 듯했다. 사실 나는 세금 등등으로 아이의 저축 계좌에서 70달러 넘는 돈이 빠져나가게 하고 싶진 않았다. 나는 아이에게 또 한 가지 제안을 했다. 그녀의 장난감들 중에서 아직 새것이고 비싼 것들을 인터넷에 내다 팔면 어떻겠냐고. 그리고 그 장난감들을 중고시장에 등록하는 것을 도와주겠노라고 했다.

로렐은 중고 사이트에 내다 팔 장난감들을 골라냈고, 나는 그것들을 상품 등록하고 사겠다는 사람들과 이메일을 주고받는 역할을 맡았다. 그리고 한 이틀이 지나자 로렐은 새 인형을 사기 위한 세금과 배송비를 모두 충당할 만한 돈을 갖게 되었다. 우리는 함께 아메리칸 걸 웹사이트에 들어가서 인형을 주문하고 배송도 의뢰했다. 딸은 그 거래에 굉장히 만족해했다. 필요한 모든 것을 지불하고도 저축까지 조금 할 수 있었던 것이다.

배송 의뢰까지 끝내고 홀가분한 마음으로 컴퓨터를 닫는데, 로렐이 내 소매를 잡아당겼다. "엄마, 이번에 정말 신세 많이 졌어. 내 헌 장난감들을 팔고, 또 새 인형을 주문하는 걸 도와줬잖아. 내가 그 대가로 아이스크림 하나랑 5달러 줄게. 그거면 될까?" 나는 웃음을 멈출 수가 없었다.

기부를 가르치자

마침내, 자선단체에 기부하는 것에 관해 이야기할 차례다. 기부는 우리 아이들에게 더 넓은 세상을 가르쳐준다. 지금 당장은 아이들이 감당하기에 벅찰 것 같아 보여도 시간을 들여 천천히 가르칠 가치는 충분히 있다. 아이들에게 스스로 돈을 모으고 계획해서 쓰는 것을 가르치는 단계가 끝나면 자신의 돈으로 세상을 바꿀 수도 있다는 것을 보여줘야 하지 않을까?

아이들에게 선물을 주면서 자연스럽게 '기부'에 관한 화제를 꺼내는 것도 한 가지 방법이다. 다른 이들에게 무언가를 주는 기쁨과 받는 기쁨에 관해 설명할 수 있는 기회로 삼을 수 있기 때문이다.

"남편과 저는 거의 매일 기부를 요청하는 단체들의 전화 공세를 받아요.

우리는 매달 얼마씩 기부하기로 예산을 정해놓고, 매년 11군데의 자선단체들을 선별해서 돈을 보내죠. 우리는 우리의 판단 기준으로 가치 있다고 생각되는 다양한 활동들을 도우려고 노력하고 있어요. 어느 한 곳 — 가령 환경보호 단체 — 에만 집중하지 않도록 신경도 써요. 각 단체들은 한 달에 한 번, 똑같은 금액을 우리로부터 기부 받죠. 그래서 기부를 해달라고 걸려 온 전화들을 거절하기 위해 응대하는 답변도 늘 똑같을 수밖에 없어요. '죄송합니다만, 올해는 다른 단체들에 기부금을 전달하기로 했습니다. 하지만 내년에 귀 단체를 다시 고려해보겠습니다.' 일 년 열두 달 중 왜 열한 달만 자선 기부를 하는지 의아하게 생각하셨죠? 마지막 한 달 분의 예산은 우리의 친구들, 가족들, 그리고 동료들을 위해 쓴답니다."

_My Kid's Mom(MinimalistParenting.com)

돈 얘기는 보통 우리를 불안하게 하고 신경을 긁는다. 하지만 이제 우리는 스스로에게 가치 있는 것에 돈을 쓰기로 결심했고, 그것을 가능하게 하기 위한 여러 가지 자료들을 수집하고 시스템을 만들기 시작했다. 맞다. 감정적 예산, 금전적 예산을 꼼꼼하게 파악하는 일이란 시간이 걸리는 일이며 고된 일이다. 하지만 일단 그걸 끝까지 해내고 나면 에너지가 샘솟는 것을(아마도 돈도 더 많아지는 것을) 느낄 것이다. 그 에너지와 돈을 삶에서 더 중요한 것에 쏟아부으면 된다.

chapter
7

놀이시간을
심플하고 재미있게

MINIMALIST PARENTING

"놀이는 아이들의 일이다"라는 오래된 명언은 저명한 교육가인 마리아 몬테소리(Maria Montessori) 여사를 포함한 많은 부모들이 공감하는 말이다(우리는 어른들을 위해서도 놀이는 똑같이 중요하다는 말을 덧붙이고 싶다). 우리는 누구나 방해 받지 않고 자유롭게 놀 수 있는 '열린 시간'이 필요하다. 떠오르는 대로 생각하고, 있는 힘껏 달리고, 컴퓨터 스크린과 할 일 목록에서 벗어나 상상력과 창의력의 날개를 활짝 펼 수 있는 시간 말이다. 우리에겐 이따금씩이라도 그런 자유를 누릴 권리가 있다.

하지만 그 텅 빈 자유시간이 한정 없이 길어지면, 특히 그 시간에 꼬맹이들과 함께 있어야 한다면 그것은 또 다른 공포로 다가온다. 아이들을 멋대로 놀게 내버려두면 어떤 일이 벌어질까? 집 안 벽지마다 그림을 그려놓을까? 마당을 온통 헤집어놓을까? 당신을 미치게 만들까?

이 장에서는 미니멀리스트답게 아이들과 노는 법을 이야기하자. 혼자서, 혹은 친구들과 함께 말이다.

우리는 '어른의 시간'을 가질 권리가 있다

물론 엄마는 아이의 가장 친한 친구다(아이가 어릴 때는 특히 더). 하지만 그렇다고 해서 당신이 24시간 아이를 위해 놀아줘야 한다는 뜻은 아니다. 함께 있어주고, 재미있게 해주고, 유대감을 갖게 해주는 것은 부모로서 아이에게 줄 수 있는 가장 큰 선물임에 틀림없다. 하지만 우리 또한 '어른의 시간'을 가질 권리가 있다. 아이에게 독립적으로 노는 기쁨을 일찍 가르칠수록 당신 또한 행복한 어른이 될 것이다.

어떤 아이들은 처음부터 혼자 잘 놀기도 한다. 집 안을 즐겁게 쏘다니며 하루 종일 바쁘게 논다(집 안을 좀 어지르긴 하겠지만). 하지만 또 어떤 아이들은 엄마에게서 떨어져 놀 수 있을 때까지 시간이 오래 걸리기도 한다. 그런 아이들을 위해선 이렇게 한 번 시작해보자. 아이가 좋아하는 장난감을 당신에게서 조금 떨어진 곳에 두는 것이다(예를 들어, 부엌). 그리고 엄마가 수프를 끓이는 5분간 혼자서 놀아보라고 격려해주자. 이때 중요한 것은, 아이에게 말할 때 그 5분은 '너에겐' 놀이시간이고, '엄마에겐' 요리시간이라는 구분을 명확히 지어주는 것이다.

아이들이 커감에 따라 그 구분은 더욱 명확히 하되, 모두가 함께 어울리는 시간도 있지만 엄마 아빠가 집 안을 돌보는 데 필요한 어른들의 일을 할 때에는 놀아줄 수 없다는 것을 스스로 납득하게 하자. 우리가 부드럽고도 확고하게 그 '선'을 긋고 일관성 있게 아이들을 교육하면 언젠가 그들도 고개를 끄덕이게 될 것이다. 그리고 때로는 스스로가 자신의 놀이시간을 책임져야 한다는 걸 이해하게 된다.

크리스틴 로렐이 아기였을 때, 나는 눈을 뜨고 있는 동안에는 딸아이 곁에 꼭 붙어서 뭔가를 해줘야 한다는 강박관념이 있었다. 물론 그건 딸아이를 위해서도, 나를 위해서도 좋은 생각이 아니었다. 당연히 육아휴직 기간 내내 나는 파김치가 되어 있었다. 차라리 출근해서 하루 종일 일하는 편이 훨씬 덜 피곤했을 것이다. 지금 생각해보면 어릴 적 나는 거의 부모님의 돌봄을 받지 못했기 때문에 그 보상심리로 과잉보호 행동을 했던 것 같다(놀아주시지 않은 것은 물론, 부모님이 내게 책을 읽어주신 기억이 단 한 번도 없다). 부모님을 탓하고 싶은 마음은 없다. — 결국 나는 별 탈 없이 컸지 않은가? — 그것은 다만 일곱 아이들 중 여섯째로 태어났다는 현실적인 이유 때문이었음을 이해한다.

둘째 바이올렛이 태어났을 땐, 모든 것이 달랐다. 나는 로렐 때보다 훨씬 느긋하게 아기를 키웠고, 내가 안달복달하지 않아도 아기는 스스로 행복을 느낄 능력이 있음을 믿게 되었다. 그렇다고는 해도 이제 내가 돌봐야 할 아이들이 둘로 늘어났다는 엄연한 현실은 바뀌지 않았다. 그래서 내가 책을 읽거나 노래를 부르고 싶을 때는 바이올렛에게 집 안의 여러 가지 신기한 물건들을 탐험하도록 부추겼다. 반지걸이, 팝콘기계, 멜로디 주전자 등등. 덕분에 딸은 스스로 노는 법을 배워나가고 있다.

우리는 부엌 서랍장의 가장 아래 칸을 아이들용 주방기구로 채워놓았다. 주방용품은 바이올렛이 가장 좋아하는 장난감이다. 깨지지 않는 접시들, 컵들, 그리고 유아 식판이 어디에 있는지 알기 때문에 바이올렛은 내가 설거지를 하거나, 요리를 하거나, 우편물을 정리하거나, 《인스타일 매거진》(미국의 패션잡지 — 옮긴이)을 탐욕스럽게 뒤적이고 있는 동안에는 알아서 그 서랍장을 열고 논다. 한 번은 내가 싱크대에 서서 아까 말한 잡지를 보고 있는데, 바이올렛이 — 늘 그렇듯이 '자기 서랍'에서 온갖 물건들을 꺼내 내 발치에 수북하게 던지며 놀고 있다가 — 갑자기 조용해지는가 싶더니 깔깔거리며 웃음을 터뜨렸다. 그녀는 큰 그릇 안에 작은 그릇이 쏙 들어간다는 새로운 사실을 우연히 발견했던 것이다! 나는 미소를 띠며 돌아서서 계속 잡지를 읽을 수 있었다. "완벽해, 우리 둘 다 아주 잘 놀고 있어"라고 말하면서.

장난감은 적을수록 좋다

"장난감의 개수는 적어야 한다"는 타령은 비단 집 안 정리를 위한 것만은 아니다. 장난감이 너무 많으면 생각하는 힘이 약해진다. 한정된 장난감만 있는 환경에서는 아이들이 자연히 '이 다음에는 뭘 갖고 놀지?' 하고 궁리하게 되고, 이미 있는 것들을 새로운 방법으로 갖고 놀 수 있는 창의적인 방법을 개발해내게 된다.

크리스틴 우리 집에는 멋진 다락방이 있다. 다락방의 반쪽은 남편이 '남자만의 동굴'로 이용하고 나머지 반쪽은 손님이 왔을 때 내어

주거나 아이들 놀이공간으로 쓴다. 처음 이 집에 이사 왔을 때, 나는 이 공간이 마음에 쏙 들었다. 왜냐하면 아이들 장난감을 모조리 이곳에 수납할 수 있으니 아래층은 깔끔하게 유지할 수 있으리라 생각했기 때문이다.

그런데 최근에 이 다락방이 형편없는 공간의 낭비일 뿐임을 깨달았다. 어찌나 엉망진창이고 잡동사니들로 가득한지, 몇 번이나 정리를 해보려고 마음을 다잡고 올라가봤지만 지레 기가 질려서 그냥 다시 내려올 수밖에 없었다. 딸 로렐조차 친구들을 데리고 그 '놀이방'에 올라갔다가는 갖고 놀 게 없다고 투덜대며(엉망으로 쌓여 있는 장난감은 아무리 많아도 갖고 놀 수가 없다) 역시 아래층으로 다시 내려와버리기 일쑤였다.

마침내 인내심이 한계에 다다랐다. 나는 커다란 쓰레기봉투 두 개(쓰레기용 하나, 기부용 하나)와 종이가방 하나(재활용품용)를 움켜쥐고 다락방으로 돌격했다. 상황은 심각했다. 하지만 한 시간 안에 나는 그 다락방을 깔끔하게 정리해내고야 말았다. 방은 환하고, 아늑하고, 근사해졌다.

남편과 로렐은 그 방을 보더니 전율을 느끼는 것 같았다. 바이올렛도 마음껏 뒹굴고 놀 수 있는 새 공간을 보고 눈이 휘둥그레졌다. 깨지기 쉬운 장난감은 바이올렛의 손이 닿지 않는 선반에 올려놓고 아기가 갖고 놀기 좋은 것들은 각각의 다른 통(나무상자, 플라스틱상자, 부드러운 헝겊 바구니 등)에 분류하여 넣고 마룻바닥에 내려놓았다. 그리고 어른들의 놀이를 위한 카드 테이블도 방 가운데에 놓고 커다란

퍼즐통을 올려놓았다. 잡동사니들의 천국이었던 다락방이 순식간에 가족들 모두를 위한 오락실로 변모했다!

집안일도 놀이가 될 수 있다

아이들에게 집안일을 분담시키고서 당장 그 시간을 놀이시간으로 인식시키는 것은 사실 불가능에 가깝지만, 그렇다고 해서 일과 놀이를 굳이 분리해서 생각할 필요도 없다. 취학 전 어린아이들에게는 특히나 그렇다. 그들에겐 집 안에서 하는 여러 가지 일들이 재미있을 수 있다. 분무기로 물을 뿌려가며 테이블을 닦는다든지, 밀걸레로 바닥을 닦는다든지, 케이크 반죽을 치댄다든지……. 아이들은 대부분 어른들이 하는 '진짜' 일을 해보는 걸 좋아한다.

아샤 어린아이들만 '흙에서 뒹굴며 노는 것'을 좋아하는 게 아니다. 좀 큰 아이들도 엄청나게 좋아한다. 특히 그 일이 기계와 용돈 등에 얽혀 있으면 더욱 좋아한다. 내 아들 샘은 잔디 깎는 기계를 좋아해서 그 기계를 밀며 앞마당의 잔디를 깎을 때면 부쩍 어른처럼 군다. 샘에겐 '잔디 좀 깎아라' 하고 잔소리할 필요가 전혀 없다.

디지털 기기의 효과적인 활용법

디지털 기기는 현대 문명이 선사한 종합 선물세트와 같다. 잘 활용하면 아이들이 숫자와 컬러 감각을 배우고 음악의 리듬을 즐길 수 있게 해주며(바이올렛은 벌써 음악소리만 나면 즐겁게 빙글빙글 돈다) 책을 싫어하는 아이들에게 독서습관도 붙여줄 수 있다. 휴대용 게임기나 DVD는 이동 중에 시간을 재미있게 보낼 수 있게 해주고, 때때로 우리가 한숨 돌리고 휴식을 취하고 싶을 때나, 이메일 답장을 써야 할 때나, 남편과 대화다운 대화를 나눠야 할 때에도 아이들을 잠깐 맡아주기도 한다.

크리스틴 로렐이 언젠가 댄스스쿨에 다니고 싶어 한 적이 있다. 하지만 결정적으로 로렐에게 걸림돌이 되었던 것은 바로 댄스스쿨에서 정기적으로 열리는 발표회였다. 엄마인 나와는 다르게(나로 말할 것 같으면 사람들 앞에 서서 공연하는 걸 굉장히 좋아하는 타입이다. 어렸을 때 바이올린 단독 공연을 한 적도 있다) 로렐은 낯선 사람들이 지켜보는 무대 위에 서는 걸 두려워했다.

어느 날 친구 집에 놀러갔던 로렐을 데리러 갔더니 딸이 친구와 함께 숨을 헐떡거리며 마구 웃고 있는 게 아닌가? 무슨 일이냐고 묻자, 아이들은 나를 거실로 데리고 갔다. 그리고 Wii 댄스 프로그램을 켜더니 거기서 나오는 '아파치' 노래와 안무에 맞춰 신나게 춤을 따라 추기 시작하는 것이었다. 세상에, 정말 기막히게 재미있어 보였다! 아이들이 쉽게 따라할 수 있도록 안무가 잘 짜여진 것도 인상적이었지만, 무엇보다 내 딸 로렐이 그토록 맘껏 춤을 추며 즐길 수 있다는 점이 기뻤다.

그 후로 로렐은 몇 번인가 Wii를 사달라고 졸랐다. 당장 하나 사주는 것은 큰 문제가 아니었지만, 그 당시엔 쇼핑목록에 다른 물건이 우선순위에 올라 있었다. 나는 딸에게 그 사실을 설명했다. "지금은 Wii를 사는 것보다 우리 가족 모두를 위해 먼저 사야 하는 것들이 있어. 하지만 다가오는 크리스마스나 생일선물로 위시 리스트에 올려놓으렴. 그리고 그때까지도 네가 가장 갖고 싶은 선물이 Wii라면 그때 사줄게. 그때까지는 그 친구 집에 놀러 갔을 때 함께 놀면 되잖아. 어때?" 아이는 만족스러운 얼굴로 고개를 끄덕였다.

디지털 기기가 갖고 있는 편리함의 이면에는 늘 위험이 도사리고 있다. 감전의 위험이 있을 뿐만 아니라, 누가 주도권을 잡을 것인가에 대한 권력 다툼도 종종 벌어진다. 누가, 얼마나 오래 갖고 놀 것인가, 혹은 숙제하기 전에 놀 것인가, 숙제를 끝내고 나서 놀 것인가 등등. 아이들이 커갈수록 비디오 게임의 수위도 조절해야 하고 인터넷에서 밀려들어오는 정보들의 안전성도 문제로 떠오른다.

디지털 기기는 어디까지나 '도구'로서 존재해야 하며, 그것이 삶의 대부분을 차지하거나 일에 방해가 되어서는 안 된다는 점이 중요하다. 디지털 기기를 사용하고 컨트롤하는 방식은 가정마다 다르다. 문화적 차이, 교육철학의 차이, 배우자의 취향과 직업의 차이, 그리고 그때그때의 상황 등 모든 것들이 영향을 미친다. 엑스박스(Xbox, 비디오 게임기의 일종 — 옮긴이)에 중독된 아홉 살짜리 아들이 있는 가정이 있는가 하면 비디오 게임에 거의 관심이 없는 아이들을 가진 가정도 있다. 하지만 당신의 가정이 어떤 부류에 속하든 아이들과 확실히 대화해야 하는 부분이 있다. 디지털 기기는 즐거움을 위한 것일 뿐, 그것에 휘둘려서는 안 된다는 점. 그리고 그것을 사용하는 규칙을 정해두는 것도 도움이 된다(예를 들어, 언제, 얼마만큼, 어떤 일을 해내고 나서 그것들을 갖고 놀 수 있는지). 그리고 아이가 필요가 아닌 중독적인 욕구에 의해서 하루 종일 디지털 기기 앞에 붙어 있지 않도록 사용시간을 제한하는 것도 필요하다.

"저는 전업주부예요. 그리고 제 남편은 밖에서 일하는 시간이 많죠. 우리에겐 아이가 둘 있는데 둘 다 잠이 거의 없는 타입이랍니다. 제가 얼마나 정신이 없을지 짐작이 가시죠? 하지만 그나마 제가 온전한 정신으로 엄마 노릇을 할 수 있게 해주는 건 '금요일 밤의 구세주' 덕분이에요. 남편도 금요일 저녁에는 무슨 일이 있어도 6시 반까지는 들어오려고 노력하고, 저는 그 전에 아이들에게 저녁을 먹여놓죠. 다른 요일에는 아이들이 디지털 기기를 갖고 노는 것을 엄격하게 통제하는 편이지만, 금요일 저녁만큼은 자기 방에서 아이패드나 닌텐도를 갖고 얼마든지 놀아도 좋다고 허락하기 때문에 아이들도 좋아하는 날이랍니다. 남편과 저는 둘이서 조금 더 '어른스러운' 저녁밥(예를 들어, 고급 음식점에서 테이크아웃 해온 것)을 느긋하게 먹고 보통은 DVD를 봐요. 우리는 그걸 '밤의 데이트'라고 부르죠. 한 달에 네 번씩 베이비시터를 고용할 여유가 없기 때문에 이렇게 하는 거지만 우리에겐 정말 소중한 시간이에요. 우리 아이들이 지금 여섯 살, 여덟 살인데 작은 아이가 세 살이었을 때부터 이 '밤의 데이트'를 해왔답니다. 이렇게라도 가끔 숨통을 틔우지 않으면 매일같이 밤 10시까지 아이들을 돌보는 데 지쳐버렸을 거예요."

_에린(MinimalistParenting.com)

다이어트를 한다고 단 음식을 무조건 안 먹는 게 최선은 아닌 것처럼, 아이들의 디지털 기기 사용에 있어서도(장기적인 안목으로 봤을 때) 무조건 하지 말라고 뺏기보다는 적절한 선에서 허용하는 것이 현명하다. 아이들과 그 문제에 관해 마음을 열고 대화할 수 있다면 가장 좋을 것이다. 그리고 서로가 납득할 수 있는 선에서 사용량을 정하고 그것을 확실하게 지켜나가는 것이 아이들과의 마찰을 줄일 수 있는 길이다.

친구와 놀게 하자

"야, 노는 시간이다! 얘들아, 다 같이 놀자!" 아이들이 이렇게 외치는 걸 들어본 적이 언제였더라? 적어도 얼마 전까지만 해도 아이들은 그저 신나게 놀면 되었다. 하지만 요즘 아이들은 어찌나 바쁘고 스케줄이 빡빡한지 '어떻게 놀아야 하나'라는 글까지 써야 하는 지경에 이르렀다.

하지만 이미 '미니멀리스트 부모'로 살기로 결심한 우리의 아이들만큼은 그렇지 않다! 아이들의 스케줄표에서 불필요한 '잡음'들을 제거하고 나면 한 주 동안에 쓸 수 있는 자유시간들이 눈에 띌 것이다. 하고 싶은 일을 하고, 새로운 것을 탐험하고, 친구를 사귈 시간들 말이다.

아이들을 서로의 집에서 놀게 한다

아이들을 서로의 집에 놀러 보내는 것은 아이들을 위해서도 물론 좋지만 부모에게도 좋은 일이다. 아이들은 친구 집에서 놀면서 양보하고 의견을 절충하는 법을 배운다(아이들이 함께 놀다 보면 필연적으로 티격태격하는 일이 생기기 때문이다). 또, 특정한 친구의 집에 가서 놀면서 수많은 아이들로 복작복작한 학교 운동장에서는 쌓기 힘든(수줍음이 많은 아이일 경우엔 특히 더) 깊이 있는 우정을 경험하기도 한다. 그리고 또래끼리 놀면서 어른들은 이해하기 힘든 놀이 ─ 복잡하고 환상적인 상상력이 있어야 가능한 놀이 등 ─ 를 할 수도 있고, 자기들만의 언어로 지치지도 않고 수다를 떨 수도 있다(부모들이라 해도 아이들의 두서없는 말을 인내심을 갖고 오래 들어주기는 힘들다). 그뿐인가? 그 시간은 부모들에게 자유를 선사한다. 아이들이 서로의 집에 놀러가는 시간을 정하고 데려다 줘야 하는 수고는 해야겠지만 말이다. 아이들이 '알아서' 놀도록 내버려둬라. 가령, 아이들이 연극을 하고 놀 때 감독 노릇을 하려 들어서는 안 된다는 뜻이다.

만약 당신이 아직 초보 엄마라면, 아이들을 친구 집에 데려다 주거나, 아이 친구들을 집에 불러서 놀게 할 때 참고가 될 만한 조언들이 여기 있다.

기본적인 룰을 정해주자

당신의 아이가 친구 집에 가서 손님 노릇을 할 때건, 집에 친구를 맞아들여서 주인 노릇을 할 때건 항상 매너를 갖춰야 한다는 점을 가르치자. 뭘 하고 놀지를 결정할 때에는 자기 고집만 피우지 않기, 장난감은 항상 함께 갖고 놀기 등등. 그렇게 함으로써 훨씬 더 재미있게 놀 수 있다는 것을 가르쳐주는 것이다. 부드럽게 자신의 의견을 말하는 법, 친구가 그 의견에 찬성하지 않을 때 싸우지 않고 협상하는 법 등을 미리 엄마가 아이와 함께 연습해보면 더 좋다. 만약 아이의 친구가 집에 놀러 왔다면, 그 아이도 듣는 앞에서 매너와 룰을 한 번 더 이야기해주자. 그러면 모두가 같은 선에서 출발할 수 있을 것이다. 만약 아이를 친구 집에 데려다 주는 경우라면 그 집 아이들에게 '우리 아이는 이런 이런 룰을 벌써 알고 있단다'라고 말해주면 된다. 좋은 매너는 모든 것의 기본이 된다. 그리고 타협하고 서로에게 맞춰나가는 능력은 언제나 가치 있는 자산이다.

아이들 놀이에 참견하지 말자

아이들은 몸으로 놀고 있는 것처럼 보여도 실상은 그 안에 굉장히 다양한 정신적 놀이가 함께 이루어지고 있다. 아이가 단순히 모빌 장난감을 가지고 놀고 있는 듯 '보이지만', 사실은 외계 함대의 침략에 맞서 싸울 작전을 세우는 중일 수도 있다. 그때 당신이 불쑥 나타나서 참견을 하게 되면 지구를 구하기 위한 작전은 산산조각이 난다.

적절한 타이밍에 간식을 주자

아이들이 더 활기차게 놀 수 있도록 건강한 간식거리와 물 한 잔씩을 제공하자. 거창한 음식은 필요 없다. 그저 아이들을 기분 좋게 할 수 있는 간단한 스낵이면 된다. 아이들이 지금보다 어렸을 때, 아샤는 아이들이 놀다가 조금 다툰다 싶을 때 간식을 내갔다. 아이들의 주의를 잠시 딴 데로 돌려주면 금방 다시 사이좋게 어울려 놀기 때문이다.

놀다가 생긴 문제는 스스로 해결할 수 있게 하자

아이들이 서로 옥신각신하고 있을 때, 어른이 뛰어들어 해결해줘야 한다는 사명감은 접어둬라. 아이들도 협상하고 문제를 대화로 해결하는 법을 배울 필요가 있다. 그것은 시간을 들여서 천천히, 스스로 깨우쳐 가야 하는 문제다. 아이들에게 성급히 답을 던져주는 어리석음을 범하지 말자.

재미있을 때 끝내라

"조금 부족하다 싶을 때 떠나라"는 오래된 격언은 아이들의 놀이에도 적용된다. 재미있게 노는 것도 중요하지만, 해피엔딩은 더 중요하다. 아이를 친구 집에 놀러 보냈다면 데리러 오는 시간을 미리 정해서(노는 시간이 조금 짧은 듯하게) 약간의 아쉬움이 남도록 하자.

> **크리스틴** 남편과 나는 로렐을 친구 집에서 데려오거나 우리 집에 놀러온 친구를 보내야 하는 시간에 늘 애를 먹었다. 아이가 더 놀겠다

고 버티면서 징징거렸기 때문이다. 매번 아이를 달래다 지친 우리는 어느 날 로멜과 놀러온 친구에게 분명한 어조로 간단하게 말했다. "놀 땐 놀고 헤어질 시간에는 착하게 헤어져야 돼. 이렇게 울면서 헤어지면 다음번에 다시 놀게 해주기가 힘들잖아"(우리는 절대로 '다시는 함께 못 놀 줄 알아!' 하고 협박하진 않았다. 왜냐하면 아이들이 함께 노는 시간을 우리가 더 기다릴 것이 뻔하기 때문이다).

그렇게 한다고 해서 아이들이 버티고 징징거리기를 완전히 멈추진 않을 것이다. 하지만 최소한 이런 기본 룰을 정해놓으면 여러 모로 도움이 된다. 우리는 아이가 징징거릴 기미가 보이면 부드럽게 우리의 규칙을 상기시켜서 불필요한 에너지 소모를 막는다.

아이 친구의 부모와 대화하자

아이들을 친구 집에 놀러 보내는 것은 우리가 친구를 사귈 수 있는 절호의 찬스이기도 하다. 아이들을 태워다주고 데려오기 전, 아니면 당신 집에 아이를 데리고 온 부모들과 잠깐 동안만이라도 대화를 나누자. 아이들이 어떻게 놀았는지 서로 정보를 교환해도 좋다. 내 아이들의 친구 부모와 친하게 지내는 것은 굉장히 훌륭한 인맥을 형성하는 것이다.

아이들을 골목에서 뛰어놀 수 있게 하자

아이들이 밖에 나가 뛰어노는 광경을 보고 싶지 않은 부모가 어디 있겠는가? 하지만 우리가 자라던 때와는 시절이 많이 다르다. 요즘의 부모들은 아이들을 집 밖에 내어놓기를 두려워한다. 아이들을 보호할 만한 시스템이 없어서이기도 하고, 바쁜 이웃들과 미처 안면을 트지 못했기 때문이기도 하고, 혹은 언론에 종종 보도되는 끔찍한 사건들에 겁을 먹었기 때문이기도 할 것이다. 물론 지켜보는 이 없는 골목에 아이들을 내보내서 놀게 하는 것은 그다지 권할 만한 일은 아니다. 하지만 아이들에게 안전교육을 철저히 시키고(늘 수상한 사람이 접근하는지 살펴볼 것, 비상시에는 어떻게 해야 하는지 등) 이웃들과 인사를 나누며 친하게 지낸다면 아이들이 골목에서 친구들과 노는 데 문제가 없을 것이다. 언젠가는 아이들도 부모의 도움 없이 혼자서 세상을 탐험해야 할 때가 온다. 그리고 집 밖에서 독립적으로 놀아보는 것이 그 첫 걸음이다. 아이들이 언제라도 동네 골목에서 뛰어놀 수 있는 이웃 환경을 만들어보자.

안전수칙을 가르치고 나면 밖으로 내보내라

길을 건널 때는 좌우를 잘 살필 것, 이웃들에게 피해가 가지 않도록 놀 것 등등. 얼마간 시간이 지나고 나면 아이들은 이 모든 것들을 능숙하게 해내게 된다. 그들에게 바깥 세상을 떠돌고 탐험할 기회를 주자. 자전거를 타고 집 주위를 한 바퀴 돌게 하는 것은 동네를 여행하기 위한 좋은 예행연습이 된다. 아무리 짧은 여행이라 할지라도 아이가 그것을 통해 얻는 지식과 자신감은 엄청나다.

이웃들과 친하게 지내자

만약 아이들이 동네 친구를 사귀지 못해 우울해하고 있다면 엄마가 도와줄 수 있다. 그 이웃의 가족을 모두 집으로 초대하는 것이다(작은 바비큐 파티 등을 열어도 좋다). 자신의 부모들이 서로 친하게 지내고 환담을 나누는 것을 보면 아이들은 자연히 쉽게 친해지게 된다. 그리고 우리도 필요할 때 도움을 주고받을 수 있는 든든한 지원군을 바로 가까이 두게 되니 더 이상 좋을 순 없다.

열린 집을 만들자

아이들에게 언제라도 친구를 집에 데려오라고 말해주자. 찬장에 간식거리들을 넉넉하게 넣어두고 냉동피자도 항상 준비해놓자. 아이의 친구들이 저녁을 함께 먹을 때를 대비해서 말이다. 그렇게 열린 집을 만들어놓는 것이야말로 우리 아이들이 동네 친구들을 가장 쉽게 사귈 수 있는 방법이다.

아이들이 놀다가 생기는 문제들

아이가 친구 집에 가서 놀거나, 동네 아이들끼리 공놀이를 하다가도 모두의 얼굴을 찌푸리게 하는 사건이 항상 일어나게 마련이다. 누군가는 장난감을 부수고, 누군가는 게임의 룰을 깬다. 다른 아이들은 마음이 상하지만 부모들은 초조하게 왔다갔다할 뿐(누군가를 비난하거나 변명하고 싶진 않기 때문에) 사태를 어떻게 수습해야 할지 몰라 당황해한다.

전문지식을 학습해야 하듯이, 사회성 또한 학습하고 배워야 한다. 그리고 아이들의 성격과 특성에 따라 그 학습방법과 레벨도 달라져야 한다. 만약 종종 문제를 일으키는 아이의 부모라면 아이를 교육하고 이해하는 동시에, 문제상황에 대처할 수 있는 몇 가지 방안도 준비해놓아야 한다. 그래야 다른 아이들과 부모들이 불안해하고 실망하는 것을 조금이라도 줄일 수 있다.

여기서 가장 중요한 것은 '아이의 행동이 반드시 당신의 부모로서의 자질을 반영하는 것은 아니다'라는 사실을 인식하는 것이다. '그 엄마에 그 아이'라는 말은 때때로 맞지 않는다(솔직히 말해서, 착한 아이 부모라고 해서 다 착한 건 아니지 않은가?). 아이의 사회성을 키우는 과정에서 도전적인 상황을 다루는 법을 배우는 것뿐이라고 생각하자. 아이들이 일으키는 돌발사태에 대처할 수 있는 방법들을 몇 가지 살펴보겠다.

일단 상황을 수습한다
당신의 아이가 놀다가 화를 내거나 친구를 때리거나 물건을 부술 때, '진정하고 이 상황을 이성적으로 생각해봐'라고 요구하는 것(친구들에게 사과는 고사하고)은 무리다. 판단은 잠시 뒤로 미뤄도 좋다. 일단 당황한 다른 아이들에게 각자의 자리로 돌아가도록 부드럽게 타이르자. 그리고 당신의 아이에게 당장 사과하라고 다그쳐서는 안 된다. 사과는 스스로가 잘못했다는 사실을 인정한 뒤에야 의미 있기 때문이다. 필요하다면 다른 날 사과를 해도 괜찮다.

문제가 심각할 땐 놀이를 중단시킨다
일단은 아이들에게 스스로 문제를 해결할 수 있는 기회를 준다. 아이들은 다투다가도 금방 진정하고 아무 일 없었다는 듯이 다시 어울려 놀기도 하기 때문이다. 하지만 만일 사태가 그렇게 쉽게 해결될 기미가 보이지 않는다면, 주저하지 말고 이렇게 말해야 한다. "얘들아, 미안하지만 오늘은 여기까지 놀자. 다음에 다시 놀자꾸나."

다른 아이의 부모들과 대화한다

솔직하고 열린 태도를 유지하자. 다른 아이들의 부모들에게 무슨 일이 일어났는지 최선을 다해 설명해야 하는 것은 당신의 몫이다(정확히 무슨 일이 일어났는지는 당신도 잘 모를 수가 있지만). 그렇다고 머리를 조아릴 필요는 없다. 당당하고 솔직하게 이야기하면 된다. 당신의 아이가 정말 잘못했다면, 그 사실을 인정하고 함께 해결책을 찾아야지 수치스러워하거나 죄스러워해서는 안 된다. 당신의 아이는(그리고 다른 부모들의 아이도) 배우기 위해 그곳에 있을 뿐이다.

아이의 말을 들어준다

일단 아이가 좀 진정이 되고 나면 다가가서 무엇이 잘못되었는지 묻자. 이때 당신의 위치는 해결사가 아니라 청취자다. 설령, 누가 봐도 분명히 아이가 잘못한 일처럼 보인다 해도 '무엇 때문에' 그런 잘못을 저질렀는지를 들어봐야 한다. 우리는 흔히 문제 행동의 결과(누군가를 때리거나 고함을 지르는 등)만을 가지고 판단하는 오류를 범한다. 하지만 모든 결과에는 원인이 있기 마련이다(누군가가 약을 올렸다거나 자존심을 상하게 했다거나). 아이의 행동과 문제상황을 한 번 분리해서 생각해보자. 일단 문제를 확실히 파악하고 나면, 그에 바르게 대처하는 행동들이 떠오를 것이고 아이에게도 가르쳐줄 수 있다.

다음 번 놀이를 위해 리허설을 한다

아이에게 상황을 납득시켰으면 반드시 그에 해당하는 사과와 해결책이 뒤따라야 한다. 그리고 다음 번 놀이시간에는 같은 문제가 일어나지 않도록 간단한 연습도 필요하다. 문제상황은 반복되어 일어나는 경향이 있다는 것을 알고 있지 않은가? 준비와 연습만이 그 상황을 극복할 수 있는 열쇠다.

놀이는 아이들에게 인생의 리허설과 같다. 당신과 아이들의 스케줄을 미니멀라이징 해서 되도록 많은 놀이시간을 만들자. 시간적 자유와 공간의 자유, 친구들과의 우정은 아이들에게 세상에서 가장 귀중한 선물이 될 것이다. 바로 '아이다운 아이 시절'을 보내는 것 말이다.

chapter
8

성공한 학생이 아닌
행복한 어른으로
키워라

MINIMALIST PARENTING

임신 기간 중이나 갓난아기를 키우던 시절, '완벽하게' 아기를 돌봐야 한다는 강박관념에 시달렸다면, 아이가 좀 커서 초등학교에 들어가면 그 강박관념은 프로펠러처럼 가속이 붙어서 또 전혀 새로운 부담의 세계로 우리를 안내한다(아주 어질어질한 경험이다). 지금껏 들쭉날쭉하던 아이의 스케줄이 갑자기 학교 수업시간에 따라 체계를 갖추게 되고, 그에 수반되는 전혀 새로운 종류의 걱정거리들(온갖 것들을 '제대로 해야 한다'는 강박)도 줄줄이 따라오는 것이다. 아이에게 가장 좋은 교육철학을 선택해야 하고, 호시탐탐 더 좋은 학교에 빈자리가 생기는지 체크해야 하고, 장차 좋은 대학에 보내기 위한 경력도 쌓아야 하고(보통 유치원 때부터 시작된다), 아이가 행여나 진도를 따라가지 못할까 노심초사해야 한다. 부모들 중 상당수가 이 조마조마한 굴레 속에서 다른 아이들과 내 아이를 비교하다가 주름살만 늘어간다.

그런데 도대체 언제부터 아이를 낳아서 고등학교까지 졸업시키는 일이 이토록 등골 휘는 일이 되었나? 정말 최고 학교에 들어가서 올A를 받지 않으면 우리 아이들의 미래가 참담해지는 걸까? 공부를 못하면 제대로 된 어른으로 성장하지 못하고 패배자로 살아가게 될까? (결론부터 말하자면 '아니오'다.)

여기서 우리는 아이들의 교육에 관해 미니멀한 접근을 할 것이다. 학교 공부 이상의, 더 넓은 의미의 교육에 대해서 말이다. 그리고 대학교육 이후까지 시간적 범위도 넓혀서 접근해보도록 하자.

'미니멀한 학창시절'은 각자의 취향과 개성을 존중하는 기간이 되어야 한다(아이의 개성뿐만 아니라 당신의 개성까지). 그 기간 동안 우리는 수많은 교육적 선택을 하게 될 텐데, 혹시나 잘못된 것을 고를까 두려움에 떨면서 선택하는 것이 아니라 즐거운 마음으로 선택해야 한다. 선택 뒤엔 반드시 바로잡을 기회가 있기 때문이다. 지금 당장이 아니어도 좋다. 살아가면서 얼마든지 고쳐나갈 수 있고 더 좋은 방향을 새롭게 발견할 수도 있다. 우리의 목표는 아이를 행복한 '어른'으로 키우는 것이지, 성공한 '학생'으로 만드는 게 아니지 않은가?

배움은 끝없는 여정이다

'미니멀 육아'의 핵심 중 하나, '삶에 멋진 것이 들어설 공간을 만들어라'를 기억하는가? 그것은 교육을 더 넓게 생각하자는 뜻이기도 하다. 최상위권 학교 입학을 놓고 다투는 것과는 달리, 진정한 배움에는 정원

제한이 없다. 따라서 경쟁할 필요도 없다. 이 사실을 알고 나면 마음이 한결 평화로워질 것이다. 우리 아이들이 어디에서 무엇을 하건 항상 무언가를 배우고 있다는 확신을 갖자. 그리고 더 이상 '제대로 된', 아니면 '완벽한' 학교나 교육방법을 찾는 데 목숨 걸지 말자.

'완벽함'이란 배움에 도움이 되기는커녕 걸림돌이 되는 경우가 많다. 조금 부족한 듯한 환경, 도전적인 환경 속에서 우리는 풍부한 배움을 얻는다(도전을 편안한 마음으로 받아들인다는 것은, 아이가 학교생활에 적응하지 못하는데도 그 상황을 무시하는 것과는 다르다. 이에 관해서 차차 이야기하도록 하자).

삶은 커다란 교실이다

아이들의 뇌는 이 세상에 태어나는 순간부터 무언가를 배우기 시작한다. 새로 경험하는 모든 것들, 새롭게 접촉하는 모든 감각들, 실험하는 모든 것들 — 아기들은 어떤 표정이 부모로부터 가장 큰 반응을 불러일으키는지 실험하고, 유아들은 뜨거운 주전자에 손가락을 가져다 대보고, 좀 더 큰 아이들은 여름방학 때 모래성을 쌓는 실험을 한다 — 이 공부다. 도저히 공부처럼 보이지 않는 것들이라 해도(그런 것들일수록 더더욱) 아이들에겐 큰 공부가 된다.

우리가 이런 모든 경험들을 아이들의 '공부'라는 범주에 포함시킨다면(학교에서 배우는 교과 공부와 함께) 그 범주가 얼마나 넓은지 알게 될 것이다. 그 안에는 실로 많은 것들이 들어간다.

당신이 가장 생생하게 무언가를 배웠던 경험을 한 가지 떠올려보자.

어릴 때 배웠던 것도 좋고 어른이 된 뒤에 배운 것이라도 좋다. 그 배움은 학교 밖에서 이루어졌는가? 난관을 극복하고 해결책을 강구하는 과정에서 배운 것인가? 지금 이 순간에도 당신은 무언가를 배우고 있는가?

아샤　딸 미라바이가 지금껏 살아오면서 가장 큰 배움을 얻은 경험은, 동네 풀장에서 수영 강습 받던 것을 그만두고 혼자 힘으로 수영을 배우기로 결심한 일이다(그 당시 미라바이는 일곱 살이었다). 지금까지도 미라바이는 무언가 새로운 것을 배워야 할 때마다 그때의 경험과 그때 얻은 자신감(그리고 스스로의 직감을 믿는 법)을 떠올린다.

"제가 고등학교에 다닐 때, 도나 후버만이라는 굉장히 좋은 선생님이 계셨어요. 해부 생체학을 가르치셨는데 그 선생님만의 독특한 수업방식이 있었죠. '6 : 4 퀴즈'라는 거였어요. 수업 중간에 예고 없이 여섯 명의 학생들을 무작위로 뽑아내서 그 주에 배운 내용들 중에서 한 가지씩 문제를 내주시는 거죠. 그 여섯 명 중에서 네 명 이상이 문제를 맞히면 학급 전체가 가산점을 받게 돼요. 그 퀴즈를 통해서 해부 생체학도 배웠지만 우리는 더 중요한 것을 배웠답니다. 한 사람 한 사람이 모두를 위한 책임이 있다는 것을요. 학급을 위해서, 학교를 위해서, 사회를 위해서 우리 개인이 무언가 유익한 일을 할 수 있다는 걸 배운 거죠."　_레슬리(MinimalistParenting.com)

아이들 걱정은 잠시 접어두고, 우리 스스로 어떤 배움의 길을 걸어왔는지 한 번 되짚어보자. 멀고도 다양한 길을 걸어오지 않았나? 그리고 그 길은 아직도 이어지고 있다. 아이들을 위해서 완벽한 학교, 완벽한 교육(건초더미에서 바늘 찾기가 더 쉽겠다)을 찾아내야 한다는 부담감이 덮칠 때마다 이 사실을 떠올리기 바란다.

당신의 아이는 당신이 아니다. 다시 말해, 아이는 당신과는 다른 배움의 길을 걸어갈 것이다. 물론 모든 아이들이 이수해야 하는 의무교육 과정이 있고, 그 후에는 대학 입학과 취업이라는 관문도 있다. 그 엄연한 사실을 부인하자는 게 아니다. 다만, 초점을 학교 교과과정에만 맞춰서는 안 된다는 말이다. 우리 가족이 무엇을 우선시하는가, 가치 있게 여기는 것은 무엇인가가 교육의 핵심이 되어야 한다. 그렇게 자란 아이들이 경쟁으로 가득한 사회에 나가서도 자신에게 맞는 선택을 할 수 있는 능력을 갖추게 된다.

당신의 아이가 안전한 환경에서, 주위와 잘 어울리고, 일반적으로 행복하게 지내고 있다면 그 아이는 충분히 무언가를 배우고 있다. 학교 성적표나 교육 전문가들이 뭐라고 떠들건 간에. 기술이나 지식은 언제라도 배울 수 있다. 하지만 자기 신뢰의 토대를 만들고, 문제 해결 방식을 배우고, 변화무쌍한 환경에 유연하게 대처하는 법을 본능적으로 익힐 수 있는 시간은 어린 시절의 몇 년 간뿐이다.

이렇게 생각해보자. 얼마 전까지만 해도, '타이핑'은 학교에서 배우는 주요 과목의 하나였다. 타이핑을 잘하는 학생은 취직이 보장되어 있었다. 하지만 지금은 어떤가? 유아들조차 부모의 아이패드를 갖고 놀면서 타이핑을 자유자재로 한다. 이미 '기술'이 아닌 것이다. 시대에 따라 그들이 익혀야 할 기술은 변한다. 그리고 필요할 땐 언제든지 익힐 수가 있다. 지금 우리 아이들이 배우고 익혀야 하는 것은 그 기술들을 통합하고 창의적으로 사용할 수 있는 힘이다. 그 힘은 지금 아이를 둘러싸고 있는 모든 것으로부터 배울 수 있다.

호기심을 북돋아주는 환경 만들기

자, 새롭게 확장된 교육적 시야로 보니 어떤가? '미니멀 육아법'이 혹시 당신의 선택의 폭을 넓혀주기는커녕 좁게 만들지는 않았는가? 그 기술적인 측면에 관해서는 다음 장에서 다룰 것이다. 지금은 단지 모든 것이 아이들의 배움을 구성하는 요소라는 사실 ─ 소위 '교육적'인 것들만이 아니라 ─ 을 기억하는 것만으로도 충분하다.

우리도 이웃집 부모들처럼 〈세서미 스트리트〉에 열광한다. 그 프로그램이 그토록 오랫동안 교육 프로그램으로서 사랑 받는 이유는 단 한 가지, 아이들이 좋아하기 때문이다. 〈루니툰즈〉도 마찬가지 이유에서 꾸준히 인기를 누리고 있다. 다만 루니툰즈는 세서미 스트리트와는 전혀 다른 측면에서 '교육적'이고, 당연히 전혀 다른 팬 층을 거느리고 있다. 당신 아이들이 무엇을 좋아하건(당신 가치관에 크게 어긋나지만 않는다면) 허용하고 즐기게 해주자.

아샤 나는 어렸을 때 〈슈퍼 프렌즈〉 애니메이션의 광팬이었다. 당신도 기억할 것이다. 슈퍼맨, 원더우먼, 그리고 그들의 초능력 군단들을. 그중에서 내가 가장 좋아했던 캐릭터는 단연 '아쿠아맨'이었다.

물고기와 대화할 수 있었던 그 멋진 남자! 뒤돌아보건대, 그 아쿠아맨을 동경하던 어린 시절부터 '해변의 집'에 대한 환상이 시작된 건 아닐까 생각한다. 아쿠아맨을 졸업하고 나서는 자크 쿠스토(Jacques Cousteau, 프랑스의 해양 탐험가 — 옮긴이)가 나의 영웅이 되었고, 좀 더 자라고 나서는 바다와 관련된 책들과 예술에 매료당했다. 지금은 바닷가로 놀러 갈 때마다 가족들에게 조수간만의 차를 설명하고, 그 차이가 만든 웅덩이들을 탐험하기 위해 이리저리 끌고 다니느라 여념이 없다. 어린 시절, 만화영화를 보느라 '허비했던'(이래도 만화영화가 쓸데없다고 할 셈인가?) 토요일 아침시간들 덕분에 말이다.

우리가 삶에 대해 지니고 있는 호기심을 계속 키우자. 그리고 우리의 아이들도 스스로의 호기심을 키우고 탐험할 수 있도록 격려해주자. 우리가 즐겁게 참여할 수 있는 일이라면 무엇이든 좋다. 배우고자 하는 열정, 창의력을 향한 의지를 갖고 여러 개의 우물을 파는 것이다. 가령,

- 동네에서 아직 한 번도 가보지 못했던 곳을 찾아내 탐험하자.
- 저녁식탁에 참신한 메뉴를 차려보자(가족들이 그걸 항상 먹어주진 않겠지만).
- 신문의 4컷 만화를 함께 읽자(많은 가족들의 대화가 거기서 시작될 수 있다).
- 도서관에서 어슬렁거리며 시간을 보내자(재미있어 보이는 책들을 들춰보자. '가족 독서시간'을 계획해도 좋다. 처음에는 15분간 그림책을 대충 넘겨보는 시간이 될지도 모르지만 꾸준히 함께 책을 마주해보자).

- 다른 종류의 음악을 들어보자.
- 걷거나, 자전거를 타거나, 하이킹을 해보자(어디라도 좋다).
- 뒷마당에서 자라는 잡초들 중 흥미로운 한 가지를 골라 키워보자.
- 아이들과 함께 요리를 해보자.
- 아이들과 함께 야채가게에 가자.
- 아이들에게 집안일을 배정해주고 그 일을 끝냈을 땐 칭찬해주자(비록 마음에 들게 해내지 못했다 하더라도). 그리고 조금 더 어려운 임무를 주자.

아이들이 호기심을 갖고, 그 해답을 찾기 위한 작업을 즐거운 마음으로 해낼 수 있게 도와주는 것이 우리의 목표다. 말로 풀어내건, 숫자로 풀어내건, 혹은 몸을 움직이거나 아이디어를 내어서 해결해야 하건, '꾸준함'은 나이를 막론하고 배움의 기본 토대다.

이제 과외활동에 대해서 이야기해도 좋을 때인 것 같다. 오늘날엔 그야말로 무궁무진한 과외 교실들, 캠프들, 워크숍들, 스포츠 팀 활동들, 그룹 활동들이 넘쳐난다. 부모에게 비용적인 여유와 아이들을 태워다줄 만한 시간적 여력만 있다면 우리 아이들은 정말 많은 것들을 새롭게 경험하고 배울 수 있다(적당히만 한다면 말이다). 우리가 흔히 빠지기 쉬운 "더, 더, 더!"의 강박은 과외활동을 지나친 것으로 만드는 주범이다. 그래서 10장에서는 미니멀리스트 가족들을 위해 어떻게 과외활동을 효율적으로, 적당히 활용할 수 있는지에 관해 이야기하기로 했다.

책임감과 독립심을 키워주자

교육에 있어서 또 하나의 중요한 부분은 아이들에게 스스로의 힘을 깨닫게 하는 것이다 — 자신의 힘으로 선하고, 유용하고, 세상을 바꿀 수 있는 무언가를 해낼 수 있다는 사실을 말이다(비록 지금 그 아이의 '세상'은 엉망진창으로 어질러진 자기 방을 의미한다 할지라도). 아이들에게 일찌감치 집안일을 분담해주고 그 일이 얼마나 중요한지, 그리고 가족들에게 얼마나 도움이 되는지를 보여주자.

집안일은 여러모로 교육적이다. 문제 해결 과정을 학습하게 해주고("읽던 책을 제자리에 갖다 놓으면 방 정리를 훨씬 빨리 끝낼 수 있구나"), 즐거움을 뒤로 미룰 줄도 알게 되며("이 일만 끝내놓으면 TV를 볼 수 있어"), 생활에 필요한 기술도 익힐 수 있게 된다("난 이제 내가 점심을 만들어 먹을 수 있어!"). 이 모든 것들이 학교생활과 사회생활을 하는 데 유용한 기초가 되리라는 것은 두말할 필요도 없다. 조금만 상상해보면 몇 년 뒤, 아이의 모습이 그려지지 않는가? 세탁기를 능숙하게 다루고, 스스로의 저녁을 준비하고, 잔디를 깎고, 용돈 관리도 척척 해내는 믿음직한 모습 말이다. 그렇게 자란 아이는 어른의 세계로 훨씬 매끄럽게 이동할 수 있을 것이다.

우리는 이미 3장에서 아이들에게 집안일을 시키는 것에 대해 이야기했지만 여기서 다시 한 번 거론하는 이유는 집안일을 처리하는 것이 학교 숙제를 하는 능력과 연관되어 있기 때문이다. 아이가 아직 어리다면 당장 일을 돕게 할 순 없겠지만, 그 아이도 이제 곧(우리가 생각하는 것보다 빨리) 학교에 들어가면 숙제가 생기게 된다. 그리고 스스로 맡은 일을 책임지고 해내던 습관이 붙은 아이들은 그 숙제도 '자신이 해야 할 일'이라고 자연스레 인식할 수 있다. 그래야 학교 숙제가 '엄마 숙제'가 되지 않는다.

우리 가족의 교육 나침반을 점검하자

많은 부모들이 자신들의 학창시절 기억을 이마에 딱 붙인 채(왠지 학교에 관해서라면 주눅 들고 어렵게 생각하는 경향이 있지 않나?) 아이들을 키우고 있다. 그래서 아이들이 학교에 들어갈 즈음이면 우리는 희망과, 두려움과, 기대와, 편견으로 뒤섞인 커다란 보따리를 하나씩 마음에 품게 된다. 이제 더 크게 눈을 뜨고 우리의 교육을 바라보자. 당신이 입 밖에는 내지 않지만 분명 자리 잡고 있는 편견이 '미니멀리스트'적인 교육을 방해하고 있지는 않은지, 그리고 그 편견들이 아이에게 어떤 영향을 미치는지 살펴볼 차례다.

당신이 학교에 관해 품고 있는 편견들
당신의 학창시절을 되돌아보자. 그리고 그 당시 교육환경에서 자주 느꼈던 감정들을 체크해보자(종이와 펜을 준비하는 것이 좋겠다).

- 당신은 학교 가는 게 즐거웠는가? 특별히 다른 학년보다 즐거웠던 학년이 있는가? 있다면 왜인가? 즐겁지 않았다면 무엇 때문인

가? 될 수 있는 한 구체적으로 답해보자(그 대답들은 당신이 갖고 있는 '학교 선입견'에 대해 많은 것을 설명해줄 수 있다).

- 당신은 학교에서 당신을 평가하는 방식(선생님의 평가나 시험석차, 점수 등)에 고무되는 편이었나, 아니면 주눅 드는 편이었나?
- 당신에겐 학교에 한두 명이라도 정말 친한 친구가 있었는가? 친구가 많은 편이었는가? 또래들과 어울리는 것이 즐거웠나, 두려웠나? 따돌림을 당한 적이 있는가?
- 당신의 부모님들은 당신의 학교생활, 혹은 학교성적에 대해 어떤 반응을 보이셨나? 당신의 성적에 신경을 많이 쓰셨나, 당신의 행복에 더 신경을 쓰셨나? 당신의 학교생활을 도와주시는 편이셨는가? 실질적으로 도와주진 않으셨다 해도 정신적으로 응원해주셨는가?(이 부분은 중요하다. 아이들의 교육에 있어서 부모가 꼭 직접 나서서 도와줄 필요는 없기 때문이다.)
- 당신은 '착한 아이'였나, '말썽쟁이'였나?(사실 어른들이 아이에게 붙인 꼬리표가 항상 맞는 것은 아니다. 하지만 그 아이의 자기 이미지 형성에는 큰 영향을 미친다.)
- 당신은 스스로의 호기심을 충족시키려는 학생이었나, '정답'을 이야기하려는 학생이었나?
- 학교가 당신이 속한 공동체(이웃이나 다른 그룹)에서 중요한 위치를 차지했었는가?
- 당신의 학창시절을 뭐라고 부르고 싶은가? '인생의 황금기'? 아니면 '진짜 인생이 시작되기 전의 암울했던 시간'?

이 질문들에 당신의 마음속 버스 드라이버와 함께 답해주기 바란다. 버스 드라이버가 당신에게 무어라 말하는가? 자녀의 입학을 앞두고 기쁜 마음에 설레는가, 걱정이 앞서는가, 방어적인 기분이 드는가, 아니면 의심스러운 마음이 드는가?

당신의 대답들은(그리고 당신의 경험으로 쌓아올린 편견들은) 아이의 교육에 무엇을 우선시할 것인가를 계획하는 데 굉장히 중요한 역할을 한다.

당신은 엄격한 학과 공부와 성적에 깜짝 놀랄 만큼 긍정적인 반응을 보일 수도 있고, 아니면 학업적 성취보다는 인간관계를 배우는 것에 더 비중을 두는 반응을 보일 수도 있다. 그 각각의 반응들은 당신이 자라난 독특한 환경에 따라 달라진다. 그리고 그 반응들은 당신의 아이를 위한 교육적 선택을 할 때에도 영향을 미치게 된다.

아이 교육에서 무엇을 우선시할 것인가

우리 스스로 갖고 있는 교육과 학교에 대한 이미지들을 살펴보았으니 이제 시선을 아이들에게로 돌려보자. 아이들이 교육을 통해 무엇을 얻었으면 하는가? 다시 말해, 당신에게 있어서 '교육 받은 사람'이란 어떤 인간형을 뜻하는가? 만약 당신의 아이가 학교 교육을 통틀어 단 한 가지, 혹은 두 가지만 배울 수 있다면 뭘 배웠으면 하는가?

창의적인 문제 해결 능력? 국제적 안목과 외국어 능력? 강인한 근면성? 예술적 감성이나 음악? 주위 사람들과 잘 어울려 지내는 능력? 당신 배우자의 의견은 어떤가? 당신과 같은 생각인가, 아니면 다른 걸 중시하는가?

당신은 당신의 아이를 누구보다 잘 이해하고 있다. 그 이해의 바탕 위에 당신이 중요하다고, 가치 있다고 생각되는 것들을 얹어서 교육해나가면 된다. 혹 그것이 잘못된 선택이었다 하더라도 아이의 회복력을 믿어라. 아이들은 우리가 생각하는 것보다 훨씬 유연하고 적응력이 강하다. 당신이 무엇을 선택하든 아이는 그것을 받아들이고 그 환경에 적응해나갈 것이다(물론 100퍼센트 그렇다고는 볼 수 없다. 하지만 언제나 궤도 수정의 기회는 있으니 크게 걱정은 하지 말자). 또, 다른 모든 것들이 그렇듯 교육철학이라는 것도 쉽게 바뀌고 유행을 탄다. 오늘 최고의 교육법이라고 떠드는 것들도 언제 퇴색할지 모른다. 그러니 확신을 갖고 소신껏 아이를 위한 선택을 하자. 사려 깊고, 호기심이 왕성하고, 상식이 풍부한 성인으로 자라는 길은 많고도 다양한 법이니까.

아샤 우리 아버지에게 있어서 '교육'이라 함은, 오로지 학교 공부에 열과 성을 쏟는 것을 의미했다. 읽기, 쓰기, 셈하기, 그리고 역사 같은 기본 과목에 중점을 두어 공부하되, 선생님과 선배들을 존경하는 법을 배우고, 결과적으로는 무사히 학위를 따는 것. 아버지는 인도에서 나고 자라신 분이기 때문에 '대안교육'이나 '창의적인 표현' 따위에는 별 관심이 없으셨다.

반면, 어머니는 1950년대 캘리포니아의 로스앤젤레스에서 학창시절을 보낸 분이다. 당연히 아버지와는 전혀 다른 기억들을 갖고 계시다. 그 당시에는 또래 문화가 굉장히 강했던 시대였기 때문에 어머니는 우리를 위한 학교를 고르실 때도 주위 환경이나 학교 분위기를 중요시하셨다.

크리스틴 학창시절, 내가 클럽활동에 참여하고 싶다고 허락을 구할 때마다 아버지는 말씀하셨다. "그런 데 시간을 허비하지 말고 책을 읽으렴. 책만이 너의 진정한 친구가 될 수 있단다." 오, 맙소사. 바로 그, '친구도 없이 책만 보는 공부벌레 아시아인'의 이미지에서 탈출하기 위해 내가 얼마나 안간힘을 쓰고 있었는데! 나는 그 당시 너무나 또래 그룹에 끼고 싶은 나머지(인종적인 문제에다가 가난한 집 아이라는 열등감까지 겹쳐 있었지만) 공부도 하는 둥 마는 둥 하고, 일부러 책도 멀리했었다(결과적으로 고등학교 때 평균 성적은 B^-에서 C^+를 맴돌았다). 이 경험이 내 아이들을 교육하는 데 영향을 미친 것은 당연하다. 물론 나는 아이들이 학교에서 친구들 사이에 잘 섞여 지내길 바랐다(학급에서 반 아이들과 '섞이지' 못하는 아이의 외로움과 아픔을 나는 너무나 잘 알기 때문이다). 하지만 그것보다 내가 더 중요하게 생각하는 것은, 아이들이 학교에서 흥미있는 무언가를 찾는 것이다. 과학이 되었든, 예술이 되었든, 무엇이든 상관없다(방금 옆에서 내 딸 로렐이 자기는 자라서 케이크 디자이너가 될 거라고 한다).

돈과 시간도 고려하라

아이들의 학교를 고를 때 흔히 하기 쉬운 실수 중 하나는 오로지 교육적인 환경만을 고려해서 — 우리의 실생활에는 잘 맞지 않는 — 선택을 하는 것이다. 너무 멀어서 통학시키는 데 시간이 오래 걸리거나, 수업료가 지나치게 비싸거나, 친구들 간에 위화감이 느껴지는 등 이런 문제들은 가족 전체에 스트레스를 주고, 결과적으로 그 학교가 줄 수 있는 교육적 이점들을 무의미한 것으로 만들어버릴 수도 있다.

아이들의 독립심을 키워줄 수 있고, 운동도 되고, 이웃들과의 친목도 도모할 수 있는 좋은 방법은 걸어갈 수 있거나, 자전거를 타고 통학할 수 있는 거리의 학교를 선택하는 것이다. 학교와 친구 집이 가까이 있다는 것은 크나큰 축복이다. 가까운 공립학교를 다닌 아이들이 독립적인 사회활동(엄마가 태워다주지 않아도 친구 집에 뛰어서 놀러갈 수 있다)을 훨씬 일찍 시작한다는 점만 보아도 그렇다. 지역의 학교는 안전할 뿐 아니라 학교 교육 시설도 훌륭하고, 학비도 그리 비싸지 않다. 물론 학교 내에는 좋은 선생님도 나쁜 선생님도 있고, 좋은 프로그램도 형편없는 프로그램도 있을 것이다. '모든' 학교(아무리 비싼 학교라도)가 그렇듯이 말이다.

학교 선택하기

아이 교육을 위한 당신의 가치관, 우선순위, 그리고 현실적인 문제들까지 살펴보았다. 지금쯤은 학교 선택의 폭이 꽤 좁혀졌으리라 믿는다. 이것저것 고려해봤더니 단 하나의 학교만 남았다면 축하한다! 이 장은 읽을 필요도 없이 가서 맛있는 커피나 한 잔 마시기 바란다. 하지만 아직

후보 학교들이 여럿이라면, 당신은 이제 7,000만 원짜리 질문에 답해야 한다. 어떤 학교를 고를 것인가?

좋은 소식 한 가지. '잘못된' 학교는 없다. 모든 학교가(1년 학비가 7,000만 원이나 하는 학교들을 포함해서) 장점과 단점이 있고, 그 안에는 스타 선생님과 괴물 선생님이 있다. 우리는 이미 우리 가족에게 무엇이 중요한지, 현실적으로 어디까지 뒷받침이 가능한지를 알고 있지 않은가? 그 사실들을 토대로, 남아 있는 후보 학교들 중 가장 장래성이 있어 보이는 곳을 선택하면 된다. 간단하게 생각하자.

가능한 모든 옵션들을 찾으려고 애쓰지 말자

인터넷으로 조금 검색해보고, 친구들과 이야기도 나눠보고, 몇몇 학교들을 직접 방문도 해보자. 그리고 나서 결정은 부모인 당신의 '느낌'에 따라 내리는 것이 가장 좋다(내면의 버스 드라이버가 '굿' 신호를 보내는 곳 말이다). '느낌'이 좋은 학교에 아이를 보내는 일은 성적 관리를 잘 해주는 소위 명문학교에 보내는 것보다 중요하다. 이렇게 생각해보자. 당신이 아이를 믿고 맡길 수 있는 학교란, 사려 깊은 교사들이 있고 아이들이 행복하게 지낼 수 있는 곳을 의미할 것이다. 그런 학교에 대한 판단은 교문을 들어서는 순간 당신이 느낀 감정, 혹은 학교를 둘러보고 나서 느낀 신뢰감에서부터 시작된다.

아샤　다른 엄마들은 몇 달씩 투자해서 조사하고, 유치원들을 일일이 방문하고, 선생님들과 면담을 하고, 아이의 이름을 대기자 명단에 올리고 있다는 사실을 알았을 때, 나는 스스로가 너무나 형편없는 엄마처럼 여겨졌다. 나는 그저 두어 개의 유치원을 찾아가보고는 그중 나아 보이는 곳에 아이를 넣었기 때문이다. 천만다행히도, 아이는 그 작은 동네 유치원에 잘 적응해서 많은 것을 배웠다. 하지만 지금 돌이켜보면, 그때 만일 다른 유치원에 아이를 입학시켰어도 나름대로 또 잘 적응하고 행복하게 지냈을 거라는 생각이 든다.

크리스틴 우리 집의 경우, 로렐의 놀이방이나 유치원을 선택할 때 가장 중요시 여겼던 것은 교통편이었다. 당시 나는 직장에 복귀해 있었기 때문에 아이의 통학에 긴 시간을 쓸 수가 없었다. 유치원에서 운영하는 놀이방이라면 우리에겐 최상의 조건이었다. 놀이방을 다니다가 그대로 유치원에 진학하면 되는 것이니까. 이리저리 마땅한 곳을 물색하다가 마침내 적당해 보이는 곳을 발견했다. "여기라면 괜찮을 것 같은데? 깨끗하고, 안전해 보이고, 장난감도 많고, 밖에서 놀 수 있는 시설도 충분하고……." 그곳은 유아 놀이방부터 초등학교 바로 전 단계 아이들을 위한 프로그램까지 갖추고 있었다.

로렐이 유치원 과정에 진입하기 바로 전, 그 놀이방에 함께 다니던 몇몇 아이들이 다른 놀이방으로 옮겼다. '좀 더 체계적이고 엄격한 교육을 원하기 때문에' 옮기는 거라고 그 부모들은 말했었다(그 놀이방은 원칙적으로 '놀이를 통한 교육'에 중점을 두고 있었다). 나는 그 말을 듣고 생각했다. "맙소사, 다섯 살짜리한테 체계적이고 엄격한 교육이 무슨 의미가 있담!" 그때 옮겨 갔던 아이들이 지금 어떻게 지내고 있는지는 잘 모르겠다. 그 '체계적이고 엄격한' 교육이 기대했던 만큼의 성과를 거뒀는지도 확인할 길은 없다. 하지만 한 가지 확실한 것은 로렐은 그 놀이 중심의 놀이방에서 많은 것을 배우고 많이 성장했으며 지금은 학교생활을 아주 훌륭하게 해내고 있다는 사실이다. 둘째 딸 바이올렛도 현재 그 놀이방에 신나게 다니고 있다.

완벽한 학교란 없다

어떤 학교에나 괴상한 선생님이 있고, 있으나마나한 프로그램이 있고, 말썽을 일으키는 문제 학생이 있다. 또, 학교에 다니는 동안 어떤 학년에는 성적도 좋고 친구도 많이 사귈 수 있는 반면, 어떤 학년에는 공부도 시원치 않고 교우관계도 시들해진다. 이렇게 기복이 있는 환경은 아이에게 좋은 공부가 된다. 참을성과 문제 해결 능력을 배우는 과정이기 때문이다. 또, 다양한 환경에 적응할 수 있는 능력은 행복한 삶의 기본 조건이다.

아샤 아들 샘에게는 굉장히 엄격한 선생님이 한 분 계셨다. 그 선생님은 아이들의 실력을 최대한 끌어올리기로 유명한 분이었다. 언제나 체계적으로 잘 짜여진 — 거의 환상적이었다 — 과제를 아이들에게 던져주고, 학생들이 수준 높은 답을 내도록 이끌어주셨다. 하지만 그 방식이 조금 고지식하고 융통성이 없는 게 흠이었다. 그래서 샘은 종종 그 선생님의 요구에 발끈했었다. 나는 샘에게는 좀 더 부드럽게 접근하는 편이 낫다는 걸 잘 알고 있었지만, 그 선생님의 지도방식이 정말 훌륭했기 때문에 차마 포기할 수가 없었다(그 선생님의 수업과 과제물 선정은 정말 기가 막힌 것이었다). 그래서 샘과 나는 여러 차례 '나와 맞지 않는 사람과 잘 지내는 법'에 관해 이야기를 나눴다. 여기서 아들은 '아량'이라는 개념을 배우게 되었다. 여러 종류의 사람들과 어울려 살아가기 위해서는 어느 정도의 '아량'을 지녀야 한다는 것을 말이다. 남편과 나는 아들이 그 선생님의 엄격한 기준에 맞추기가 얼마나 힘이 드는지에 대해 듣고, 충분히 공감했다. 하지만 그렇다고 해서 선생님에게 무례하게 굴거나 존경심을 표하지 않는 것은 절대로 용서 받을 수 없다는 점을 확실히 했다.

그 선생님의 수업 때문에 아이가 받았던 긴장과 스트레스는 인정하지만, 도망치는 대신 그에 적응하려는 노력 덕분에 샘은 다른 어느 학년보다 실력이 부쩍 늘게 되었다.

부모의 동기 부여가 중요하다

지금까지 우리는 일상 속에서 배우는 모든 것들이 아이의 성장에 얼마나 큰 영향을 미치는지 이야기했다. 부모가 아이들에게 어떤 환경과 도움을 주느냐는 학교 수업시간에 배우는 것들만큼이나(아니, 그보다 더 많이) 교육적인 영향력이 있다.

> **크리스틴** 남편과 나는 경험상 깨달은 게 하나 있다. 아이의 학교생활을 '성공적으로' 이끄는 것은 그 학교의 좋고 나쁨이 아니라, 아이를 북돋아주는 부모(혹은 멘토)의 동기 부여라는 사실이다. 나는 최

상위권의 고등학교에 진학했었지만 배우려는 의욕이 시들한 학생이었다. 음악과목에서만 A를 받았을 뿐, 다른 과목들은 중간 성적을 면치 못했다. 그런 시들한 상태는 대학에 진학해서 학구열에 불이 붙기 전까지 계속되었다. 대학 2학년이 시작될 무렵으로 기억한다. 교수님들과 학과목들 모두가 갑자기 너무나 나를 자극시켰고, 공부하고자 하는 열망에 불탄 나머지 내 남은 인생을 학계에 바치겠노라 다짐을 하기에 이르렀다. 결국 석사과정과 박사과정을 마쳤고, 보스턴의 가장 저명한 학교에서 박사 후 연구과정 장학금까지 받게 되었다.

남편은 나와는 상반된 길을 걸었다. 그는 나보다는 좀 등급이 낮은 고등학교를 다녔지만 늘 반에서 1등을 놓치지 않는 학생이었다. 졸업 후에 그는 보스턴의 최상위권 대학에 진학했고 두 개의 석사학위를 받았다. 나는 종종 농담 삼아, "우리의 출발점은 굉장히 달랐지만 결국 같은 곳에서 만나게 되었군"이라고 말하곤 한다.

이 경험은 로렐의 학교를 고를 때, 그리고 우리가 살 곳을 결정할 때 중요한 영향을 미쳤다. 보스턴은 학업의 요람이다. 많은 가정들이 오로지 최상위권의 교육환경 속에서 살기 위해 엄청난 경제적 출혈을 감내하면서 보스턴 시내에 집을 구한다. 하지만 남편과 나는 로렐이 어떤 학교를 다니든지 깨끗하고 안전하기만 하다면 좋다고 생각했다. 로렐이 초등학교에 들어가기 직전, 마침 세 들어 살고 있던 집의 계약기간이 끝났기 때문에 우리는 보스턴 외곽에 — 차로 10분 정도 거리에 — 있는 마을에 정착하기로 했다. 그곳에 있는 학교들은 전에 살던 부자 동네의 학교들보다는 학업 등급이 낮았다. 우리가 어디로 이사 갔는지 알게 된 몇몇 지인들은 "애들 학교 걱정 되지 않아요?"라고 물어왔다. 하지만 우리는 그 동네의 싼 집세와 다양한 공동체 활동이 마음에 쏙 들었다. 그리고 예상대로 우리의 선택은 탁월했다. 동네 이웃들은 상상을 초월할 정도로 친절했고, 학부모 공동체 또한 탄탄했다. 로렐은 그 안에서 배우고 성장했다. 동네의 학교는 딸아이를 위해 넘치도록 많은 것들을 가르쳐줄 수 있었다.

'좋은 것으로부터도, 나쁜 것으로부터도 언제나 배울 점은 있다'는 자세는 우리 모두에게 유익하다. 아이들은 다양한 상황을 헤쳐 나갈 수 있는 힘이 스스로에게 있다는 사실을 배울 수 있다. 설령 그 상황이 마음에 들지 않는다 하더라도 말이다. 그런 자세를 갖는다면 아이의 선생님을 대하기도 훨씬 편안해질 것이다. 당신의 적이 아닌 파트너로서 대할 수 있게 되기 때문이다. 그리고 무엇보다, 오르락내리락 변화무쌍하기 마련인 학교생활을 경험한다는 것 자체가 아이들에겐 진정한 '공부'가 된다.

이 학교가 우리 아이에게 맞을까?

아이들이 되도록이면 큰 문제없이, 별 마찰 없이 매끄럽게 학교생활을 해나가길 바라는 것은 모든 부모들의 마음일 것이다. 하지만 '매끄럽게' 해나간다는 게 정확히 무슨 뜻일까? 딱 꼬집어 말하기는 힘들다. 학교와 집은 너무나 다른 세계이기 때문이다. 물론 우리가 아이들을 학교에 보내면서 그저 '별 탈 없이' 다녀주기만을 바라는 건 아니다. 우리는 아이들이 학교에서 '성장하고 발전하길' 바란다. 하지만 아이들이 학교에서 지내는 한 주, 한 주가, 또는 한 학년, 한 학년이 이토록 다르고 변화무쌍한데 도대체 어떻게 아이들이 진정으로 발전한 것인지 알아챌 수가 있단 말인가?

답은 아이들이 일으키는, 혹은 갖고 있는 문제의 종류를 정확히 파악하는 데 있다. 그것이 단순히 일시적인 불편을 일으키는 정도의 문제인가, 아니면 좀 더 깊고 고질적인 문제인가(이때는 조치가 필요하겠지만)? 하지만 그 종류를 판별하는 것은 마구 날뛰는 표적을 맞추는 것만큼이나 어려운 일이다. 늘 아이에게 각별한 관심을 기울이며 관찰해야 한다. 그리고 당신의 '느낌'에도 의지할 필요가 있다.

학업적 성취 평가하기

잘 알다시피, 아이들은 저마다 배우고 성장하는 속도가 다르다. 몸무게가 여섯 살에 18킬로그램인 아이가 있고, 여덟 살이 되어서야 그 정도 되는 아이가 있다. 또, 유치원 때 이미 읽기를 시작하는 아이도 있고, 초등학교 2학년이 될 때까지 글을 읽지 못하는 아이도 있다. 사회성, 인격적 성숙도, 얌전히 앉아 있는 능력, 말을 듣는 법, 조리 있게 이야기하는 법 등등을 언제 익히느냐도 아이에 따라 다를 수밖에 없다.

하지만 이 사실을 잘 알고 있으면서도 일단 학교에 보내놓으면 또래의 다른 아이들과 내 아이를 비교하지 않을 수가 없다. 그리고 만일 내 아이가 다른 아이들과 다르거나 뒤처져 보이기라도 하면 걱정이 엄습한다. 학교라는 곳이 원래 비교와 평가가 불가피한 곳 아닌가? 아이들은 각 학년마다 일정한 학업적 '수준'에 도달해야 하고, 클럽활동이나 교우 관계도 평가 받는 곳이 학교다. 아이가 보통 수준에 한참 못 미친다면 학급 내에서도 별도 취급을 받을 수 있다(그리고 아이가 원하든 원하지 않든 선생님과의 일대일 면담도 자주 하게 될 것이다).

긴 안목으로 생각하자

아이들이 학교에서 따라가야 하는 공부와 교우 관계 등을 좀 더 장기적인 시각으로 볼 필요가 있다. 아이가 유치원 과정을 다 마치도록 읽기를 못한다고 해서, 혹은 이야기 발표 시간에 얌전히 앉아 있기만 한다고 해서 반드시 그 유치원이나 선생님에게 문제가 있다거나 아이와 맞지 않는 것은 아니다. 단지 아이의 자연스러운 발달 과정이 자연스러운 시기에 일어나도록 기다려주면 된다.

선생님들과 이야기를 나누고 신뢰를 나누자

평소에 아이의 선생님들과 친밀하고, 신뢰감 있고, 허심탄회한 대화를 나누는 것은 정말로 중요한 부분이다. 어떤 문제가 생겼을 때 함께 상의하고 해결해나갈 수 있기 때문이다. 선생님들은 많은 아이들이 학교생활을 해나가는 것을 가장 가까이에서 직접 보아왔다. 그 경험들은 우리 아이들이 성장하는 것을 돕는 데 비할 데 없이 소중한 자산이 된다. 그리고 학교에서와 집에서의 행동이 전혀 다른 아이들도 있다는 사실을(설혹 부모들은 모르고 있더라도) 선생님들은 경험을 통해 알고 있다. 우리 아이들의 행복한 생활을 위해서 애쓰는 전문 인력이 한 명 더 있다는 사실은 정말 마음 든든한 일 아닌가?

아샤 딸 미라바이는 성실한 학생이고 선생님들을 무척 좋아한다. 이따금씩 과제물을 제때에 해내지 못하는 적도 있지만 그건 아이가 공부에 관심이 없어서가 아니라, 아직 수행 능력이 미숙하기 때문이다. 나는 아이들의 숙제에 관해서는 손을 대지 않는다는 주의다. 물론 자신감을 북돋아주고 전체적인 맥락을 짚어주는 정도는 도와주지만 숙제 그 자체는 철저히 아이의 손으로 해야 한다고 믿는다. 그래서 이따금씩 딸의 학교 선생님으로부터 '아직 과제물을 제출하지 않았습니다'라는 통지를 받으면 '저도 알고 있습니다. 미라바이에게 주의를 한 번 주겠습니다. 하지만 그 뒤의 일은 아이에게 맡겨두고 싶습니다'라고 답한다. 숙제를 직접 도와주는 대신, 나는 딸에게 달력에 과제물 제시 날짜를 표시해두고 그 시간에 맞춰 끝내는 법을 가르쳐주었다. 그리고 쉽게 붙여서 표시하도록 포스트잇도 한 뭉치 주었다. 이 방법이 효과가 있을지는 두고 봐야 알겠지만 어쨌든 딸의 선생님이 내 방식 — 아이의 독립심을 우선시하는 교육방식 — 을 존중해주었다는 것, 그리고 아이가 한 가지 유용한 시간 관리법을 배웠다는 점에서 성과는 이미 훌륭하다고 생각한다.

당신의 '느낌'을 믿어라

당신의 아이를 가장 잘 아는 사람은 바로 당신이다. 아이에게 무언가 잘못되었다는 '느낌'이 왔을 때 민감하게 알아채고 반응할 수 있도록 늘 예의 주시해야 한다. 그리고 아이의 낌새가 이상하다고 느꼈을 때는 또래 친구들의 행동과 비교해보는 것도 도움이 된다. 엄마 노릇을 한다는 것은 때론 아슬아슬한 줄타기를 하는 것과 같다. 부모로서 아이를 돌보는 동시에 학교 시스템도 존중해야 하고, 필요하다면 아이를 감싸고 변호도 해야 하기 때문이다.

선생님들도 인간인 이상, 완전히 공정할 수는 없다. 어떤 선생님이건 나름의 편견을 갖고 있고 '문제들'이 생겼을 때 자신의 개인적인 경험에 비추어 반응(그리고 상부에 보고)하게 되어 있다. 일례로, 한 아이가 말썽을 부릴 때 어떤 선생님은 '문제아'로 간주하는가 하면 어떤 선생님은 정서적으로 불안한 아이라고 판단하고 도움을 주고 싶어 한다. 그리고 교사들 또한 시간이 한정되어 있고 반 아이들 전체를 돌보아야 하기 때문에 특정 아이에게만 관심을 쏟기는 힘들다. 그래서 때로는 아이들에게서 싹트는 미세한 문제의 표시들을 놓칠 수가 있다.

선생님이 아무리 '아무런 문제가 없어요'라고 말한다 하더라도 만약 당신의 '느낌'이 당신의 아이에게 어떤 일이 일어나고 있다고 속삭인다면 절대로 무시해선 안 된다. 이 점은 아무리 강조해도 지나치지 않을 만큼 중요하다. 아이들은 도와달라는 말을 잘 못한다. 쑥스러워서이기도 하지만, 스스로에게 무슨 일이 일어나고 있는지, 그리고 그것을 도대체 어떻게 받아들여야 할지 자체를 모르는 경우가 많기 때문이다. 엄마의 예감은 아이를 지키는 파수꾼과 같다. 한시도 아이의 상태에서 눈을 떼지 말자.

아이도 문제 해결에 참여시키자

몇 가지 문제 해결 방법을 숙지하고 있고, 약간의 교육만 받는다면 학교에서 일어나는 대부분의 문제는 아이와 선생님이 힘을 합해서 해결할 수 있는 것들이다. 아이에게 스스로를 변호하는 법 — 예의 바르게 질문하는 법, 적절한 제안을 하는 법, 수업 시작 전이나 수업 후에 선생님의 도움을 요청하는 법, 혹은 학교의 상담교사를 찾아가는 법 등 — 을 가르치자.

필요하다면 전문가의 도움을 받자

때로는 아이에게 좀 더 전문적인 도움이 필요할 때도 있을 것이다. 학교의 전문 상담교사나 의사, 가정교사, 혹은 테라피스트 등등, 아이가 필요로 할 땐 그들에게 도움을 요청하는 것을 망설이지 말자.

아이가 학교에 적응을 못한다면

만약에 부모와 학교가 아무리 노력하고 애써도 아이가 '학교'라는 곳을 견디지 못한다면 어떻게 해야 할까? 그리고 그것이 학교의 문제인지, 교사의 문제인지, 우리 아이의 문제인지, 아니면 내가 잘못된 것인지 어떻게 판단해야 할까? 또, 학년이 바뀌면 나아질 거라고, 선생님이 바뀌면 나아질 거라고, 아니면 교육환경이 바뀌면 나아질 거라고 어떻게 장담할 수 있단 말인가?

그때야말로 내면의 버스 드라이버가 하는 말을 들어야 할 때다. 아무도 객관적 사실에 근거한 확실한 '답'을 내놓지 못하는 상황이기 때문이다. 그것은 오로지 아이의 상태와 그 상황을 바라보는 당신의 직감에 달려 있다. 다른 모든 아이들에게는 정답이 될 수 있는 것이라 해도 당신 아이에게는 맞지 않을 수 있다. 하지만 그 사실을 납득하는 데는 용기와 확신이 필요하다. 우리는 종종 망설이고 머뭇거리는데, 학교의 시스템과 교육 관계자들의 의견을 따르는 데 익숙하기 때문이다. 그리고 특히나 내 아이에게 맞는 방법이 낯설게 느껴질 경우에는 심리적 반감이 더욱 크게 마련이다.

아샤 아들 샘이 학교에 들어가서 보낸 처음 몇 년간은 그야말로 투쟁의 연속이었다. 선생님들, 친구들, 그리고 의사들까지도 하나같이 시간이 좀 지나면, 아이가 좀 더 크면 괜찮아질 거라고 나를 안심시켰다. 하지만 가족의 눈에 비친 아이는 해가 지날수록 점점 더 깊은 우울과 무기력의 늪에 빠지고 있었다. 우리는 마침내 인정하기에 이르렀다. 다른 모든 아이들은 시간과 함께 나아질지 몰라도 우리 샘에게는 시간이 약이 될 수 없다는 사실을. 마지못해 홈스쿨링을 결심했을 때 우리에겐 시간이 없었다. 스스로를 — 그리고 샘을 — 믿는 수밖에 없었다. 학교 선생님들과 교육 전문가들의 의견을 거스르는 결정을 내린다는 것은 정말 힘든 일이었다. 게다가 가족들 몇몇도 반대를 했고, 집에서 아이를 가르친다는 생각은 한 번도 해본 적 없었기 때문에 불안감은 가중되었다. 하지만 우리의 내면의 버스 드라이버는 그쪽을 가리키고 있었다. 홈스쿨링을 시작한 지 18개월이 지나자 샘은 누구보다도 행복하고, 건강하고, 자신감 있는 아이로 바뀌었다. 아이는 학교로 돌아가겠다고 스스로 발표했고, 지금까지 신나게 학교생활을 하고 있다.

만약 당신의 아이가 학교에 적응하지 못한다면 여러 가지 대안들을 생각해볼 수 있다. 하지만 어떤 방법도 완벽하거나 영원히 효험이 있으리라고 생각하진 말자. 언제나 궤도 수정이 가능하다는 것을 염두에 두고 선택한다면 망설임이 훨씬 줄어들 것이다. 지금은 맞지 않는 방법이었다 하더라도 시간이 흐른 뒤에는 맞는 방법이 될 수도 있다.

'교육'이라는 말은 '학교'보다 훨씬 의미가 넓은 말이다. 교육의 목표는 행복하고 경험이 풍부한 성인을 키워내는 것이다. 그리고 그 목표에 이르는 '옳은' 길들은 무수히 많다는 점을 기억하자.

chapter
9

학부모가 된
당신을 위한
심플한 생활 전략

MINIMALIST PARENTING

 어린아이를 키우며 전전긍긍하고 있는 부모들이 꿈꾸는 것이 하나 있다. 아이가 학교에 입학만 하면 새 세상이 열릴 것이라는 환상 말이다. 아이는 학교에 보내놓고, 소파에 누워 커피나 마시며 유유자적 보낼 수 있을 것이라고 착각한다. 하지만 옆집 엄마에게 물어보라. 아이가 학교에 들어가면 부모는 더욱 바빠질 뿐이다. 그런데 도대체 왜 그런 걸까?
 세상의 모든 부모들은 바쁘다. 일단 부모가 된 이상 바쁘지 않을 도리는 없다. 하지만 학교가 머리 꼭대기에 서서 가뜩이나 바쁜 우리를 더 이리저리 휘두르고 있지는 않은가? 점심 도시락을 싸야 하고(도시락을 싸기 위한 재료들을 떨어지지 않게 늘 찬장에 비축해야 하고), 교복과 체육복을 빨아주어야 하고, 학교 시간표를 기억해야 하고, 이벤트들, 회의들, 휴일들을 모두 달력에 표시해두어야 하고, 아이들을 태워다 주고 태워 와야 하고, 학교 관계자들이나 다른 학부모와의 사교모임에도 열심히 참석해야 하고, (아이가 좀 더 크면) 과제물 수행도 체크해야 한다.

아이들을 학교에 보낸다는 건 보통 일이 아니다. 물론 좋은 일이긴 하지만, 힘든 건 힘든 거다. 이 장에서는 아이를 학교에 보내고 나서 학부모 노릇을 최대한 미니멀하게 할 수 있는 최선의 방법들을 생각해볼 것이다. 그리고 남는 시간과 에너지를 좀 더 즐거운 데 써보자.

일정한 흐름이 필요하다

2장에서 집안일을 일정한 '흐름'에 따라 자동적으로 해치우는 법에 대해서 이야기했다. 아이의 학교생활에 있어서도 정해진 일들을 정해진 순서에 따라 리듬을 타고 해치우는 습관을 몸에 붙이도록 해보자. 아이가 하루 일과, 일주일의 일과를 익숙하게 흐름에 따라 할 수 있게 되면 학교생활 전체를 매끄럽게 해낼 수 있게 된다. 특히나 학년이 올라갈수록 기대치와 학습량이 늘어가기 때문에 기본적인 일과는 큰 힘 들이지 않고도 자동적으로 해내지 않으면 안 된다.

아이가 받아들여서 익힐 수 있는 그 '흐름'을 만들기까지는 시간이 걸릴 수도 있고 중간에 수정이 필요할 수도 있다. 하지만 일단 가족들이 모두 '흐름'에 올라타고 난 뒤에는 그런 노력의 보상이 되기에 충분할 만큼 편해질 것이다. 긴 여름방학이나 휴일이 끝나고 다시 학교에 가야 할 때에도 이 규칙적인 일과의 흐름은 아이들에게 많은 도움이 된다.

학교 가기 전날 밤 할 일

'학교 갈 준비'를 하기에 가장 좋은 시간은 뭐니 뭐니 해도 그 전날 밤이다. 전날 밤에 모든 것을 준비해놓는 것은 도미노 블록들을 세워놓는 것과 같다. 다음날 아침에는 손가락 하나만 까딱하면 되니까. 아이가 좀 더 크면 준비과정들을 스스로 할 수 있도록 가르쳐주자.

입고 갈 옷 챙기기

전날 밤 미리 옷을 챙기는 습관을 들여놓으면 바쁜 아침에 "뭘 입고 가지?" 혹은 "빨아놓은 속옷이 하나도 없잖아!"라며 허둥대지 않아도 좋다. 미리 속옷부터 깔끔하게 챙겨놓고 잠자리에 들도록 가르치자. 아침이 한결 수월해진다.

머리 빗고 자기

긴 머리 자녀를 기르는 학부모 여러분! 아침마다 한바탕 전쟁을 치르는 그 심정을 안다. 학교 갈 시간은 다가오는데 엉킨 머리카락을 붙잡고 신경질을 부리는 아이를 달래가며 이리 뛰고 저리 뛰는 그 심정을 말이다. 긴 머리카락을 전날 밤 미리 빗질해두자(필요하다면 땋아두어도 좋다). 다음날 아침 훨씬 덜 엉켜 있을 것이다.

설거지통 비우기

아침에 말끔한 부엌으로 들어가는 것처럼 기분 좋은 일도 없다. 싱크대와 식기세척기가 깨끗하게 비워져 있으면 아침을 먹고 나서, 혹은 도시락을 준비하고 나서 쓴 식기들을 누구나 쉽게 씻고 정리할 수 있다.

방과 후 활동 가방 챙기기

아이가 방과 후 스포츠클럽 활동을 한다면, 큼지막한 가방 한 개에 유니폼, 운동도구, 간식 등을 한꺼번에 챙겨두자. 아니면 '할 일 목록'에 아이가 활동하는 날짜와 준비물을 적어두면 매번 뭘 준비해야 하는지 확인할 필요가 없다.

등교하는 날 아침 할 일

바쁜 아침시간에 무사히 등교 준비를 마칠 수 있는 핵심은 '계획대로, 침착하게' 움직이는 것이다. 엄마인 우리가 공연히 난리법석을 떨거나 짜증을 부리면 그 기분이 가족들 모두에게 영향을 미친다. 특히 아침에는 침착하고 자신감 있는 모습을 보여주는 것이 중요하다(잘 안 된다면 흉내라도 내보자). 아이들은 늘 우리의 행동을 보고 배운다는 사실을 기억하라.

어떤 계획에 따라 움직이느냐는 전적으로 당신의 상황에 달려 있다. 도움을 줄 수 있는(그러니까 그 시간에 깨어 있는) 다른 어른이 있는지, 아이들은 몇 살인지, 당신도 그 시간에 출근 준비를 해야 하는지, 아이들 학교는 얼마나 먼지, 그리고 당신이 '아침형 인간'인지 아닌지 등등.

완벽한 아침 행동 플랜 같은 것은 없다. 계획은 틀어지라고 있는 것이니까. 하지만 당신이 어떤 순서의 흐름을 만들었건, "처음엔 이걸 하고, 그다음엔 이걸 하고……"를 빨리 행동으로 보여줄수록 아이들도 빨리 그 순서를 익혀서 스스로 해내게 될 것이다.

아이들보다 먼저 일어나기

아이들보다 최소한 10분 먼저 일어나도록 하자. 혼자서 유유히 커피 한 잔을 마실 시간이 생길뿐더러, 아이들이 깨어나서 난리법석을 떨기 전에 상황의 주도권을 쥘 수 있다.

알람시계 사용법 알려주기

아이들이 몇 살이 되었건 알람시계를 하나씩 사주고 사용법을 가르쳐주자. 아이들이 아침에 스스로 일어나는 법만 익혀도 부모의 일이 훨씬 줄어든다.

> "우리 집 초등 1학년생 아들은 아침마다 일어나는 데 애를 먹어요. 더 자겠다고 떼를 쓰죠. 전날 밤 아무리 일찍 잠자리에 들고, 아무리 오래 자도 마찬가지예요. 그런데 어느 날 할인매장에서 다스베이더(영화 〈스타워즈〉 시리즈에 등장하는 캐릭터 — 옮긴이) 알람시계를 사다주었더니 모든 문제가 깨끗이 해결되었어요. 알람이 울리는 그 시각에 아이는 재깍 일어난답니다."
>
> _수잔(MinimalistParenting.com)

번갈아서 일찍 일어나기

아이들이 아침에 일어나는 시간이 제각각이라면, 남편과 하루씩 번갈아가면서 일찍 일어나는 아이를 맡자.

크리스틴 남편 존과 나는 항상 아침에 번갈아가며 일찍 일어나는 임무를 맡는다. 로렐이 아기였을 때는 아침에 오줌 기저귀 가는 시간에 맞춰서 일어나는 일을 번갈아 했었다. 남편이 당번인 날에는 정말 마음 놓고 푹 잘 수 있어서 좋았다. 자면서도 한쪽 귀를 열어놓은 채 아이가 우는지, 보채는지 마음 졸여가며 잠들지 않아도 됐으니 말이다. 지금은 로렐과 바이올렛 두 아이를 보기 위해 번갈아 당번을 선다. 바이올렛은 보통 로렐보다 한 시간 일찍 일어나서 울음소리를 낸다. 그러니까 우리는 하루 걸러 한 번씩은 한 시간쯤 더 잘 수 있는 것이다. '바이올렛 알람'이 으앙, 하고 울려도 '오늘은 남편이 당번이니까' 하며 다시 잠을 청할 수 있을 때 너무나 행복하다.

아침 꼭 챙겨 먹이기

아침을 든든하게 먹는 것은 학교생활을 하는 데 중요한 일과다. 그리고 가족들이 각자 뿔뿔이 자신의 세계로 흩어지기 전에 한데 모여 친목을 도모할 수 있는 자리이기도 하다. 아침잠이 많은 사람이나 아침에 식욕이 없는 사람이라도 무언가를 먹어야 한다. 아침에 아무리 바빠도 식사하는 것을 우선순위에 놓자. 토스트와 달걀, 오트밀, 시리얼, 차가운 우유, 과일, 견과류, 저녁 때 먹다 남은 음식 등등 어떤 것이라도 좋다. 단백질을 조금 섭취해주면 뇌와 몸이 깨어나는 데 도움이 된다. 만약 아이가 일어나자마자 뭔가를 먹지 못하는 체질이라면 아이 선생님께 허락을 받아 아침 간식을 조금 싸서 보내면 된다.

시간 쪼개기

아침에 학교 갈 준비를 마치는 일정한 순서를 만들었으면, 그것을 '구간' 별로 잘게 쪼개서 각 '구간'마다 마감시간을 정해두자. 예를 들어, 밥 먹기, 옷 입기, 머리 빗고 양치질하기, 문 밖으로 나서기 등으로 쪼개고 "아침식사는 8시까지 끝낸다"는 식으로 각 활동들에 시간도 정해두는 것이다. 아이들도 시간표가 정해져 있으면 더욱 쉽게 스스로 해나가는 법을 배울 수 있다.

크리스틴   언젠가 2~3일간 출장을 갔다가 돌아와 보니 부엌 벽에 걸려 있는 '아침 일과표'에 로렐이 쓴 것이 분명한 글씨들이 빽빽해서 깜짝 놀란 적이 있다. 딸아이는 기특하게도 엄마가 집을 비운 사이에 — 아빠도 두 아이를 학교에 태워다 주고 데려오느라 정신이 없으니 — 자신이 아침 일과를 제대로 돌아가게끔 해야 한다고 생각했던 것 같다. 딸이 손글씨로 쓴 일과표를 읽는 동안 감동이 밀려왔다.

일어나기, 옷 입기	7:00까지
밥 먹기, 도시락 싸기	7:30까지
가방 챙기기, 양치질하기, 화장실 가기	7:40까지
바이올렛 데려다 주러 나가기	7:45까지
바이올렛 어린이집 도착하기	8:00까지
학교에 도착하기	8:35까지

기분 좋은 아침으로 마감하기

아무리 정신없고 기분이 처지는 아침이었다 하더라도, 집을 나서는 순간만큼은 긍정적인 기분을 갖도록 노력하자. 우리는 지금 습관을 쌓아나가는 과정에 있다. 그리고 살다 보면 좋은 날도 있고 나쁜 날도 있게 마련이다. 좀 더 큰 그림으로 보자면 성공을 향해 단번에 날아가는 것보다 늦어도 한 걸음씩 발전해나가는 쪽이 의미가 있다. 그리고 다른 사람들보다 몇 년쯤 더디게 간다고 해도 무슨 상관이란 말인가?

방과 후 할 일

아이들은 학교가 끝나고 집에 오자마자 가방을 집어던지고 해방감을 맛보느라 바쁘다. 우리는 사실, 아이들이 마땅히 그렇게 해야 한다고 생각하는 사람들이다. 하지만 방과 후 시간에 대한 약간의 가이드라인이 있으면 아이들이 시간을 책임감 있게 쓰는 법을 배울 수 있고, 저녁때 가족들이 함께 모여 여유 있는 시간을 가질 수도 있다. 만약 당신이 일을 하고 있다면, 그래서 아이가 학교에서 돌아와서 당신이 퇴근하는 시간까지 육아도우미와 함께 시간을 보낸다면 그 도우미에게 아이가 숙제를 제시간에 마치도록 체크해줄 것을 부탁해보자(퇴근 후 당신이 확인하면 된다).

책가방과 도시락 가방 비우기

집 안에 책가방을 걸어두는 자리를 정해두자(아마도 코트걸이에 함께 걸게 될 것이다). 그리고 학교에서 받아온 전단지들도 정해진 자리에 그때그때

넣어두자.

아샤 우리 집 현관 입구에는 옷걸이가 하나, 부엌에는 정리함이 하나 있다. 아이들이 집에 돌아오면, 일단 책가방과 도시락 가방을 현관의 옷걸이에 걸고 가방 안을 싹 비운다. 가방 안에 들어 있던 것들을 모두 부엌으로 갖고 와서는 빈 도시락 통은 식기세척기에, 종이류는 정리함에 넣는다. 그리고 아이들은 모두 숙제를 몇 시에 시작해야 하는지, 학교 공지사항을 확인해야 할 때는 어디서 찾아 읽어야 하는지 알고 있다(여기서 잠깐, 이런 꿈같은 일이 하루아침에 일어난 것이 아님을 밝혀둔다. 우리 아이들이 이 흐름을 따라 그럭저럭 해내기까지는 몇 년이나 걸렸다. 하지만 어쨌거나 발전이 있었으니 흐뭇하다).

먹기 쉬운 간식 준비하기

학교에서 돌아올 때쯤 아이들은 굶주려 있기 마련이다. 아이들에게 간식을 직접 챙겨주는 대신 — 만일 그것이 당신의 삶의 낙이라면 어쩔 수 없지만 — 아이들이 원할 때 언제든지 스스로 먹을 수 있도록 건강한 간식거리를 준비해서 정해진 곳에 두자.

숙제하는 시간과 집안일 돕는 시간 정하기

숙제를 학교에서 집에 돌아오자마자 할지, 간식을 먹고 나서 할지, 아니면 저녁시간에 할지 미리 정해놓는 것이 좋다. 아이에게 할당된 집안일도 마찬가지다. 아이가 좀 더 성숙해지고 스스로 시간을 조절할 수 있는 능력이 생겼을 때는 어느 정도 아이의 재량에 맡겨도 좋다.

자유시간, 놀이, 그리고 휴식의 중요성 알려주기

아이들에게 쉬고, 긴장을 풀고, 마음껏 노는 것이 학교에서 배우는 공부만큼이나 중요하다는 사실을 알려주자. 우리는 학교가 끝나고 나서 한 시간 동안은 아무것도 하지 않고 쉬는 시간으로 정하고 있다. 아이의 하루 일과에 이런 식으로 균형을 잡아주는 것은 훗날 성인이 되어서 일을 하게 되었을 때 일과 휴식의 균형을 스스로 찾도록 도와줄 것이다.

<u>주의</u> 방과 후 활동을 적절한 선에서 제한하는 것은 반드시 고려되어야 할 사항이다. 아이들이 학교 정규 수업이 끝난 뒤에 쉬고, 체력을 회복하고, 그날 배운 것을 되새길 시간이 필요해서뿐만이 아니라, 때때로 친구 집에 놀러 가거나 이웃 아이들과 '깃발 뽑기 놀이'를 할 여유도 필요하기 때문이다. 방과 후 활동에 대해서는 10장에서 더 자세히 다룰 테지만, 가족들의 스케줄 관리를 할 때 이 사실을 항상 염두에 두기 바란다.

숙제를 하는 것에 관하여

미니멀 육아법의 공식적 입장은 '숙제는 전적으로 아이들이 스스로 해야 하는 몫'이라는 것이다. 아이들이 독립적으로 숙제를 하게 하는 것은 시간을 효율적으로 사용하는 법을 가르쳐줄 뿐만 아니라 스스로 생각하는 힘을 길러주기 때문이다. 물론 가이드라인을 잡아주고, 의논 상대가 되어주는 것(때로 필요하다면 기를 살려주는 것도)은 좋다. 하지만 어디까지나 일시적인 도움일 뿐, 결국 우리가 아이들의 숙제의 세계에서 서서히 발을 빼야 한다는 사실은 변함이 없다.

아이에게 주어지는 과제물은 실로 다양한 경험을 하게 한다. 창의적인 생각을 요하는 과제물도 있고, 부지런히 몸을 움직여 해내야 하는 과제물도 있다. 당신이 아이의 과제물에 대해 어떻게 생각하고 있건, 이 몇 가지를 기억하고 있으면 도움이 될 것이다.

아이와 과제물의 목표에 대해 이야기를 나누자. 이 숙제를 하는 것이 왜 우리에게 필요한지를 이야기하는 것이다. 그리고 아이의 스케줄에 맞춰 숙제하는 시간을 정하고, 어떤 숙제를 먼저 할 것인지도 함께 상의해보자. 이때 시간 관리에 관해서도 이야기해줄 수 있으면 좋다. 숙제를 할 때 집중을 하면 얼마나 시간을 절약할 수 있는지도 가르쳐줄 수 있다.

또한 숙제를 통해서 스스로의 '작품'에 자부심을 불어넣는 법을 이야기해주어도 좋다. 글씨를 단정하게 쓰는 것, 과제물을 깔끔한 상태로 제출하는 것, 디테일에 주의를 기울이는 법 — 예를 들어, 과제물 오른쪽 구석에 날짜와 이름 쓰기 등 — 을 익힐 수 있게 해주는 것이다.

숙제를 척척 해주는 기계가 발명되기까지는 좀 오랜 시간이 걸릴 듯싶다. 그때까지는 매일 밤 스스로의 손으로 멋진 과제물을 완성해내지 않으면 안 되니 아이들을 단단히 준비시키도록 하자.

필요한 문구류 구비해놓기

잘 깎여진 연필, 지우개, 종이, 자, 가위, 계산기, 타이머 등이 찾기 쉬운 곳에 잘 정돈되어 있으면 과제를 하기가 훨씬 수월해진다. 특별히 비싸고 멋진 문구류를 갖추려고 노력할 필요가 전혀 없다. 그저 아이들이 쓸 수 있을 정도의 소박한 문구류를 바구니에 담아 식탁 테이블 위나 선반에 올려놓으면 된다.

집중할 수 있는 환경 만들기

일단 숙제를 하기 시작하면, 일체의 간식, 휴대폰, 장난감, 그 외의 어떤 것들도 방해가 되지 않도록 치워야 한다. 아이들에게 지금 하고 있는 일에 온 신경을 집중하도록 가르쳐주자. 어떤 아이는 집중할 수 있는 시간이 짧아서 간간이 5분 정도의 휴식시간을 필요로 할 수도 있다. 이때 타이머를 사용하면 아주 편리하다. 아이에게 맞는 방법이라면 어떤 것이라도 좋다. 하지만 그 과정에서 아이의 주의가 산만해지지 않도록 항상 조심하자.

스케줄 관리법 가르치기

아이에게 간단하게나마 스스로의 스케줄을 관리하는 법을 가르쳐주자. 그리 비싸지 않은 다이어리 수첩이나 데스크 달력을 사주고 스스로의 과제들을 적도록 하는 것이다. 스마트폰의 다이어리 앱을 사용해도 좋다. 하지만 자칫 아이가 스마트폰을 갖고 노는 데만 정신이 팔릴 수 있으니 주의하자. 큰 과제물을 작은 단계들로 나누고, 각 단계들을 끝낼 날짜를 정해서 자세히 기록하는 것이다. 필요하다면 한 단계를 완수할 때마다 조그만 보상을 해주어도 좋겠다. 그렇게 '어른들의 도구'를 다루는 데 크게 자부심을 느끼고 동기 부여를 받는 아이들도 많다.

데드라인 정해주기
어른들도 일을 할 때 마감시간을 정해두면 도움이 되듯이, 아이들도 끝내는 시간이 정해져 있으면 숙제를 더 쉽게 해낸다.

> **아샤** 우리는 모든 일(숙제와 집안일을 포함해서)을 끝내는 시간을 명확히 정해놓고 있다. 저녁 8시 30분에는 무슨 일이 있어도 책을 덮고 일을 손에서 놓는다. 그리고 잠자리에 들기 전까지 가족들이 다 함께 모여서 즐거운 시간을 보낸다. 이렇게 하면 아이들이 잠도 더 깊이 잘 수 있다.

숙제는 숙제시간에만
일단 정해놓은 숙제시간이 끝나면, 책이며 공작 도구며 참고서를 깨끗하게 치우자. 이렇게 하는 습관은 아이들에게 시간을 효율적으로 사용하는 법을 가르쳐줄 뿐만 아니라 집중력도 길러줄 수 있다.

학교에서 받는 스트레스 관리

어떤 아이들은 학교에 가는 것을 즐거워한다. 부모로부터 떨어져 나와 독립적으로 지낼 수 있고, 많은 친구들과 어울려 놀 수 있기 때문이다.

하지만 또 어떤 아이들에게는 학교가 공포 그 자체이기도 하다. 아이가 힘겨워하고 하기 싫어하는 일을 하도록 만드는 것은 부모로서 가슴 아픈 일이다. 부드럽게 아이를 격려해주고 달래서 학교생활에 적응하도록 해주는 일은 아마도 가장 어려운 부모 노릇 중 하나일 것이다. 꼭 해야 하는 일이긴 하지만(그리고 옳은 일이지만) 아이와 부모 모두에게 기분 좋은 일은 아니기 때문이다.

아이가 학교에 가기 싫어하거나 엄마 품에서 떨어지려 하지 않을 때 유용한 팁들을 소개한다.

학교에 데려다 줄 때

빨리 아이를 학교에 내려주고 아침 스케줄을 시작하고 싶을 것이다. 하지만 차 안에서 아이가 끝없이 칭얼대며 학교에 가기 싫다고 5분이고 10분이고 당신의 옷자락을 놓지 않는다면? 이럴 때는 미리 15분 정도 일찍 집에서 출발하거나 아예 아침 스케줄 시작시간을 조금 늦추자. 그래야 최소한 엄마만이라도 평정심을 유지할 수 있다.

침착함을 잃지 말자

가장 중요한 규칙은 이것이다. 침착할 것, 인내심을 가질 것, 아이를 안심시킬 것. 이 세 가지만 지킨다면 상황은 곧 진정된다. 떼쓰는 아이 앞에서 엄마의 근심과 불안을 내비치지 않는다는 게 쉬운 일은 아니다. 특히나 매일같이 반복되는 "학교 가기 싫어!" 타령에 지친 엄마라면 짜증이 솟구치는 것이 당연하다. 하지만 깊이 심호흡을 한 번 하자. 그리고 이 과정을 거치는 것이 우리 아이에게 얼마나 중요한 일인지를 다시 한 번 마음에 새기자. 만일 당신이 어느 순간 이성을 잃었다면 — 당신이나 우리나 모두들 가끔씩은 어쩔 수 없이 이성을 잃지만 — 다음 순간 아이의 눈높이로 내려오면 된다. 아이에게 사과하자. 진심으로 한 번 안아주자. 그리고 다시 시작하면 된다.

아이의 말을 들어주자

아이들은 이따금씩 그저 이야기를 하고 싶어 한다. 누군가가 자신의 이야기를 들어주고 있다는 느낌, 그리고 자신의 감정이 잘못된 것이 아니라는 이해를 받고 싶은 것이다. 아이들뿐만 아니라 어른인 우리도 스스로의 느낌을 누군가 들어주거나 노력의 결과를 알아주면 기분이 훨씬 좋아지지 않나?

"우리는 다섯 살짜리 딸이 짜증을 부릴 때면 그 감정을 표현하기에 적합한 단어를 찾도록 도와줍니다. 그리고 아이의 말을 경청하죠. 하지만 문제를 해결해주지는 않습니다. '나의 감정에 대하여 생각하기'를 가르쳐주는 편이 실질적으로 그 문제에 대한 해결책을 제시해주는 것보다 딸에게 더 도움이 된다고 생각하거든요."
_제이슨(BostonMamas.com)

"아이들에게 당신 이야기를 해주세요. 당신이 무언가를 새로 시작할 때(새 일이라던가, 새 직장, 새로운 프로젝트 등등) 어떻게 느꼈는지를 말이에요. 처음에는 겁이 나고 긴장되었지만 막상 시작하고 나니 재미있고 보람이 느껴졌다는 이야기를 들으면 아이들이 안심하게 될 겁니다. '아, 나만 겁이 나고 불안한 게 아니었구나' 하고요." ＿조안(BostonMamas.com)

신뢰감을 주자

아이들이 엄마 품에서 떨어지는 것을 불안해하는 이유 중 하나는 새로운 '보호자', 즉 어린이집 선생님이나 유치원 교사, 보모, 혹은 학교 선생님에 대한 신뢰가 아직 싹트지 않았기 때문이다. 엄마가 먼저 신뢰를 보여주자. 그리고 아이에게 '안심하고 맡길 만한 곳이 아니면 절대로 엄마가 널 보내지 않을 것이다'라는 확신을 심어주는 것이 중요하다.

크리스틴 로렐을 유치원에 보내는 것도 힘들었지만 여름캠프(그야말로 재앙에 가까운 경험이었다)에 한 번 보냈다가 어지간히 진을 뺐던지라, 아이를 캠프에 보내는 것은 거의 포기하고 있던 상태였다. 그런데 로렐이 2학년이 되던 해 여름방학, 업무 스케줄 때문에 어쩔 수 없이 아이를 얼마간 캠프에 보내지 않을 수 없게 되었다. 나는 캠프를 예약하면서도 적잖이 불안했다. 캠프 첫 주에는 로렐이 아는 아이가 한 명도 참가하지 않는다는 사실을 알았기 때문이다. 로렐은 그 사실을 모르고 있었고 그저 캠프 내용이 싫지는 않았는지 마지못해 참가하겠다고 동의한 상태였다(그것만으로도 엄청난 발전이긴 했다). 캠프 첫날, 로렐은 꽤 침착해 보였다. 하지만 나는 엄마로서 아이에게 분명히 안심할 수 있는 말을 해줘야겠다고 느꼈다. 그래서 로렐이 새로운 것을 시도할 때마다 — 어린이집 때나 유치원 때 — 써먹었던 말을 다시 한 번 해주었다. "로렐, 이 캠프를 진행하는 어른들은 다 아주 오랜 경험을 쌓은 분들이야. 그리고 엄마는 그 분들이 굉장히 좋은 분들이라는 소문을 많이 들었어. 만약에 질문이 있거나 조금이라도 불안한 점이 있으면 바로 그 분들께 도움을 요청하렴. 이 캠프에 있는 어른들은 다 믿을 수 있는 사람들이니까. 그리고 만약에 그 어른들의 도움에도 불구하고 네가 불편하게 느낀다면 엄마나 아빠에게 즉시 연락해. 알겠지?"

로렐은 차 뒷좌석에 앉아서 조금 키득거리더니 대답했다. "그럼요, 엄마! 안전하지 않은 곳에 엄마가 날 보낼 리 없잖아요. 난 걱정 안 해요!"

아이가 선생님을 신뢰하도록 믿음을 주는 것은 중요하다. 그리고 만약 무언가 잘못되었을 때(혹은 잘못되었다는 느낌이 들 때도) 즉시 부모에게 말할 수 있다는 것을 아는 것도 그에 못지않게 중요하다.

사랑의 징표를 주자

아이가 학교에 가기 전에 사랑을 담아 해주는 키스도 좋고, 작은 물건(크리스틴이 로렐이 유치원에 갈 때 가족사진을 담은 작은 액자 목걸이를 걸어준 것처럼)도 좋다. 아이가 언제든지 가족과 집을 떠올리고 안심할 수 있는 조그만 징표를 주면 학교생활의 불안을 더 쉽게 이겨낼 수 있다.

선생님의 도움을 받자

아이의 선생님에게 등교시간마다 아이가 떼를 쓴다는 사실을 이야기하

자. 선생님과 상의해서 아이의 감정은 다치지 않으면서도 신속하게 학교에 떼어놓을 수 있는 방법을 강구해보자.

작별 인사는 짧게 하자

아이를 학교에 내려줄 때 가장 중요한 것 중 하나는 다정하고도 단호한 작별 인사다. 시간을 질질 끌면 곤란하다. 아이들을 기다리고 있는 선생님의 손에 되도록 빨리 아이를 넘겨주는 것이 포인트다. 마지막 순간까지 "모든 게 다 잘 될 거야"라고 말하는 듯한 온화한 태도를 유지하도록 노력하자.

방과 후 활동

아이가 학교 일과를 무사히, 끝까지 마쳤다! 이 얼마나 기특한 일인가! 그러니 아이가 학교 수업을 마치자마자 또 다른 일거리를 주는 일은 삼가도록 하자. 우선 한숨 돌리면서 부모 곁에서 안심하고 그날 하루 있었던 일들을 이야기할 수 있는 시간이 필요하다. 만약 당신이나 남편이 직접 아이를 데리러 가지 못하고 다른 사람에게 부탁해야 할 경우에는 방과 후 활동을 되도록 쉽고 간단하고 편안한 것으로 고르자.

'좋아/싫어' 게임을 해보자

보스턴마마스 클럽의 일원인 셰리(학교 선생님이다)가 가르쳐준 방법 한 가지를 소개한다. "학교가 끝나고 나서 아이와 함께 '좋아/싫어' 게임을 해보세요. 아이에게 그날 있었던 최고의 일과 최악의 일을 이야기해달라고 하는 거죠. 그 게임을 통해서 아이는 어려운 일들을 어떻게 헤쳐 나가야 하는지 스스로 발견할 수도 있고 그 안에서 긍정적인 요소를 찾아낼 수도 있답니다. 아이가 뭘 가장 좋아하고 뭘 가장 싫어하는지를 알고 있으면 선생님과 상담할 때도 큰 도움이 되죠."

축하하고 기념하자

맛있는 간식거리를 주거나, 달력에 예쁜 스티커를 붙여주거나, 아니면 거실에서 5분 동안 댄스파티를 열어도 좋다. 처음 아이가 학교에 가기 시작하고 1~2주일은 매일 학교 일과를 무사히 마친 것을 축하하는 의식을 행하자.

친구들, 친척들과 대화를 나누자

때로는 방과 후에 아이의 친한 친구나 친척들(자애로운 할아버지, 할머니가 계시다면 더욱 좋다)에게 전화를 거는 것도 굉장히 도움이 된다. 우리는 아이들이 부모에게 이야기할 때보다 친구나 친척들과 대화할 때 훨씬 더 긍정적인 방향으로 이야기를 풀어간다는 사실을 발견했다.

머뭇거리거나 질질 끌지 말자

부정적인 일이 생겼을 때 부모가 머뭇거리고 움츠러들수록 사태는 점점 더 악화될 뿐이다. 늘 긍정적인 자세를 유지하고 앞으로 전진하도록 노력하자.

"세 아이를 키우면서 한 가지 배운 게 있어요. 아이들의 부정적 감정에 물을 줘서는 안 된다는 거죠. 믿거나 말거나, 아이가 짜증을 내고 불안해한다고 해서 부모가 거기에 지나치게 시간과 노력을 투자해가며 매달려선 안 돼요. 아이들은 그저 그 감정을 말로 발산하고 싶어 할 뿐일 때가 많으니까요. 부모가 그걸 해결해주길 바라고 하는 이야기가 아니에요. 아이들의 불안을 알아주는 것은 좋지만, 거기에 너무 신경을 쓰면 그 불안에 물을 주는 효과를 낼 뿐이죠. 그저 이렇게 말하세요. "엄마도 가끔씩 뭔가를 할 때 초조하고 짜증이 난단다. 하지만 그 일을 침착하게 해내고 나면 굉장히 뿌듯하지." 그러고 나서는 유유히 화제를 바꾸는 겁니다. 아이가 느끼는 불안에 부모까지 안달을 하면 아이는 쉽게 넘어갈 수 있는 일도 '마땅히 걱정하고 싫어해야 하는 일'이라고 인식해버리거든요. 지금 아이가 겪고 있는 일은 세상 사람들이 다 겪고 있는 흔한 일이니 대수롭지 않다는 태도를 보여주세요."

_김(BostonMamas.com)

그 밖에 신경 써야 할 것들

따돌림이나 또래 집단 내의 갈등 같은 문제는 이 책에서 다루는 범주를 벗어나니 여기서 언급하지는 않겠다. 하지만 우리가 제시한 여러 가지 학교 관련 스트레스를 다루는 법을 공통적으로 적용시켜보면 도움이 될 것이다. 여기 몇 가지 아이디어들을 더 소개해본다.

선생님과의 관계

아이가 학교 친구들과의 사이에서 어려움을 느낄 때면 즉시 선생님께 알리도록 하자. 흔히들 선생님은 학급에서 일어나는 모든 일을 알고 있을 거라 생각하지만, 현실적으로 모든 학생들을 일일이 파악하기란 불가능하다. 부모들이 주는 정보를 통해서 선생님은 교실 분위기를 보다 민감하게 느낄 수 있다. 또한, 부모들의 도움으로 학급 분위기를 따라잡게 되면 선생님은 그 문제상황을 통해서 어떻게 아이들에게 교훈을 줄 수 있는지도 알게 된다.

크리스틴 어느 날, 로렐이 한 학교 친구에게 괴롭힘을 당한다는 사실을 알게 되었다. 나는 그 아이 부모를 학교에서 한 번도 만난 적이 없었지만, 선생님에게 그 사실을 알리고 그냥 넘어가지 말아줄 것을 부탁했다. 로렐의 선생님은 내게 그 이야기를 해주어서 감사하다고 했다. 그리고 그다음 주, 학급회의를 열어 '친구들 각자의 개인 공간을 존중하기'에 대해 토론했다. 나는 선생님에게 알리기를 정말 잘했다고 느꼈다. 그 선생님은 현명하게도 로렐 한 사람의 문제를 놓고 토론을 벌인 것이 아니라(그렇게 했다면 아이의 상처는 더욱 걷잡을 수 없이 커졌을 것이다) 학급 전체가 함께 생각할 수 있는 주제를 선택했기 때문이다. 그리고 로렐이 당하고 있는 괴롭힘을 모두의 문제로 확산시킴으로써 좀 더 근본적인 해결책을 제시해주었다.

아이의 마음 읽기

아이들은 때때로 그들을 괴롭히고 있는 것이 무엇인지 명확히 설명하지 못한다. 아니면 너무 겁을 먹어서 그것에 대해 말하는 것조차 두려워할 수도 있다. 크리스틴과 존은 딸 로렐이 그림을 그리거나 작문을 하는 도중에 훨씬 쉽고 자연스럽게 스스로의 감정을 표현한다는 사실을 알게 되었다.

학부모들과의 연계

학부모들 간의 결속이 단단할수록 학교에서 생기는 아이들 간의 문제도 신속하게 해결될 수 있다. 하지만 다른 학부모들과 친하게 지내는 것이 쉽지 않은 경우도 있다. 예를 들어, 어떤 부모들은 너무 바쁘거나 다른 사정이 있어서 학교에 한 번도 얼굴을 내밀지 않기도 한다. 하지만 통상적으로는 대부분의 부모들이 아이들을 학교에 데려다 주러 오기 때문에 그때를 이용해서 가벼운 인사라도 나누면서 유대감을 쌓아놓자(문제가 발생하기 전에 할 수 있으면 더욱 좋다). 이렇게 꾸준히 얼굴을 익히고 좋은 관계를 쌓게 되면 학교생활 중에 불가피하게 겪게 되는 갈등을 부드럽게 해결할 수 있다.

만약 아이들 간의 문제 때문에 상대 아이의 부모를 만나야 할 상황이라면 — 그리고 불행히도 그 부모와 한 번도 인사를 나누지 못한 사이라면 — 솔직하고 간결하게, 열린 태도로 대화를 나누도록 하자. 그리고 될 수 있으면 먼저 사과하는 것이 좋다. 문제의 핵심을 건드리지 않고 빙빙 돌려 말하거나, 너무 직설적이고 강하게 나가는 것은 불편한 상황을 악화시킬 뿐이다. 당신은 양쪽 아이들 모두를 위한 해결책을 찾고 싶다는 의사를 분명히 전달하도록 하자.

chapter
10

과외활동 현명하게 시키는 법

MINIMALIST PARENTING

연극 캠프, 발레 레슨, 실내 축구 경기. 어디 이것들뿐이겠는가. 돈과 시간만 있다면 무궁무진한 방과 후 프로그램이 아이들을 기다리고 있다. 하지만 역설적이게도 우리가 선택할 수 있는 옵션이 많으면 많을수록 실제 삶은 점점 더 궁핍하게 느껴진다. 시간에도, 에너지에도, 휴식에도 쪼들리게 되는 것이다. 방과 후에 하는 일이 너무 많으면 아이들만 지치는 것이 아니다. 엄마들은 더 지친다. 이 활동에서 저 활동으로 아이들 운전기사 노릇 하랴, 그 와중에 저녁거리 궁리하랴, 숙제 봐줄 걱정하랴, 다음날 입고 출근할 옷이 다림질되어 있는지 신경 쓰랴…….

오해는 없기 바란다. 과외수업이나 캠프, 스포츠 활동, 그 밖에 재미있는 단체활동은 분명 아이들에게 새로운 경험의 세계를 열어주고 친구들을 만나게 해준다. 하지만 어느 선을 넘어서면, 재미나 배움보다는 스트레스를 주기 시작한다.

우리는 탁 트인 야외활동을 열렬히 지지하는 편이다. 그것이 우리 가족의 스타일에 맞고, 스케줄에 맞는다면 말이다. 아이들의 창의력과 자유로운 표현 능력을 키워줄 수 있는 과외활동을 하자. 가족들이 모두 흥미를 느끼고, 가족의 에너지 레벨과 주머니 사정에도 적합한 활동들을 적당히, 미니멀하게 선택해서 즐기는 것이 핵심이다. 다시 말해, 과도한 스케줄은 피할 것!

과외활동을 냉정하게 평가하자

누구든 자녀가 즐겁게 지내고, 활달하게 움직이고, 다양한 아이디어와 환경을 경험하길 바란다. 하지만 무조건 이런저런 활동에 참여시키기보다는 먼저 냉정한 눈으로 그것들을 평가해보아야 한다. 과연 이 활동이 우리 아이가 다재다능한 인간으로 성장하는 데 도움이 될 것인가? '다재다능한 인간'이란, 여러 방면에 흥미를 갖고 있는 동시에 균형 있는 삶을 영위하는 사람을 말한다. 여러 가지 활동에 참여하고 있지만 그 활동들 때문에 동동거리지 않고, 활기차게 움직일 때와 고요하게 쉴 때를 알며, 적극적으로 '행동'할 때와 그저 '존재'할 때를 아는 사람 말이다. 그런 사람은 함께하는 시간뿐만 아니라 혼자만의 시간도 소중히 여긴다.

문제는 이런 인간형이 만들어지기 위한 환경과 오늘날 '학생'의 라이프스타일은 정반대에 있다는 사실이다. 아침마다 일찍 일어나 학교에 가야 하고(어떤 아이들은 마치지 못한 숙제를 하거나 스포츠 교실, 음악 교실에 들렸다가 등교해야 하기 때문에 더 일찍 일어난다), 학교 일과가 끝나면 과외 활동 하느라 바빠서 가족들과 저녁도 먹지 못하는 날이 많고, 밤이 늦도록 허겁지겁 숙제하느라 낑낑대야 한다(때로는 잠자는 시간을 줄이기도 한다). 주말도 스케줄이 꽉 차 있기는 마찬가지다. 친구 집에 놀러가는 것은 스케줄에서 밀려난 지 오래다. 이웃집 아이들과 골목에서 농구를 한다고? 어림도 없는 소리다. 심지어 어떤 아이들은 혼자서 시간을 보내는 법을 잊어버린 나머지, 꽉 짜인 스케줄이 없으면 불안해하기까지 한다.

지루함의 위력

"필요는 창조의 어머니"라는 말을 들어보았는가? 그 말 그대로다. 지루하고 남아도는 시간이 있었기 때문에 인류는 근사한 파이(주식이 아니라, 오로지 즐거움만을 위해 먹는 '간식')를 만들 수 있었고, 이웃들과 함께 따분한 시간을 죽이기 위해 궁리하다가 발명해낸 것이 그 신나는 깃발 뺏기 놀이다. 만약 아이들이 미처 지루할 틈도 없이 바쁘다면, 분명 창의력을 개발할 수 있는 가장 큰 기회를 빼앗긴 셈이다.

그렇다. 우리는 당신이 아이들의 스케줄표에 '심심하고 지루한 시간'을 꼭 끼워 넣기를 권한다. 지루한 시간을 내 편으로 만들자. 물론 아이들이 따분하고 아무 할 일 없는 시간을 받아들이기까지는 시간이 걸릴 것이다. 만만치 않게 반발할 것이 분명하므로 마음의 준비를 하는 것이 좋다. 하지만 당장 재밋거리를 주는 것보다 아이들에게 스스로 즐기는 법을 가르쳐주는 것이 장기적인 안목으로 봤을 때 훨씬 가치 있는 일이다.

아이가 낙오자가 될까 두려운가?

아이들을 스포츠팀에 합류시키고 음악학원에 보내는 것은 분명 좋은 일이다. 하지만 다른 일상생활과 조화롭게 어우러질 때만 과외활동은 그 가치를 충분히 발휘할 수 있다. 마음껏 놀기, 집안일 돕기, 가족들과 어울리기, 쉬기, 스스로를 돌아보기 등등을 균형 있게 섞어서 스케줄을 짜도록 하자. 아이가 혹시나 다른 친구들에게 뒤처질까 두려워 꽉꽉 채워 넣은 방과 후 활동은 다른 의미에서 아이를 '낙오자'로 만들 수 있다는 사실을 알아야 한다. 내가 진정 무엇에 흥미를 느끼는지, 어떤 그룹에 소속되고 싶은지, 나는 어떤 사람인지를 생각해볼 수 있는 시간과 기회를 빼앗기기 때문이다.

너무 많은 스케줄에 시달리다 보면 아이가 친구들과 우정을 쌓을 수 있는 기회도 적어진다. 물론 과외활동 중에 새로운 친구를 만날 수도 있지만, 그 우정을 '깊게' 쌓아가기 위해서는 서로를 충분히 알 수 있는 시간과 여유가 필요하다.

과도한 과외활동이 주는 또 다른 피해가 있다. 집안일 돕기를 소홀히 하게 된다는 것. 많은 부모들이 바쁜 아이들의 스트레스를 조금이라도 줄여주기 위해 택하는 방법은 아이에게 할당한 집안일을 대신 해주거나 가족들이 힘을 합해서 해야 하는 일거리에서 제외시키는 것이다. 맞다. 아이 혼자 힘으로 그 모든 것을 다 해낼 수는 없으니 무언가 한 가지는 희생을 해야 한다. 하지만 그 한 가지가 '집안일 돕기'가 되어서는 안 된다. 집안일을 해내는 것은 사회의 일원으로서 책임감을 배우는 기본이기 때문이다. 또, 성인이 되었을 때 실질적으로 생활에 도움이 되는 항목이기도 하다. '인생을 풍요롭게 해주는 과외활동'을 편안한 집 안에서, 돈 한 푼 안 들이고 할 수 있는 기회를 왜 놓쳐야 하는가? (우리는 이미 5장에서 아이들에게 집안일을 시켜야 하는 이유에 대해 이야기했다.)

너무 바쁜 스케줄을 쫓아다니다가 놓치게 되는 또 다른 소중한 것도 있다. 그저 즐거움을 위한 독서, 그림 그리고 공작하는 시간, 조용히 혼자 머리를 써서 노는 것(조각퍼즐 맞추기, 보드 게임, 혼자 하는 포커 등등), 공원으로 소풍 가기, 불쑥 저지르는 주말의 모험, 공상을 펼치는 시간, 그 밖에 가치를 따질 수 없는 여러 가지 경험들.

아이들은 금방 자란다. 우리는 어느 날 두리번거리며 '내 어린 아이는 어디로 가버렸나' 하고 의아해할지도 모른다. 그리고 조금만 더 시간이 있었으면 하고 바랄지도 모른다. 매일같이 반복되는 일상에 지쳐서, 우리는 너무도 쉽게 아이들과 함께하는 시간의 소중함을 잊고 산다. 만약 당신의 아이가 아직도 당신에게 매달려 함께 무언가를 하고 싶어 한다면 그 기회를 꼭 붙잡고 최대한 누리길 권한다. 부엌 창문 밖으로 아이가 잔디 깎는 모습을 지켜보는 것조차 얼마나 소중한 기쁨이었는지 곧 느끼게 될 날이 올 테니까.

과외활동에 등록하기 전에 생각해볼 것들

요즘엔 아이들을 방과 후 활동에 등록시키는 것이 상식처럼 되어버렸다. 많은 부모들이 아이들을 '위험한' 집 밖에서 놀게 하느니 보호자가 있는 과외활동을 선호한다. 그리고 장차 대학 입시나 실생활에서 '경쟁력 있는' 인재가 되도록 아이들을 지금부터 준비시켜야 한다는 무언의 압력이 부모들을 짓누르는 것도 사실이다. 그뿐인가? 대부분 부모들이 일을 하다 보니 학교 수업이 끝나는 시간부터 퇴근 시간까지 아이를 맡기기에도 과외활동이 편하다. 또 어떤 아이들은 학교가 끝나고 나면 함께 놀 친구들이 하나도 없기 때문에(다들 과외활동으로 바쁘니까) 울며 겨자 먹기 식으로 이런저런 활동에 등록하기도 한다.

하지만 아이들을 과외활동에 등록시키기 전에 '내가 왜 아이에게 이걸 시키려 하는 걸까?' 하고 스스로에게 질문을 던져보자. 솔직히, 왜? 당신 아이가 축구팀에 들어가거나 기타를 배우고 싶다는 열망에 타오르고 있어서? 만약 그렇다면 완벽하다! 두말할 필요도 없이 거기 등록을 시키면 된다. 하지만 그런 이유에서가 아니라면 당신이 아이를 그 활동에 등록을 시키려 하는 진짜 이유는 따로 있을 것이다. 책의 앞부분에서 이미 살펴본 적이 있지만 여기서 한 번 더 그 이유들에 대해서 생각해보자.

- 혹시 당신이 어린 시절 채우지 못했던 특정 욕구(미술, 스포츠, 음악 등등)를 아이를 통해서 보상 받으려는 것은 아닌가?
- 혹시 아이에게 여러 가지 과외활동을 시키는 것이 더 좋은 부모가 되는 길이라고 생각하고 있는가?
- 혹시 '낙오자 공포'에 시달리고 있는 것은 아닌가? 그러니까, 당신

의 아이가 '인정받는 학생'의 대열에서 이탈할까봐, 그래서 당신도 '인정받는 학생의 엄마' 대열에서 제외 당할까봐 두려운 것은 아닌가?
- 혹시 특정한 스케줄 없이 텅 빈 시간(그것도 지루해할 것이 뻔한 아이와 함께 보내야 하는)에 불안함을 느끼기 때문인가?

이 질문들에 '예'라고 답했다고 해서 죄책감이나 당혹감을 가질 필요는 전혀 없다. 당신이 느끼는 스트레스에 우리도 고스란히 노출되어 있으니까. 우리는 누구나 우리 아이들에게 멋진 경험을 선사하고 싶어 한다. 하지만 우리가 '왜' 특정 활동을 선택하는가에 관해 스스로에게 솔직해질 때, 가족 전체를 위한 더 나은 선택을 할 수 있다.

아이가 무엇에 흥미를 느끼고 소질이 있는가?

어떤 걸 '재미있고', '신나게' 느끼는가는 아이마다 다르다. 당연한 이야기 아니냐고? 글쎄. 그렇다면 왜 우리는 그토록 쉽게 '아이들이 악기 하나씩은 꼭 배워야 한다'는 일반론에 빠져드는 것일까? 친구에겐 음악교실이 신나는 곳일지 몰라도, 내 아이에겐 그곳이 끔찍한 악몽일 수도 있다.

과외활동 스케줄을 짜는 것도 마찬가지다. 매일 스케줄을 바꿔서 다양한 활동을 하고 싶어 하는 아이가 있는가 하면, 틀에 맞춰진 활동을 별로 좋아하지 않는 아이도 있다. 혹은 뭔가 새로운 것을 배우는 자체를 거부하는 아이도 적지 않다.

아이의 말에 귀를 기울이자. 당신이 시키고 싶은 활동보다 아이가 원하는 활동을 우선 선택하자. 아이가 하고 싶어 하지 않는데도 당신이 억지로 등록을 한다면 결과는 좋지 않을 것이 뻔하다. 열린 마음으로 아이와 대화하다 보면 당신이 미처 생각지도 않았던 분야에 아이가 관심을 갖고 있다는 사실을 발견하게 될지도 모른다.

아샤 우리 아이들은 둘 다 방과 후에 자유롭게 지내고 싶어 했다. 그래서 나는 아이들의 방과 후 활동에 크게 신경을 쓰지 않고 지냈다. 그런데 어느 날, 미라바이가 날 놀라게 했다. 둘이서 서로의 관심사에 대해 이야기하고 있던 중 아이가 불쑥 "난 살아오는 동안 쭉 바이올린을 배우고 싶었어요!"라는 말을 했기 때문이다('살아오는 동안 쭉'이라고? 그때 미라바이는 여덟 살이었다). 사실, 우리 가족들이 음악을 사랑하는 것은 맞다. 남편도 만돌린을 배운 적이 있다. 하지만 (최소한 나에겐) 딸이 바이올린에 흥미가 있었다는 건 금시초문이었다. 분명 그 전엔 한 번도 그런 이야기를 한 적이 없었다. 나는 아이의 말에 "호오~" 하는 감탄사를 냈지만, 그렇다고 당장 음악학원으로 달려가 등록을 하지는 않았다. 어린아이의 '흥미'라는 게 금방 식을 수 있는 것이기 때문이다. 그런데 일주일이 지난 후에도 딸은 조용하고도 끈질기게 내게 물어왔다. "엄마, 바이올린 대여점이랑 선생님 알아봤어요?" 두 달이 지난 뒤, 딸이 그때까지 내게 바이올린 이야기를 꺼내는 것을 확인한 뒤에야, 나는 행동에 착수했다.

그때 마침 운이 좋게도 우리에겐 금전적, 시간적 여유가 있었다. 그때까지 딸은 어떤 과외활동도 하지 않고 있었기 때문이다. 우리는 가까운 곳에 사는 바이올린 선생님을 물색했고, 미라바이는 그때부터 지금까지 싫증내지 않고 계속 연주해오고 있다. 딸은 항상 신나게 바이올린을 배우러 간다. 그 선택이 스스로의 것이었으니까.

아이들이 원하는 활동을 찾아서 시키기란 말처럼 쉽지가 않다. 일단, 아이들은 왜 자신이 그것을 하고 싶은지를 제대로 말로 표현하지 못하기 때문에 부모가 납득하기 힘들다. 아이가 하기 싫어하는 것을 억지로 시키고 싶은 마음도 없지만, 아이 스스로도 확신이 없는 활동을 무턱대고 시키고 싶지도 않은 것이다. 그래서 그것은 과학이라기보다는 예술에 가깝다.

크리스틴 로렐을 위해서 방과 후 활동을 고를 때, 나는 분명하고도 명확한 기준을 세우려고 노력했다. 끊임없이 '왜?'라고 스스로에게 질문하는 것도 잊지 않았다. 내가 어렸을 때, 나는 방과 후 활동들이 모두 너무나 매혹적으로 보여서 모든 것을 다 하고 싶었다. 하지만 우리 부모님은 내게 어떤 것도 하게 해주시지 않았다(음악 레슨만 빼고. 음악을 배우는 건 '생산적인' 일이라고 생각하셨기 때문에). 그 이유는 분명했다. 우리 집엔 형제들이 너무 많고 예산은 늘 빠듯했기 때문이다. 그래서 로렐이 초등학교에 들어가고 가지각색의 과외활동

옵션들이 눈에 띄기 시작하면서, 나는 내 딸에게 신세계를 열어주고 싶은 마음에 부풀었다. 무엇이든, 몇 가지든, 하고 싶은 대로 다 하게 해주리라.

하지만 어처구니없게도 로렐은 '그 어떤 활동도' 하기를 완강히 거부했다. 아주 오랜 시간 동안 말이다. 처음에는 나와 남편이 간곡하게 설득해서 겨우 수영 교실과 스케이트 교실에 등록시키긴 했지만 결국엔 그마저도 포기해야 했다. 로렐은 그곳으로 가는 내내, 그리고 수업시간 내내 울고 거의 발작을 일으켰던 것이다. 그 모습을 지켜보는 나는 착잡하기 그지없었다. 그곳에 함께 모인 다른 아이들은 모두가 신이 나서 뛰어다니는데, 그 한가운데 서서 오로지 내 아이만 흐느끼고 있는(조용히 울다가 자지러지며 엉엉 울다가를 번갈아서) 모습은 기묘하기까지 했다.

우리는 마침내 두 손을 들었다. 그리고 아이에겐 가능한 옵션만을 제시해줄 뿐, 최후의 선택은 전적으로 아이에게 맡기기로 결심했다. 그 뒤로도 오랫동안, 로렐의 학교에서 새로운 방과 후 활동에 대한 알림장이 날아올 때마다 나는 기대를 품고 아이의 의사를 타진했지만, 돌아오는 아이의 대답은 변함없이 "싫어"였다. 그러다가 어느 날 마침내 한 가지 활동에 "좋아요"라고 답했다. 바로 축구였다. 로렐은 축구에 놀랄 만한 열정을 보이며 그날 당장 스포츠용품점으로 달려가 신발과 바지를 사고, 지금까지 즐겁게 축구 연습에 참여하고 있다.

로렐이 활기차게 축구장 안을 뛰어다니는 모습을 보면서 나는 한 가지 깨달은 것이 있다. 특정한 활동에 적응할 수 있는 '몸'을 만들기까지 다른 아이들보다 시간이 오래 걸리는 아이도 있다는 사실이다. 그러다가 어느 날 갑자기 부모조차 전혀 생각지도 못했던 분야에서 재능과 흥미를 드러내곤 한다. 내 딸 로렐이 그랬듯이. 늘 인내를 갖고 기다리는 것이 중요하다.

너무 의욕이 넘치는 아이들

어떤 아이는 스스로 뭘 하고 싶은지 찾는 데 긴 시간이 걸리는가 하면, 또 어떤 아이는 처음부터 의욕과 재능에 넘쳐 이것저것 모두 하고 싶어 한다. 만약 당신의 아이가 후자에 해당한다면 — 수석 바이올린 연주자와 체조 스타를 동시에 꿈꾸는 아이라면 — '미니멀 육아'를 지향하는 부모로서 어떻게 해야 할까? 아이가 과외활동에 더 심취할수록 가족들과 함께하는 시간이 줄어들고, 당신의 시간적, 경제적 여유도 사라지게 될 것은 뻔한 일인데 말이다.

아이들에게도 내면의 버스 드라이버를 찾도록 해주자
아이들에게 스스로의 열정과 재능이 어느 곳에 있는지 찾도록 해주는 것은 무엇보다 중요한 일이다. 부모도 모르고 있었던 재능을 아이 스스로는 자각하고 있을 수도 있다.

만약 당신의 아이가 한 가지 방면에 출중한 재능을 보이고 흥미를 느낀다면 마땅히 최선을 다해 뒷바라지해줄 것을 권한다. 당신과 가족들이 감당할 수 있는 한도 내에서 말이다. 많은 시간과 노력을 요구하는 '어떤 것'을 부모의 격려 속에서 해나가는 경험은 아이를 부쩍 성장시켜줄 수 있다. 하지만 그 노력이 헛된 것이 되지 않도록 하기 위해 우리가 기억해야 할 것이 있다. 아이 인생의 버스 운전대를 잡으려는 유혹을 떨쳐버려야 한다.

엄마의 과도한 욕심은 아닌가?

아이가 무언가에 소질을 보이고, 재미를 느끼면 엄마로서 그 재능을 키워주고 싶은 것은 당연한 일이다. 하지만 어느 순간 우리는 너무 쉽게 아이를 몰아붙이고 만다. 더 열심히, 더 많이 해서 최고가 되라고, 그래서 '타고났다'는 소리를 듣게 하고 싶어서 조바심을 낸다.

당신의 아이가 어떤 성격이냐에 따라 그에 대한 반응도 나뉜다. 엄마의 기대에 순응해서 한눈 팔지 않고 열심히 하는 아이도 분명히 있다. 하지만 점점 지쳐서 억지로 마지못해 하는 아이도 있고, 부담이 느껴지는 순간 "됐어, 나 안 해!"를 외치는 아이도 있다.

무언가를 마스터하기 위해 노력하는 일은 기쁨과 만족을 동시에 준다. 그리고 아이들이 슬럼프에 빠져 있을 때 부모가 격려해주고 사랑의 채찍질을 하는 것은 분명 현명한 일이다. 하지만 당신 내면의 버스 드라이버의 말을 듣기보다는 아이들의 삶을 운전하는 드라이버의 말을 우선 존중해주어야 한다. 당신의 욕심이 버스를 벼랑으로 몰고 가고 있지는 않은가? 이제 브레이크를 밟을 때다.

언제 '조금 더!'를 외쳐야 하는가?

아이가 흥미를 보이는 과외활동에 등록하고, 꼬박꼬박 태워다 주고, 돈도 적지 않게 투자해서 뒷받침을 해주었다고 치자. 그리고 아이도 그 활동을 '정말로' 좋아하고 잘한다. 그런데 어느 날 갑자기, "나 그만둘래"라고 선언한다면? 끈기를 가지고 계속하라고 격려해줘야 할지, 순순히 그만두게 해줘야 할지 정말 난감하다.

누구라도 '중도 포기자' 딱지를 붙이고 싶어 하지는 않을 것이다. 하지만 때로 아이들은 어떤 활동을 조금 시도해보다가 자신에게 맞지 않는다는 것을 발견하고는 흥미를 잃기도 한다. 어른들도 마찬가지 아닌가? 야심차게 시작한 취미생활이나 프로젝트라 하더라도 얼마 안 가 그만두기도 하는 것처럼 아이들에게도 이런 '조정기간'이 필요하다. 그런가 하면, 아이들은 작은 난관에도 쉽게 좌절해서 그 활동 자체를 그만두고 싶어 할 때도 있다. 그럴 땐 용기를 북돋워주어야 한다. 알다시피, 일단 그 작은 고비만 넘기고 나면 또다시 열정에 불이 붙기 때문이다. 상황에 따라 다르겠지만, 아이가 그만두겠다고 하는 활동을 계속하도록 설득하기 전에 스스로에게 물어보는 것이 좋다. '나는 왜 아이에게 이걸 계속 시키려 하는가?' 그리고 '아이가 이걸 그만두고 싶어 하는 진짜 이유는 무엇일까?'

크리스틴 나는 초등학교 3학년 때부터 학교 프로그램으로 바이올린을 배웠다. 부모님은 나를 위해 악기 대여점에서 바이올린을 하나 빌려주셨지만 개인 레슨 선생님까지 붙여주실 여유는 없으셨기 때문이다. 내가 이렇게라도 바이올린을 배우게 된 데에는 엄마의 영향력이 컸다. 엄마는 젊은 시절부터 바이올린을 각별히 사랑하셨다. 그래서 간호학교에 다니던 시절, 근사한 바이올린을 사놓기까지 하셨지만 끝내 그 악기를 배울 기회는 잡을 수 없었다(간호학교를 졸업하자마자 아버지와 결혼했고, 줄줄이 아이들을 낳아 키우셔야 했기 때문에). 나는 드디어 과외활동에 참여하게 된 것이 마냥 기쁘기만 했다.

매주 바이올린 케이스를 들고 학교에 가고, 나의 음악적 재능을 뽐내는 것이 당시의 나에게는 너무나 자랑스러운 일이었다. 하지만 생각만큼 연주 실력이 빨리 늘지 않아서 조바심을 치기도 했다. 지금 생각해보면 그건 순전히 내 성격 탓이었다. 그때나 지금이나, 나는 일단 무언가를 시작하면 '전문가' 소리를 들어야 직성이 풀리는 성격이다. 그것도 초고속으로. 그런 성격이었던 내가 일주일에 딱 하루 있는 학교 프로그램으로 성이 찼을 리가 없었다.

5학년이 끝나갈 무렵, 나는 엄마에게 바이올린을 그만두겠노라고 선언했다. 우리는 그 문제에 관해 피 튀기는 언쟁을 벌였다. 말 그대로 '피 튀기는' 언쟁이었다. 내가 그만두겠다고 하는 데는 두 가지 주된 이유가 있었는데, 첫 번째는 연주 실력이 빨리 안 늘어서 답답하다는 것이었고 두 번째는 내 친구들이 모두 6학년 때부터는 합창단에 들어가기로 했다는 것이었다. 나는 겨우 사귄 그 친구들의 그룹에서 빠지지 않기 위해 안간힘을 쓰고 있던 참이었다.

그다지 따뜻하고 느긋한 어투로 말씀하신 것은 아니었지만, 그때 엄마가 하신 말씀의 요지는 '넌 바이올린을 그만둘 수 없어'였다. "네 친구들이 다른 걸 선택했다고 해서 네가 재능 있는 분야를 포기한다는 게 말이 되니? 실력이 빨리 늘지 않는 것이 문제라면 엄마가 어떻게 해서든 개인 레슨 선생님을 구해주도록 하마." 나는 엄마가 내게 바이올린을 강요하는 것 같아 무척 화가 났지만, 결국은 엄마의 뜻에 따르기로 했다.

아직도 그때 엄마가 어떻게 그 돈을 마련하셨는지 모르겠다. 하지만 어쨌든 말씀하신 대로 6학년 초부터는 일주일에 한 번씩 개인 레슨을 받게 해주셨고, 나는 빠른 속도로 또래 아이들을 따라잡았다. 그리고 오디션을 봐서 쟁쟁한 오케스트라의 일원으로 활동하기도 했다. 나는 너무나 행복했다. 고등학교 때에는 오케스트라의 솔리스트를 맡았고, 대학 시절에는 ─ 조금도 떨지 않고 ─ 바이올린 독주회를 열기도 했다. 대학원에 다니면서도 준프로급의 오케스트라에서 꾸준히 활동을 했다.

지금은 바이올린 연주를 하지 않는다. 하지만 그때 엄마가 바이올린을 계속하도록 야단 쳐주셨던 것은 두고두고 감사하게 생각하고 있다. 엄마는 내가 미처 발견하지 못했던 재능을 알고 계셨고, 내가 변덕을 부릴 때마다 옆에서 힘이 되어주셨다.

과외활동에 선 긋기

만약 아이가 의욕에 넘쳐 모든 활동에 참여하고 싶어 한다면, 이렇게 말해주자. "그 활동들을 하는 건 너 혼자만의 문제가 아니란다. 네 형제들, 친구들, 엄마, 아빠와도 모두 관련된 일이야." 가정 경제의 담당자로서, 집안 대소사의 주역으로서, 매일 교통편을 제공하는 운전사로서 우리는 그만한 말을 할 권한이 있다. 아이의 방과 후 활동 스케줄은 다른 가족들 모두를 고려해서 짜야 한다.

아이가 원하는 것을 경험하고 배우기 위한 시간은 앞으로도 충분히 있다. '지금 당장' 그 모든 것을 탐험하려 들지 않아도 된다. 흥미 있는 활동 몇 개쯤은 지금 하고 있는 활동이 싫증났을 때를 대비해서 미뤄두는 편이 좋을 수도 있다(그 프로그램이 다음 학기에 없어지는 것은 아니니까).

방학 특별 대책

많은 부모들이 방학 스케줄 때문에 골머리를 썩인다. 방학 내내 하는 일 없이 아이들이랑 집 안에 박혀 있게 되면 어쩌나? 아이들이 방학 동안 학교에서 배운 걸 다 잊어버리면 어쩌나?

방학 스케줄을 미리 계획하는 것은 바람직한 일이다. 만일 당신이 풀타임으로 집 밖에서 일을 하고 있다면 특히나 중요할 것이다. 하지만 '완벽한' 방학 계획을 짜느라 너무 고심할 필요는 없다. 상황에 따라 활용 가능한 방학 프로그램은 얼마든지 있다. 정 안 되면 육아 도우미를 고용하든가 아이들의 친구 집에 더 자주 놀러 보내는 방법도 있으니까 말이다. 지나치게 계획에 집착해서 스스로를 달달 볶지 말자. 그저 '방학이니까, 뭔가 새로운 걸 해야 하니까' 하는 강박관념에 수십만 원이

예금계좌에서 빠져나가는 걸 보고 싶지 않다면 말이다.

크리스틴 로렐은 초등학교에 들어가기 전까지 일주일에 3일씩 놀이방 종일반에 다녔다. 그 놀이방은 1년 내내 운영되었다. 그러다가 아이가 학교에 입학하고 학교 스케줄 달력을 받는 순간, 나는 조금(솔직히 아주 많이) 당황할 수밖에 없었다. 세상에, 수업시간은 유치원 수업보다도 짧고, 여름방학은 한 달이나 되었다! 그래서 나는 학기가 시작되기 전에 부랴부랴 여름캠프부터 여러 개 등록했다. 그건 순전히 내 스케줄에 맞추기 위한 행위였음을 인정한다. 아이에게 미리 상의하지는 않았다.

학기가 시작되고 얼마 지나지 않아, 로렐이 등하교시간에 엄청나게 애를 먹인다는 사실을 알게 되었다. 여름캠프가 시작되고 2주 내내, 아이는 아침마다 캠프에 가지 않겠다고 울며 버텼다. 이렇게 스트레스로 가득한 채 아침을 맞으면, 그 여파가 하루 종일 계속된다는 게 문제였다(예를 들어, 다음날 아침 캠프에 갈 일이 마음에 걸려 밤에도 잠을 안 자고 칭얼거렸다).

그 2주일은 내 인생에서 가장 긴 2주였다. 캠프의 후반부 2주 프로그램이 취소되었을 때(원래 4주 프로그램이었다) 나는 차라리 기뻤다. 나는 로렐에게 앞으로 남은 시간 동안 뭘 하고 싶은지 물었다. 아이는 한 치의 망설임도 없이 대답했다. "집에 있을래요."

그래서 나는 로렐을 위해 예약했던 다른 캠프들을 다 취소해버렸다(참가비도 돌려받았다). 그 대신 육아 도우미를 고용했다. 로렐은 뛸 듯이 기뻐했다. 그 뒤로 집에서 조용히 안심하고 보낸 시간들이 그동안 캠프에서 시달렸던 아이의 신경을 진정시켜주었다. 다시 학기가 시작되던 첫날, 나는 속으로 로렐이 부릴 난리법석에 미리 대비하고 있었다. 하지만 예상했던 일은 일어나지 않았다. 마치 마법의 스위치를 켠 것 같았다. 로렐은 조금 긴장한 듯 보였지만 그건 다른 아이들도 마찬가지였다. 아이가 나를 돌아보더니 힘내라는 듯 손을 흔들고 미소를 지으며 교실을 향해 성큼성큼 걸어갔다. 그 순간, 아이 대신 내가 울고 말았다.

결론적으로 말하자면, 방학은 아이들에게 돈을 버는 경험, 혹은 공동체에 참여하는 경험을 하게 해주는 교육적인 시간이 될 수 있다. 아이들이 레몬에이드 판매대를 만드는 것을 도와주자. 좀 더 큰 아이들을 위해서는 자원봉사 활동이나 아르바이트 활동에 참여할 수 있도록 해주자. 이렇게 일을 해보고 공동생활을 해보는 것은 아이들이 성장하는 데 비할 수 없는 자양분이 된다. 비록 그들이 그런 활동에 참여하는 것이 반드시 쉽진 않겠지만(쉽지 않다면 더더욱) 말이다.

신중하게 잘 선택하기만 한다면, 이러한 과외활동은 아이들의 교육에 굉장한 도움이 될 수 있다. 물론 당신이 그것들은 '옵션'에 불과하다는 사실을 기억하는 한 말이다.

chapter
11

균형 잡힌
식단에 대한
환상을 버려라

MINIMALIST PARENTING

아이를 키우는 데 있어서 '먹이기'는 기본이 된다. 우리는 모두 먹어야 하고, 그 행위를 즐길 권리가 있다. 그런데 최근 들어서 소아 비만과 영양 불균형이 사회 문제로 떠오르면서 가족들을 위한 식사를 준비하는 문제가 부쩍 어렵게 느껴지기 시작했다. 미디어에서는 건강 식단과 집에서 만든 음식의 중요성에 대해 떠들면서 우리의 부담을 가중시킨다. 그 '균형 잡힌' 식단이라는 것을 차려내는 데 드는 엄청난 시간은 둘째 치고, 가족의 식사를 책임진다는 것 자체가 길고 긴 '할 일 목록'을 제공하게 되었다.

식사 메뉴를 선택하고, 그 메뉴에 필요한 재료들을 사고, 준비하고, 그렇게 준비한 음식들을 함께 즐기는 것은 가정생활의 중심이라 할 수 있다. 그렇기 때문에 집에서 먹는 밥은 '몸에 영양을 공급하는 것' 이상의 의미를 지닌다.

　식사를 준비하는 과정을 매끄럽게 만들고, 현실적이면서도 영양 가득한 음식을 준비하며, 그 모든 과정에 재미를 덧붙인다면 가족들과 함께하는 식사가 더욱 즐거워질 것이다.

미니멀한 식사 준비란 무엇인가?

우리는 먹는 걸 좋아한다. 정말 정말 좋아한다. 하지만 다른 한편으로는 부엌에서 그 음식들을 만드는 게 귀찮기도 하다. 게다가 요리를 하다 보면 늘 스스로 무언가 부족하다는 느낌에 시달리게 된다. 미디어에서 권하는 영양 기준이 늘 바뀌기 때문에 '올바른' 영양 균형을 맞추려면 식품영양학 학위라도 따야 하는 게 아닐까 싶기도 하고, 일주일에 다섯 번 근사한 요리를 차려내기 위해서는 요리사 자격증 1년 코스에 등록해야 하나 싶기까지 하다. 하지만 그건 현실적인 방안이 아니다!

식품영양학자들이 떠드는 모든 영양소들을 포함하지 않아도, 또 5성급 호텔 주방장들이 권하는 레시피를 따라하지 않고도 가족들과 함께하는 식사시간을 충분히 건강하고 즐거운 것으로 만들 수 있다. 우리 가계의 식료품 예산을 초과하지 않고도 말이다.

당신은 음식을 어떻게 생각하는가?

다음 주 식단을 짜기 전에, 몇 분만 시간을 내어 스스로에게 물어보자. '나는 음식에 대해서, 요리하는 것에 대해서 어떻게 느끼고 있을까?'

- 직접 요리하는 것을 즐기는가, 아니면 '데우기만 하는 것'을 선호하는가, 아니면 테이크아웃 하는 것을 좋아하는가?
- 먹는 행위 자체를 즐기는 스타일인가, 아니면 그럭저럭 영양소가 들어 있는 음식이면 아무거나 좋다고 생각하는가?
- 식료품점에서 쇼핑하는 것을 즐거워하는가, 아니면 귀찮은 일거리일 뿐이라고 생각하는가?
- 특별히 요리하기 좋아하는 음식이 있는가(아침을 든든하게 요리해서 먹는 걸 좋아한다든가, 석쇠구이의 달인이라든가)?
- 식사를 미리 계획해서 준비하는 것을 좋아하는가, 아니면 그때그때 떠오르는 대로 요리하는 것을 좋아하는가?
- 당신의 남편(혹은 동거인)은 위 질문들에 어떻게 답할까?

위 질문들에 정답은 없다. 요리를 하면서 느긋하고 즐거운 기분을 느낀다면 물론 멋진 일이다. 하지만 요리가 적성에 맞지 않는다고 해서 죄책감을 가질 필요도 전혀 없다. 현대 사회에는 당신이 부엌에 들어가지 않고도 가족들을 훌륭하게 먹일 수 있는 방법들이 얼마든지 있으니까. 모든 일은 당신의 개성과 취향을 아는 것에서부터 시작된다.

우리 가족의 상황을 알자

현실적으로 잠시 생각해보자. 당신과 당신 가족에게 저녁식사 시간이란 어떤 의미인가? 예를 들어, 오후 5시 30분에 놀이방에서 아이들을 데려가는 맞벌이 부부의 저녁시간과, 4살 미만의 세 아이를 엄마가 집에서 돌보는 외벌이 부부의 저녁시간은 틀림없이 많이 다를 것이다.

당신 가족의 현 상황을 알기 위해 아래 질문에 답해보자.

- 당신과 남편은 보통 몇 시에 집에 돌아오는가? 둘 다 일을 하기 때문에 무언가를 사와서 빨리 먹고 치우는 편인가, 어느 한쪽이 더 일찍 퇴근해서 저녁을 준비할 수 있는 상황인가, 아니면 누군가는 늘 저녁시간을 넘겨 집에 들어오는가?
- 아이들은 밥 먹을 때 얼마나 손이 많이 가는가? 아직 아기의자에 앉아서 이유식을 먹는 단계인가, 아니면 와플은 손수 잘라서 먹고 우유도 자기 손으로 따라서 먹는 단계인가?
- 방과 후 활동은 어떤가? 저녁시간 전까지의 시간들은 아이들을 과외활동에 태워다 주는 일로 가득 차 있는가? 아이들이 저녁식사 시간까지 집에 돌아오기는 하는가?
- 가족 중 식사에 특별히 신경 써야 하는 사람이 있는가(알레르기나 질병 등)?

각 가정마다 대답은 제각각일 것이다. 이 질문들에 답하면서 자신들의 일과를 다시 살펴보고, 일하는 시간이나 아이들의 방과 후 활동 스케줄을 좀 조정해야겠다고 느꼈을 수도 있다. 아니면 지금 상태에 만족할 수도 있다. 가족들이 모두 '둘러앉아' 도란도란 저녁식사를 즐기는 것은 분명 아주 중요한 삶의 일부분이다. 하지만 그런 저녁식사를 하지 못한다고 해서 끈끈한 가족관계를 포기해야 하는 것은 아니다.

식사를 계획하기

이제 우리는 스스로의 음식과 요리에 대한 태도, 그리고 가족의 상황을 좀 더 잘 알게 되었다. 지금부터는 가족들을 잘 먹일 수 있는 미니멀한 방법들에 관해 살펴보도록 하자.

되도록 심플하게!

식료품점이나 슈퍼마켓에 갈 때 아무 계획 없이 가면, 한 시간 동안 장을 봐와도 집에 와보면 먹을 게 하나도 없는 것처럼 느껴진다. 시리얼 바, 사과, 브로콜리, 우유는 따로 떼어놓고 보면 다 그럴듯한 음식들이지만 그것들을 함께 요리해서 한 끼 식사를 마련하기는 조금 애매한 것이다.

식사 메뉴를 미리 계획하는 것은 단 몇 분이면 충분하다. 하지만 그 몇 분이 스트레스와 시간을 확 줄여줄 수 있다. 그걸 알면서도 번번이 무계획으로 갈 때가 많다. 일단 이렇게 한 번 해보자. 식료품을 사러 가기 전에 일주일치 식단을 계획하는 것이다. 당신이 그때그때 즉흥적으로 요리하는 것을 즐기는 타입이라 해도 기본적인 계획을 갖고 있으면 아무래도 시간적, 심리적 스트레스가 덜어진다. 종이 한 장에 어떤 음식을 만들고 싶은지 적어보자(아샤는 쇼핑 목록의 뒷면을 활용한다).

스케줄을 체크한다

가족들이 가장 바쁜 날은 무슨 요일인가? 그런 날엔 남은 음식을 먹거나, 슬로우 쿠커로 만든 음식을 먹거나, 테이크아웃 해서, 혹은 아주 간단히 만들 수 있는 음식을 먹는다.

간단한 음식도 괜찮다

복잡한 전채 요리, 예쁘게 장식된 사이드 디시, 홈메이드 디저트를 차려낼 필요는 없다. 그저 간단한 요리 — 파스타, 살짝 간을 한 고기찜, 야채볶음 등 — 면 충분하다. 조리하기 쉽고, 누구나 좋아하는 음식들이 아닌가! 그리고 거기에 한 접시의 야채나 과일, 꼬마당근 한 그릇, 아니면 밥 한 그릇을 곁들여내면 훌륭한 풀코스 식사가 된다. 일주일에 몇 끼 정도는 냉동식품이나 포장음식으로 해결해도 좋다.

식사 계획은 가족들과 함께

결국 우리가 준비한 음식을 먹을 사람들 — 가족들 — 과 함께 식사를 계획하고 준비해보자. 그러면 식사에 대한 모든 책임을 혼자 떠맡지 않아도 되니 좋다. 매주 가족들에게 뭘 먹고 싶은지 물어보자. 이 '설문조사'의 좋은 점은 한동안 잊고 있었던 메뉴(가족들이 좋아하지만 오랫동안 식탁에 오르지 않았던 음식)를 누군가가 떠올릴 가능성이 많다는 것이다.

일주일치 식단을 가족들에게 공개한다

눈에 잘 띄는 곳에 한 주일의 식단을 적어서 붙여놓자. 크리스틴은 부엌에 있는 게시판을 활용한다. 봉투의 뒷면에 적어서 냉장고에 붙여놓아도 좋고, 벽에 포스트잇으로 붙여놓아도 좋다.

같은 메뉴가 반복되어도 좋다

만약 어떤 음식을 가족들이 좋아한다면, 그 음식을 다시 준비하면 된다! 그날의 메뉴를 미리 아는 것을 싫어하는 가족들은 거의 없다. 좀 구식이긴 하지만 여전히 편리한 '오늘의 메뉴' 시스템(월요일은 '파스타의 날', 화요일은 '닭고기의 날' 등등)을 이용하는 것도 좋다. 일주일치 메뉴를 정해두고 계속 반복하는 것도 훌륭한 방법 아닌가?

아샤 이 책을 쓰는 동안, 나는 일주일 식단을 계획하는 데 드는 시간과 창조적인 노력을 확 줄여야 했다. 그래서 간단한 메뉴들을 매주 반복하는 방법을 활용했다. 아이들은 가끔씩 내가 준비한 음식들을 보고 뚱한 반응을 보였지만, 엄마가 지금 일 때문에 바빠서 식사 준비를 예전처럼 정성껏 하기 힘들다는 사실을 이야기해주자 고개를 끄덕였다. 아이들도 상황에 따라서는 자신의 욕망을 양보하는 법을 알게 된 것이다. 물론 기뻐서 날뛰지는 않았지만.

점심 식사도 중요하다

당신을 위해서도, 아이들을 위해서도 점심 식사를 계획하는 것은 중요하다. 식료품 구입 목록에 점심 식사를 위한 아이템을 빠뜨리지 말자.

과일과 야채는 항상 넉넉하게 사둔다

우리는 모두 좀 더 많은 야채와 과일을 섭취할 필요가 있다. 딱히 필요하지 않다 하더라도 늘 야채와 과일은 충분히 사도록 하자. 간식으로 먹어도 좋고, 남은 음식을 조리할 때 곁들여도 좋으니까 말이다. 아무래도 싱싱할 때 그것들을 먹을 수 있을 것 같지가 않다면 양질의 냉동야채를 사두는 것도 방법이다.

한꺼번에 많이 만들어둔다

고깃국이나 수프, 스튜, 야채볶음 등은 한 번에 많이 만들어두면 유용하다. 요리할 때 조금 더 만드는 것은 간단하지만, 보관해두면 한 끼 식사로도 훌륭하지 않은가! 넉넉하게 만들어서 얼려두면 급할 때 요긴하게 쓸 수 있다.

식료품 쇼핑의 흐름을 만들자

일주일치 식단을 계획했다면 이제 슈퍼마켓으로 향할 시간이다. 그 전에 기억해야 할 몇 가지를 정리해보았다.

'사야 할 것' 목록 챙기기

일단 식사 계획이 잡혀 있다면 쇼핑 목록을 만드는 것도 한결 쉬울 것이다. 매주 새로운 목록을 작성해서 주재료와 그 밖에 곁들일 거리들을 보충해서 쓰는 것도 좋고, 미리 만들어두었던(지난주에도 썼던) 쇼핑 목록을 미리 뽑아 붙여놓는 것도 좋다. 그렇게 하면 가족들이 누구라도 자신들이 먹고 싶은 재료들을 첨가해서 써 넣을 수 있어 편리하다.

아샤 나는 쇼핑 목록을 냉장고에 붙여놓고 가족들에게 각자 먹고 싶은 것들을 써 넣으라고 권한다. 그리고 식료품점에 가서 딱 그 목록에 적힌 품목들만 사 가지고 온다. 이렇게 하면 일주일치 식비를 줄일 수 있을 뿐만 아니라, 아이들에게 원하는 것을 스스로 판단해서(꼭 필요하다고 생각되는 것만) 목록에 올리는 법을 가르쳐줄 수 있어서 좋다. 나중에 아이들이 커서 독립하게 되면 스스로 일주일치 장을 볼 때도 유용하게 쓸 수 있을 테고 말이다.

장보기는 일주일에 한 번씩만

일주일치 식단을 세워놓으면 장 보는 시간을 확 줄일 수 있다. 그 주에 필요한 식료품이 무엇인지 정확히 알고 그것을 살 수 있기 때문이다. 장을 볼 때는 모든 종류의 식료품과 주방용품을 한꺼번에 살 수 있는 매장을 고르자. 우리의 시간은 소중하니까 말이다.

건강한 즉석식품도 좋은 대안이다

건강한 즉석식품은 식사 준비에 많은 도움을 줄 수 있다. 예를 들어, 냉동야채 같은 경우, 오래 보관해도 생야채와 달리 쭈글쭈글해지거나 시들지 않을 뿐만 아니라 씻고 썰 필요도 없다. 냉동과일이나 야채는 가장 잘 익었을 때 수확해서 바로 냉동시키기 때문에 언제 먹어도 맛있다! 쌀이나 콩, 야채에 미리 만들어진 살사소스나 후무스(으깬 병아리콩에 올리브오일, 마늘, 레몬즙 등을 섞은 중동지방 음식 — 옮긴이) 등을 곁들이면 훌륭한 한 끼 식사가 된다. 아샤가 살고 있는 동네의 식료품점에서는 일주일에 한 번 유기농 닭구이를 파는데, 가격이 굉장히 저렴해서 생 닭을 사다가 직접 요리해도 그보다 싸지 않다.

아이들과 함께 장보기

아이들을 데리고 장을 보러 간다는 것은 양날의 검과 같다. 우선, 시간이 두 배로 든다. 아이들은 떼를 쓰고 불량식품을 사달라고 칭얼댈 것이다. 그리고 이리저리 뛰어다니는 아이들을 잡으러 다녀야 한다. 하지만 식료품점에 데리고 가는 것은 교육적인 측면도 있다. 아이들에게 식품의 영양가에 대해서, 돈에 대해서, 그리고 공공장소에서 의젓하게 행동하는 법에 대해서 가르쳐줄 수 있는 기회가 되기 때문이다(그리고 대부분의 아이들은 장 보러 함께 가는 것을 재미있어한다). 여기 좀 더 쉽게 아이와 함께 장을 보는 방법들을 모아보았다.

크리스틴   어느 때부터인가, 나는 장보기를 아이들과 함께하는 즐거운 활동 중의 하나로 바꿔 생각하기로 했다. 작은딸 바이올렛과 둘이 있을 때면, 장보기는 우리가 집 밖으로 나갈 수 있고 아이에게 새로운 세상을 보여줄 수 있는 좋은 구실이 된다(나는 조깅 유모차를 밀면서 신나게 장을 본다). 큰딸 로렐과 함께 있을 때면, 나는 장보기를 딸과의 애정을 돈독히 하는 기회로 삼는다. 슈퍼마켓에서 우리는 수다를 떨기도 하고, 아이가 나의 쇼핑을 도와주기도 하고, 시식 코너에서 맛있는 것을 한 입씩 먹기도 하고, 내가 아이에게 달콤한 간식거리를 사주기도 한다(놀랍게도 로렐은 과자를 사달라고 먼저 조르는 적이 거의 없다). 많은 부모들이 아이들을 데리고 장을 보러 가는 것이 뭐가 그리 재미있느냐고 의심의 눈초리를 보낸다는 걸 안다. 하지만 우리는 언제나 함께 장을 보고 나면 유쾌한 기분이 든다.

어느 비 오는 주말 오후, 두 딸과 나는 내내 집 안에 처박혀 있던 탓에 기분이 엉망이었다. 나는 아이들에게 장을 보러 가는 게 어떻겠냐고 물었다. 처음엔 로렐이 조금 저항했다. 왜냐하면 로렐은 주말 내내 새 잠옷을 입고 지내고 싶어 했기 때문이었다(로렐은 그 잠옷이 진짜 멋지다고 생각했다). 내가 로렐에게 슈퍼마켓에서 잠옷을 입어도 된다고 말해주자 아이는 결국 집 밖으로 나가는 데 동의했다.

그날 우리는 장을 보면서 굉장히 재미있는 시간을 보냈다. 그날은 바이올렛이 유모차에서 내려와 쇼핑카트에 올라탄 첫날이었기 때문이다. 로렐은 신이 나서 바이올렛이 탄 카트를 이리저리 밀고 다니며 슈퍼마켓을 구경시켜주었다. 그 모습은 너무나 사랑스러웠고, 일을 한다는 느낌이 전혀 없이 일 한 가지를 해치울 수 있었다. 집으로 돌아오는 길, 로렐은 내게 이렇게 말했다. "엄마, 이제 장을 보러 가기 전엔 꼭 저에게 함께 가겠냐고 물어봐주세요. 요전에 제가 싫다고 했던 건, 장보기가 얼마나 재미있는지 잊어버려서 그랬을 뿐이에요."

아이를 쇼핑 도우미로 임명하자

아이들은 아주 작은 것이라 할지라도 스스로 통제할 수 있는 권한을 갖는 걸 좋아한다. 장보기에 필요한 사소한 일거리들을 아이에게 위임해보자. 쇼핑 목록을 체크한다든가, 과일들을 봉지에 담는다든가(물러진 과일 한두 개를 담는다고 해서 크게 문제될 건 없지 않은가?), 커피 가는 기계를 켠다든가, 이미 산 물건들을 목록에서 지운다든가 하는 일들 말이다. 아이에게 작은 임무를 주면 장을 보는 동안 지루함도 덜 수 있고, 불량식품에 한눈을 파는 일도 줄어들 것이다.

아이에게 새로운 음식 탐험을 하게 하자

야채나 과일 코너에 가면, 아이에게 (아직 먹어본 적 없는 것들 중에서) 먹어보고 싶은 것들을 직접 고르라고 해보자. 이렇게 선택권을 주면 아이는 무엇을 골랐든 자신이 고른 야채와 과일들을 흥미를 갖고 즐겁게 먹을 것이다.

아이가 가끔 떼를 쓴다고 해서 함께 장보기를 포기해선 안 된다

공공장소에서 아이가 떼를 쓰면 부모는 미칠 지경이 된다. 하지만 아이가 한 번 떼를 썼다고 해서 매번 그럴 거라고 지레 겁을 먹을 필요는 없다. 아이가 조금 더 자라고 '슈퍼마켓 매너'를 배우면 자연히 그런 일은 일어나지 않게 된다. 아이와 함께 부딪히면서 성장해나가는 것도 의미 있는 시간이 될 것이다.

우리 지역에서 재배된 것들을 먹자

지역 주말농장 공동체에 가입하거나, 농산물 직거래 장터를 이용하거나, 텃밭에서 직접 야채를 가꾸어보자. 슈퍼마켓에서 사는 것보다는 조금 더 시간과 품이 들지 모르지만 다른 의미에서 우리의 미니멀한 식생활에 도움을 줄 수 있다.

크리스틴 지난 2년간 우리는 지역 주말농장 공동체에 가입해서 이런저런 농산물들을 가꾸었다. 나는 여러 가지 농산물을 수확하는 것이 굉장히 즐거웠고, 우리 몫을 수확하면서 로렐에게 과일과 야채가 자라고 유통되는 과정을 설명할 수 있어서 유익한 시간이었다. 게다가 직접 농산물들이 자라는 것을 본 아이들은 더 많은 야채와 과일을 먹게 되었다. 하지만 문제는 그 주말농장의 위치와 운영시간이 우리 가족의 스케줄과 잘 맞지 않았다는 점이다. 게다가 그 당시에 우리에겐 차가 한 대밖에 없었기 때문에 어느새 주말농장을 멀리하게 되었다.

나는 종종 주말농장 활동을 그만둔 것에 대해 죄책감까지 가지곤 했었는데, 그렇게 애쓰지 않고도 손쉽게 지역 농산물을 구입할 수 있는 방법이 있다는 사실을 알게 되었다. 식료품점과 연계한 지역 농산물 코너의 후원자가 될 수도 있었고, 집 근처에서 일주일에 한 번씩 열리는 농산물 직거래 장터를 이용하면 되는 일이었다.

"지역 주말농장 공동체를 가장 효율적으로 활용하는 방법은, 그날 배달된 야채는 그날 '처리'하는 것이랍니다. 그러니까, 매주 야채가 배달되는 날이면 저는 한 시간 정도를 투자해서 야채들을 씻고, 물기를 빼고, 뿌리채소들은 삶거나 굽고, 셀러리와 당근은 길쭉하게 썰어서 점심 때 먹거나 일주일치를 다져놓습니다. 샐러드를 만들 때 비트가 이미 데쳐져 있으면 얼마나 간편한지 몰라요(아기 이유식을 만들 때도 그대로 갈아넣으면 되니까 편하죠). 또 시금치를 미리 씻어놓으면 마늘과 함께 볶을 때 프라이팬에 그냥 던져 넣고 올리브오일을 부으면 되니까 정말 쉽죠. 야채가 배달되는 날 조금만 시간을 투자해서 '처리'를 해놓으면 일주일 뒤에 손도 대지 않은 야채들을 버릴 걱정도 없어요."
_스테파니아 버틀러(citymama.typepad.com)

음식을 먹는 행위는 단순하고, 영양가 있으면서도 즐거울 수 있다. 가족들의 식사 스타일과 스케줄을 점검하고, 식사를 위한 계획을 세우고, 식료품 쇼핑하는 방식에 조금 요령을 더한다면 가족들의 식사시간을 굉장히 효율적으로 '미니멀라이징' 할 수 있을 것이다. 이제 음식을 준비하고 먹으러 가보자!

chapter
12

식사시간이
즐거워지는
아이디어

MINIMALIST PARENTING

노먼 록웰(Norman Rockwell, 미국의 유명한 화가로 미국인들의 일상생활에서 주로 모티프를 얻어 작품활동을 했다 — 옮긴이)의 그림에 나올 법한, 완벽하게 세팅된 테이블에 가족들이 둘러앉아 있는 모습을 떠올린다면 곤란하다. 물론 그것은 사랑스러운 풍경이다. 음식을 나누며 가족들이 정겨운 시간을 함께 보내는 것은 삶에 힘을 주는 요소라는 것도 틀림없다. 하지만 하루하루의 일상을 매일 그런 기준에 맞춰 살아낼 수는 없는 노릇이다. 소위 '라이프스타일 매거진'이나 TV의 요리쇼에서는 그것이 가능한 일인 양 떠들어대고는 있지만 말이다.

식사시간에 대한 기대치를 낮춰보자. 준비와 장식을 최소화하고 대신 당신이 좀 더 기분 좋게 느낄 수 있도록 하는 것이다. 가족들과의 대화에 좀 더 초점을 맞추고 가족 간의 유대에 중점을 두자. 매일 저녁 같은 식탁에 앉아 가족들이 밥을 먹는다는 것 자체가 현실성이 없다고? 그래도 상관없다. 식사를 하는 행위는 즐겁고 여유 있는 것이어야 하지, 죄책감을 주어서는 안 된다는 것이 핵심이니까.

　이 장에서 우리는 음식을 준비하는 과정들에 관해 이야기할 것이다. 그리고 어떻게 하면 식사시간을 좀 더 재미있게 만들 것인가에 관해서도 다뤄보고자 한다.

식사 준비를 쉽게 하는 법

식사가 간단해질수록, 그 준비도 간단해진다. 여기 소개하는 팁들은 당신의 요리시간을 획기적으로 줄여줄 것이다.

요리 준비는 주말에 미리 해놓는다
주중에는 일하랴, 아이들 학교 보내랴, 숙제 봐주랴, 방과 후 활동에 데려다 주랴, 너무 바빠서 요리를 하기 위해 재료들을 씻고 다듬고 양념할 시간이 부족하다. 일주일치 메뉴에 따라서 주말에 미리 간단한 준비들을 해놓으면 주중에 시간을 많이 절약할 수 있다. 야채들을 채 썰어두거나, 고기에 미리 먹기 좋게 칼집을 내어놓거나, 양념들을 레시피에 맞게 계량해서 섞어놓거나 등등. 아예 일주일 분 요리의 밑준비를 다 해서 냉동실에 얼려놓는 것은 어떨까?

　　크리스틴　나는 주말이면 커다란 통에 여러 가지 야채들을 채 썰어서 담아놓곤 한다. 이렇게 해놓으면 간식이 생각날 때 쉽게 집어먹을 수 있고, 샐러드 소스만 부으면 샐러드로 쓸 수도 있고, 피자 위에 토핑으로 올릴 수도 있고, 퀘사디아의 속을 채울 수도 있고, 어떤 요리든 만능으로 쓸 수 있기 때문이다.

정성이 담긴 식사는 주말에

좀 더 손이 많이 가고 시간도 많이 걸리는 요리를 계획하고 있다면, 주말이 어떨까? 주중보다는 훨씬 시간 여유가 있을 테니 말이다. 그리고 할 수만 있다면 넉넉하게 만들어서 바쁜 주중에 활용해보자.

한 번 정한 식단에 대해서는 일관성을 갖는다

많은 가정의 식탁에서 실랑이가 벌어진다. 부모는 음식을 먹이려 하고 아이는 안 먹으려 하고. 만약 당신이 이미 식단을 계획하고 그에 따라 재료들을 준비했다면, 아이 앞에서 일관된 태도를 보여야 한다. 우리의 임무는 아이들에게 영양가 있는 음식을 제공하는 것이지, 억지로 그 음식들을 삼키게 하거나 변덕이 죽 끓듯 하는 아이들의 요구에 맞춰서 즉석에서 이것저것 만들어주느라고 앉았다 일어났다를 수십 번 반복하는 게 아니다. 아이들이 해달라는 대로 메뉴를 바꾸지 말아야 하는 또 한 가지 이유가 있다. 엄마가 메뉴에 일관된 태도를 보이면 아이들도 일관된 식습관을 갖게 될 뿐만 아니라 만일 자신이 '정말로' 먹고 싶은 음식이 있으면 스스로 찾아서 먹게 되는 독립심도 키워줄 수 있기 때문이다.

컬러풀한 음식

컬러풀한 음식은 식욕을 자극한다. 연둣빛 강낭콩이나 당근 조각, 방울토마토 등으로 음식에 색깔을 입혀보자. 생생한 색깔의 과일을 요리에 곁들이면 요리 자체가 환해질 뿐만 아니라 쉽게 배도 부르고, 단것을 먹고 싶은 욕구도 만족시킬 수 있다.

가족들이 좋아하는 음식 안에 더 많은 영양소를

가족들에게 어떻게 해야 더 영양가 있는 음식을 먹일 수 있을까 고민하지 않아도 된다. 그들이 이미 좋아하는 음식들에 좀 더 영양을 첨가하면 된다. 그렇다고 초콜릿 케이크 속에 야채를 '숨겨서' 구우라는 뜻은 아니다. 건강한 음식을 좀 더 먹을 수 있는 쉬운 방편으로 가족들이 좋아하는 음식을 이용하라는 뜻이다. 예를 들어, 크리스틴은 라자냐 소스를 만들 때 두부 반 모를 으깨어 넣는다. 그것으로 단백질이 훌륭하게 보충된다(마침 로렐은 채식주의자이니 이보다 더 완벽할 순 없다).

> "파스타를 요리할 때 저는 영양소 보충을 위해 바릴라 플러스(Barilla Plus) 파스타를 사용한답니다. 그 안에는 병아리콩 가루가 들어가 있어서 단백질을 보충해주거든요. 일반 파스타에는 탄수화물이 지나치게 많이 들어 있어요."
>
> _미셸 스턴(whatscookingwithkids.com)

냉장고를 깨끗이 비운다

미리 식단을 정하는 것은 불필요한 음식물 쓰레기를 줄이는 데도 도움이 된다. 하지만 그렇게 해도 어쩔 수 없이 냉장고 안에는 자잘한 야채 부스러기, 남은 음식들이 굴러다니게 된다. 그것들을 싹 긁어모아서 수프를 끓이거나, 오믈렛을 만들거나, 잡탕볶음을 만들자!

크리스틴 런던에 살고 있는 내 친구 앤과 미셸은 내게 '부스러기 샐러드'라는 말을 가르쳐준 이들이다. 그것은 말 그대로 찬장이나 냉장고 안에 뒹굴고 있는 부스러기들을 긁어모아서 만든 샐러드다. 나는 그 '부스러기 샐러드'가 마음에 쏙 들었다. 야채를 더 많이 먹을 수 있을 뿐만 아니라 남은 음식들을 효과적으로 처리할 수 있기 때문이다(꼬마당근 꼭지들이라든가, 4분의 1이 남은 오이 등등). 일단 양상추와 생야채들로 샐러드의 베이스를 깐 다음, 그 위에 좀 더 영양가 있는 음식들, 그러니까 견과류들, 먹다 남은 스테이크나 치킨, 삶은 달걀을 올린다. 그리고 그 위에 내가 좋아하는 드레싱을 끼얹거나 간단하게 올리브오일과 발사믹식초만 뿌리거나, 아니면 굵은 소금과 후추를 조금 곁들여서 먹으면 완벽하게 만족한다! 아무리 먹어도 물리지 않는다. 이 '부스러기 샐러드'에 중독된 뒤로, 나는 점심, 저녁을 모두 이런 식으로 때우는 사람이 되었다. 실은 며칠이고 계속 이것만 먹은 적도 있다. 야채 베이스 대신 퀴노아나 현미를 깔아도 맛있다.

가족들과 함께하는 식사 준비

일주일에 한 끼, 혹은 두 끼 정도의 식사를 남편이나 아이들이 준비하도록 해보면 어떤 일이 벌어질까? 살아가는 데 꼭 필요한 요리 기술도 배우고, 한편으론 재미도 있을 테니 시도해볼 만하지 않을까? 아주 간단하면서도 모두가 좋아하는 요리를 만든다면 더욱 좋을 것이다(파스타, 샐러드, 마늘빵 같은 것들 말이다). 여기 가족들을 주방으로 끌어들이는 몇 가지 방법이 있다.

'완벽함'은 잠시 내려놓는다

아이들을 주방 일에 참여하게 만드는 비결 중 하나는 '완벽함'에 대한 집착을 버리는 것이다. 야채를 꼭 똑같은 모양으로 썰어야 할 필요가 있을까? 아이가 쿠키 반죽을 가지고 해괴망측한 모양을 만들어놓았다 해도 웃으며 칭찬해주면 된다. 만약 우리가 아이에게 무언가를 맡기고 신뢰를 가지고 지켜봐주면 아이들은 놀랄 만한 집중력을 가지고 훌륭한 결과를 만들어낸다.

아이의 연령대에 맞는 임무를 준다

아이가 무엇을, 얼마만큼 할 수 있는가는 나이에 따라 다르다. 하지만 아이가 아주 어려도 간단한 말을 알아들을 수 있다면 재료들을 큰 그릇에 쏟아붓는 일을 즐겁게 해낼 것이다. 그리고 그보다 좀 더 큰 아이들은 그 재료들을 계량하고 섞고, 요리 준비하는 것을 도와줄 수 있다.

주방에서의 안전 교육을 철저히

아이들이 주방에 있을 때는 늘 눈을 떼지 말고 살펴봐야 한다. 특히, 아이가 칼을 다루거나 가스레인지에 불을 붙일 정도로 컸을 때는 더욱 더 위험 수위가 높아지기 때문이다. 아이가 요리를 시작하기 전에, 그리고 요리 중간에도 계속 안전상의 주의를 주는 것을 잊지 말자. 그러면 아이들도 안전 수칙에 요령이 생길 것이다.

아이가 자기 힘으로 요리할 수 있도록 하자

아이들이 주방 일에 자신감이 붙기 시작하면, 스스로 처음부터 끝까지 요리를 준비하도록 격려해주자. 결과는 놀라울 것이다.

크리스틴 나는 요리하고 빵 굽는 것을 너무나 좋아한다. 그래서 로렐이 아주 어릴 때부터 주방에 데리고 들어가 함께 시간을 보내곤 했다. 유아 시절에 로렐은 재료들을 붓고 뒤섞는 것을 좋아했다. 놀이방에 다닐 무렵에는 재료들을 계량하기 시작했고, 다섯 살이 되자 플라스틱 칼로 부드러운 재료들을 자를 수 있게 되었다. 그다음 해에는 과일 깎는 칼을 능숙하게 다루게 되었고(물론 매번 나와 남편의 끊임없는 주의를 들어야 했지만), 일곱 살이 되자 초콜릿 케이크를 구워서 모두를 놀라게 했다(아주 기본적인 케이크였지만 인상적인 장식까지 달려 있었다).

나는 로렐이 요리를 할 때면 그냥 하고 싶은 대로 하도록 내버려두는 것이 가장 좋은 방법임을 알게 되었다. 그러면 아이는 굉장한 집중력을 가지고 즐겁게 요리를 하기 때문이다. 나는 로렐에게 야채를 자를 때 너무 고르게 자르려고 애쓰지 말라고 일러주었다(하지만 큰 덩어리보다는 작은 덩어리가 빨리 익는다는 사실은 설명해주었다). 추수감사절 애플파이 위에 장식을 얹는 것은 전적으로 로렐의 소관이었다. 그리고 피자 위에 토핑을 어떻게 얹을 것인가도 로렐이 마음대로 결정할 수 있게 했다.

어느 날 오후, (그때 로렐은 일곱 살이었다) 막 저녁을 준비하려고 하는 나를 막아서더니 로렐이 이렇게 말했다. "엄마, 소파에 가서 편하게 앉아 계세요. 제가 저녁을 준비할게요." 그때 나는 두부 야채 수프를 끓일 계획이었고, 딸은 자신이 그 요리를 만들 자신이 있다고 단언했다. 수프에 샌드위치까지 곁들여 주겠다나!

나는 자르기 어려운 몇 가지 재료들(양파, 토마토)을 썰어주었고, 로렐은 두부와 양송이버섯, 그리고 가지를 플라스틱 칼로 썰었다. 나는 가스레인지에 냄비를 올려주고 주방을 떠났다(당시 로렐은 가스레인지의 안전 사용법을 확실히 익힌 상태였다). 그리고 소파에 느긋하게 앉아 잡지를 보면서도 한쪽 귀는 주방을 향해 열어놓았다. 올리브오일이 '귀여운 방울 모양으로' 보글보글 끓어오르는 소리가 들렸고, 그 속에 재료들을 넣는 소리가 들려왔다.

로렐이 요리를 끝내자, 나는 아이를 도와 식탁을 차렸다. 그리고 가족들이 둘러앉아 아이가 준비한 저녁을 먹었다. 확신하건대, 그때 로렐이 만든 수프와 샌드위치는 내가 만든 것보다 훨씬 맛이 있었다.

식사시간의 즐거움을 되찾자

드디어 식사시간이다! 지금까지 우리가 함께해왔던 작업들 — 식료품 쇼핑과 식사 준비를 간단하게 하기 위한 모든 노력들 — 이 효과가 있었다면 당신은 아마도 지금쯤 식사를 즐기기 위한 시간과 에너지에 여유가 있을 것이다. 식탁에 앉는 행위가 단지 먹고살기 위한 일이 되어서는 안 된다. 우리는 좀 더 맛을 음미하고, 가족들과 즐거운 시간을 보내고, 만족을 느끼며 살아갈 권리가 있다.

치우기 쉽게 식탁을 차리자

잡지에서 떠드는 '주중의 상차림 법' 같은 건 잊어버리자. 접시, 밥그릇, 수저, 물컵, 우리가 필요한 건 이게 다다. 예쁘고 번거로운 상차림은 주말의 특별식이나 손님 접대를 위해서 남겨두자. 만약 당신이 식탁 꾸미기를 좋아한다면 꽃 몇 송이를 유리 주전자에 담아두는 식의 작은 손길을 더해보는 것은 어떨까?

만약 아이들이 좀 컸다면, 테이블 세팅을 맡기는 것은 훌륭한 가사 분담이 된다. 아샤의 아이들은 학교에서 돌아와 숙제를 마치고 나서, 저녁식사 전까지의 자유시간 동안에 테이블 세팅을 한다.

식사는 언제나 감사한 마음으로

저녁식사 시간은 모두가 피곤한 시간이다. 각자 학교, 직장에서 받은 스트레스가 아직 풀리지 않았기 때문에 저녁 식탁에 앉으면 음식에 대한 감사는 생략하고 그냥 먹기 시작하는 경우가 많다. 하지만 감정적으로 피곤하다 하더라도 일단 식탁에 앉으면 마음을 가라앉히고, 마련된 식사와 그것을 준비한 이에 대한 감사를 표하는 것은 가치 있는 일이다. 식사시간을 '음식을 채워 넣는' 시간이 아니라 좀 더 신성하고 즐거운 '의식'으로 받아들인다면 매일의 저녁식사 분위기가 바뀔 것이다.

저녁식사 자리에서 일어서는 횟수를 제한하자

식사시간을 짜증스럽게 만드는 요소 중 하나는 누군가가 식사 중에 들락날락하는 것이다. 정말로 필요한 용건이 아니면 식사 중간에 자리를 뜨지 않는 것을 가족 규칙으로 정해놓자. 설혹 무언가 식탁으로 갖고 오는 것을 잊어버렸다 해도 참는 것이다. 아니면 꼭 필요한 용건이 두 개 이상 있을 때만 자리를 뜨기로 하면 들락거리는 횟수를 줄일 수 있다. 식사 전에 감사하는 마음을 표현하는 것과 마찬가지로, 이런 작지만 소중한 규칙들이 식사시간을 좀 더 안정되고 의미 있는 것으로 만들어준다.

돌아가며 그날의 이야기들을 나누자

저녁식사를 하면서 가족들이 돌아가며 그날 있었던 일들을 이야기해보자. 재미있었던 일, 신났던 일, 아니면 화가 났던 일들도 좋다. 서로의 일과를 툭 터놓고 나누는 습관은 저녁식사 시간을 가족들의 대화의 장으로 바꾸어줄 것이다.

요리한 사람에 대한 예의는 철저하게 지키도록 하자

기껏 장을 보고, 준비하고, 요리해서 상을 차려놓아도 가족들의 반응이 시큰둥할 때가 있다. 물론 그럴 수도 있다. 우리가 매번, 모두의 입맛에 맞출 수는 없는 노릇이니까. 하지만 여기서 또 한 가지 가족 규칙을 정하도록 하자. 음식을 먹지 않는 것은 좋지만 식탁에서 투덜거린다던지, 눈동자를 이리저리 굴린다던지, 불만을 토로하는 것은 금지. 음식이 마음에 들지 않으면 "고맙지만, 저는 안 먹을게요" 한 마디면 충분하다.

매너의 중요성을 가르치자

식탁에서 조금만 매너에 신경 쓰면 얼마나 많은 것들이 달라지는지 알고 있는가? 트림하고, 후루룩 소리를 내고, 말 중간에 끼어드는 사람만 없어도 식사시간은 느긋하고 즐거워진다. 아이들이 커감에 따라 이런 매너들의 중요성도 점점 커진다. 그러니 어릴 때부터 차근차근 가르치도록 하자.

식사 후 뒷정리는 모두가 함께

식사 준비를 하는 데 가장 힘든 부분은 사실 뒷정리다. 요리를 하는 데 시간을 들이고 애를 쓰는 것도 힘든데 식탁을 치우고 설거지를 하고 주방을 청소하는 일까지 해내야 한다. 게다가 저녁식사는 밤 시간에 끝나기 때문에 더욱 피곤하다. 가족들과 상의해서 저녁식사 뒷정리는 모두가 함께 하도록 하자. 아이들에게도 가르쳐주어야 하지 않을까? 가족이란 식사의 즐거움만이 아니라 그것을 위한 '일거리'들도 함께 나누어야 한다는 것을 말이다.

아침과 점심은 쉽고 간단하게

지금까지 우리는 주로 저녁식사에 초점을 맞추었다. 가장 가족들이 모이기 쉽고, 계획이 필요한 식사이기 때문이다. 하지만 우리에겐 저녁 말고도 두 끼의 식사가 남아 있다는 사실을 잊지 말자. 아, 그리고 간식도. 다행히 아침, 점심, 간식은 저녁보다 훨씬 쉽고도 간단하게 해결할 수 있다.

집에서 먹을 때

집에서 아침과 점심을 해결한다면 쉽고도 든든하게 먹을 수 있다. 아이들에게 스스로의 식사를 챙겨 먹는 법을 가르칠 수 있는 좋은 기회이기도 하다. 남은 음식을 데워 먹거나 냉동식품을 먹을 수도 있다.

아침과 점심 메뉴는 몇 가지로 정해놓는다

아침과 점심 메뉴는 늘 같은 것이어도 상관없다. 아샤는 아침으로 언제나 오트밀과 커피를 먹는다. 그리고 그녀의 아이들은 차가운 우유에 시리얼을 먹는다. 저녁을 준비하는 것처럼 다양한 음식을 구상하느라 골치를 썩을 필요가 없다.

아이들이 스스로 찾아 먹도록 준비한다

아이들 손이 쉽게 닿는 곳에 식기들을 놓아두고, 우유와 시리얼 등 간단하게 식사할 수 있는 음식들도 찬장이나 냉장고의 낮은 칸에 넣어두자. 또, 아이들에게 샌드위치 만드는 법도 보여주자. 과일을 씻어서 식탁 위 그릇에 놓아두면 아이들이 쉽게 집어서 먹을 수 있다.

남은 음식을 활용한다

'남은 음식'이란 말이 어떤 느낌을 주는가? 그걸 아주 좋아할 수도 있고(아샤는 남은 음식을 너무나 좋아해서 친구들 집의 냉장고를 정기적으로 털어갈 정도다), 아니면 그다지 좋아하지 않을 수도 있다. 만약 당신이 남은 음식 먹는 것을 꺼려하는 타입이라면 마음을 이렇게 바꿔보면 어떨까? 그것들이 '먹다 남은 음식'이 아니라 '미리 준비해둔 요리 재료'라고 생각하는 것이다. 남은 칠리볶음은 토르티야에 싸서 먹을 수 있고, 고기볶음이 남았다면 소스를 끼얹어 샐러드로 먹거나 오믈렛 속을 채울 수도 있고, 굴러다니는 야채 꼭지들은 부스러기 샐러드의 재료가 될 수 있다(앞서 이야기했던 크리스틴의 부스러기 샐러드 이야기를 참고하기 바란다).

냉동실을 활용한다

팬케이크, 와플, 식빵, 딱딱해진 치즈, 그 밖에 많은 음식들을 냉동시켜두면 필요할 때 언제든지 되살려낼 수 있다. 전자레인지에 데우거나 살짝 굽기만 하면 당장 먹을 수 있는 음식으로 둔갑하는 것이다.

학교에서 먹을 때

많은 엄마들이 아이들 도시락 싸는 것을 겁낸다. 하지만 때로는 도시락 싸는 일을 피할 수 없는 경우도 있다(예를 들어, 아이가 로렐처럼 학교 매점 — 늘 너무 붐벼서 차례가 오면 점심시간이 벌써 거의 끝나버리는 — 에서 줄 서는 걸 싫어할 경우). 여기, 도시락을 좀 더 쉽게 싸는 방법들을 모아 보았다.

도시락에 대한 기대치를 낮춘다

다시 한 번 말하지만, 거창하게 이것저것 챙겨 넣을 필요가 전혀 없다. 단백질이 함유된 식품 한 가지, 과일 한 가지, 야채 한 가지, 그리고 곡식 한 가지에 물이나 음료수 한 잔이면 충분하다. 하지만 이 모든 영양소들을 매일 챙겨 넣기가 힘들다면, 그것도 큰 문제가 아니다. 아이가 집에서 식사를 할 때 부족한 영양소들을 먹을 수 있도록 신경 쓰면 된다.

아이에게 도시락 아이디어를 얻는다

도시락을 싸면서 가장 어려운 일 중의 하나는 '오늘은 도시락에 뭘 넣나' 궁리하는 일일 것이다. 그럴 땐 아이에게 물어보자. "다른 아이들은 점심 도시락으로 뭘 갖고 오니?" "다른 친구가 먹은 것 중에서 맛있어 보이는 게 있었니?" 이런 식으로 물어보는 것은 상당히 효과가 있다. 아샤도 딸에게 물어보고 나서야 아이가 달걀 샐러드를 먹고 싶어 한다는 걸 알아냈다. 달걀 샐러드가 들어간 친구의 샌드위치를 먹어보았는데 너무 맛있었다는 것이다!

점심 도시락 준비를 미리 해둔다

몇 가지 도시락 메뉴들이 미리 준비되어 있다면 아침시간의 스트레스가 훨씬 줄어들 것이다. 크리스틴은 매주 월요일과 수요일, 로렐을 위한 과일과 야채를 박스에 담아놓고 간식(요거트나 그레놀라 바)도 이틀치를 미리 챙겨놓는다. 도시락의 메인 요리는 당일 아침에 로렐이 뭘 먹고 싶은지 물어보고 신선하게 조리한다.

> "저는 늘 저녁식사 시간에 아이들 점심 도시락을 싸요! 저녁식사를 준비하면서 따로 남겨둔 음식을 아이들의 도시락 통 안에 예쁘게 담아두죠."
>
> _스테파니아 버틀러(citymama.typepad.com)

간식을 위한 작전

간식은 분명 다루기 어려운 부분이다. 아이들의 영양 균형을 위해 간식을 먹는 것이 중요하긴 하지만, 간식 때문에 건강하지 못한 식습관 — 예를 들어, 단순히 심심해서 과자를 먹는다던지 — 에 물들어버리기도 쉽기 때문이다. 아이들의 간식시간을 좀 더 건강하고 즐거운 것으로 만들 수 있는 방법들을 살펴보자.

금지된 음식일수록 더 먹고 싶다

우리는 누구나 아이들이 건강과 성장에 도움이 되는 음식을 먹었으면 한다. 하지만 부모들이 너무 강압적으로 간식을 제한하면 장기적으로 봤을 때 부작용이 더 클 수도 있다. 평소에는 아이들에게 건강한 간식을 주되, 가끔씩은 적당한 수준에서 먹고 싶어 하는 과자를 사주는 게 좋다. 당신도 알다시피, '먹으면 안 된다'고 금지된 음식일수록 더 유혹적으로 느껴지는 법이니까.

크리스틴 내가 어렸을 때, 우리 집엔 과자나 청량음료 등이 없었다. 부모님이 건강한 식생활을 표방하셨기 때문이 아니라, 간식비를 쓰는 것은 돈 낭비라고 생각하셨기 때문이다. 그 덕분에, 나와 내 형제들은 과자를 먹을 수 있는 기회가 오면 거의 이성을 잃고 덤벼들곤 했다. 나는 내 점심값을 고스란히 학교 매점의 과자를 사는 데 쓰곤 했다. 아니면, 점심을 아예 안 먹고 기다렸다가 방과 후에 그 돈으로 몽땅 편의점에서 사탕을 사곤 했다(언젠가 엄마가 이 사실을 알아채시고는 그 편의점에 전화를 걸어서 나에게 사탕을 팔지 말라고 말씀하신 적까지 있었다. 그땐 어찌나 화가 나던지!).

그래서 나는 로렐을 키울 때 다른 방법을 썼다. 과자는 집 안에 항상 준비해놓았지만, 적당량만 먹을 것과 만족할 만큼 먹었으면 그만 먹는 법을 가르치려고 애썼다. 로렐은 다른 아이들만큼이나 단 것을 좋아한다. 하지만 설탕이 들어간 과자를 먹을 땐 스스로 컨트롤하는 법을 익히게 되었다. '정말 지금 내가 이걸 먹고 싶은 걸까? 아니면 그냥 과자가 있으니까 먹으려고 하는 걸까?' 하고 묻게 된 것이다.

건강한 간식들을 눈에 잘 띄는 곳에 두자

아이들에게 건강한 간식을 많이 먹이려면, 그것들이 감자칩처럼 먹기 쉽고, 눈에 잘 띄게 만들어야 한다. 예쁘게 자른 야채나 과일, 한 입 포장 치즈, 요거트, 통밀 크래커, 견과류 등이면 훌륭하다. 아샤는 견과류와 크래커, 프레첼 등을 작은 플라스틱 컵에 넣어서 아이들에게 준다. 아이들이 들고 먹기도 쉬울 뿐만 아니라 '1회분'의 적정량을 가르쳐줄 수도 있으니 좋은 방법이라고 생각한다.

간식으로 식사시간에 부족한 영양소를 보충해보자

만약 아이들이 음식에 들어간 야채와 과일 먹기를 한사코 거부한다면, 간식시간을 활용해보자. 특이한 그릇에 과일과 야채를 예쁘게 담아서 주는 것이다. 저녁식사 식탁에 앉아서는 먹지 않는 음식이라 하더라도 한창 뛰어노는 낮 시간에는 맛있게 먹을 수도 있다.

> **크리스틴** 주말에 우리 가족은 보통 늦은 아침 브런치를 먹는다. 그러고 나면 저녁 때까지 밥 생각이 별로 들지 않기 때문에 대부분 오후에 '모듬 간식'을 먹곤 한다. 최근에 나는 로렐을 그 '모듬 간식'의 담당자로 임명했다. 로렐은 음식 준비하는 것을 굉장히 좋아할 뿐만 아니라 간식 아이디어가 나보다 훨씬 다양하기 때문이다. 나는 로렐에게 컵케이크 만들 때 쓰는 컵 모양의 과자틀 12개를 주면서, 네 마음대로 그것들을 채워보라고 했다. 아이는 냉장고와 찬장을 샅샅이 뒤져서 컵을 알뜰히 채워나갔다. 과일과 채소를 잘라서 넣고(수박, 딸

기, 블루베리, 당근, 오이, 피망 등), 스낵류도 넣고(막대과자, 말린 과일, 작은 크래커, 시리얼 등)……. 로렐이 만든 12개의 간식 컵은 저녁식사 전까지 가족들의 훌륭한 간식이 되었다.

아기와 유아를 위한 식사

만약 집에 아주 어린 아기가 있다면, 아기가 우리의 주방 일을 돕거나 우리가 만든 요리를 맛있게 먹기까지는 좀 기다려야 할 것이다. 하지만 아기들을 위한 음식을 준비하는 데에도 지금까지 우리가 살펴봐왔던 미니멀한 방법들은 효과적일 수 있다. 아기, 그리고 유아를 먹이는 방법에 대해서 생각해보자.

아기가 아직 우유를 먹는다면

아기에게 모유수유를 할 것인가, 분유수유를 할 것인가의 선택은 전적으로 당신에게 달려 있다. 여기서 한 번 더 '미니멀 육아'의 핵심을 짚고 넘어가자면, "스스로의 스타일을 알자." 당신에게 맞는 것이면 옳은 것이다. 쓸데없이 다른 사람들과 비교하느라고 에너지를 낭비할 필요가 없다. 거듭 말하지만 여기에 정답은 없다. 수많은 초보 엄마들이 어느 것이 더 좋을지 정보의 바다 속을 헤매고 있지만, 사람마다 상황이 다르고 모든 엄마들이 다른 가치관을 갖고 있기 때문에 당신에게 딱 맞는 대답은 누구도 제시해줄 수 없다. 당신이 아이의 영양을 위해 고른 음식이라면 어떤 것이든, 결국 아이의 성장을 도와줄 것이다. 그리고 아이들은 앞으로도 긴 시간 동안 영양소들을 섭취하고 보충해나갈 기회가 있으니 너무 조급하게 생각할 필요가 없다.

고형식에 도전하는 시기

아기에게 처음으로 우유나 이유식이 아닌 고형식을 먹일 때는 엄마들이 스트레스를 받을 수 있다. 그때 유념해두면 좋을 것들을 모아보았다.

가이드북은 참고만 할 뿐 집착하지 말자

아기에게 언제, 어떤 음식을 먹여야 한다고 말하는 가이드북이 넘쳐난다. 기본적으로, 아기에게 한 가지 새로운 음식을 먹이고 나서는 다른 새로운 음식을 먹일 때까지 3일간 여유를 두는 것이 좋다. 그 기간 동안 아기가 특정 음식에 알레르기가 있는지 체크할 수 있기 때문이다. 이렇게 3일씩이나 기다려야 한다는 사실에 초보 엄마들은 조바심을 낼지도 모르겠다. 왜냐하면 아기에게 먹여보고 싶은 음식들의 목록이 끝없이 길기 때문이다. 원한다면 당신의 페이스대로 아기에게 음식을 주어도 전혀 상관은 없다. 또, 아기에게 일주일 내내 같은 음식을 먹인다 해도 문제될 것은 없다. 새로운 음식을 먹이는 데는 정해진 규칙도, 시간 제한도 없기 때문이다.

식탁이 어질러지는 걸 감수하자

아기에게 밥을 먹이는 일은 결코 깔끔하게 끝나지 않는다. 특히, 아기들이 자기 손으로 음식을 집어서 으깨고 얼굴에 문지르기 시작하면 식탁은 금세 엉망이 된다. 아이들이 어지르지 못하게 하는 대신(사실 그렇게 하기란 불가능하지만) 차라리 그 놀이를 즐기게 하자. 우리들에겐 난감할지 몰라도 음식을 갖고 노는 것은 아기들에겐 굉장히 재미있는 일이다. 그리고 아기들이 그 놀이에 열중하고 있는 잠깐 동안엔 우리도 뭘 먹을 수 있으니 일석이조 아닌가? 결국 아기들 옷을 갈아입히고 씻겨야 하는 수고가 뒤따르긴 하지만 말이다.

아기 음식을 반드시 엄마가 만들어야 할 필요는 없다

어떤 이들은(예를 들어, 크리스틴) 아기 음식 만드는 일을 즐거워한다. 하지만 모두가 그런 것은 아니다. 만약 아기 음식 만드는 일이 당신에게 힘들고 따분한 노동이라면, 시중에 팔고 있는 이유식을 사는 것도 괜찮다. 꼭 엄마가 직접 만들지 않아도 세상에는 훌륭한 대안(믿을 만한 기업에서 만드는 유기농 이유식들을 포함해서)이 많다는 점을 기억하자.

아기가 흥미를 보이면 어른 음식도 먹여보자

아기가 어른들이 먹는 '일상 음식'에 흥미를 보이기 시작하면, 주저하지 말고 조금씩 먹여보자. 아기 음식을 따로 만들지 않아도 될 테니 신나지 않는가! 바이올렛은 아기였을 때 어른들이 먹는 것이면 뭐든지 맛보고 싶어 했다고 한다. 아침 식탁의 납작보리 시리얼이건, 고추건, 저녁 식탁의 라자냐건 말이다.

자기 힘으로 밥을 먹을 수 있도록 격려해주자

앞에서 아기가 음식으로 난장판을 만드는 걸 참아주자는 이야기를 했었다. 그런 노력은 아기가 혼자서 밥을 먹을 수 있는 독립심을 길러주는 데도 도움이 된다. 자기 손으로 음식을 집고 놀다 보면, 그리고 자기 접시 위에 놓인 아기용 식기들을 갖고 놀다 보면 자연히 사용법을 익히게 되기 때문이다.

크리스틴 언젠가 아이가 넷인 친구 집에 놀러간 적이 있었다. 그 친구에게는 쌍둥이 딸이 있었는데 그 아이들은 로렐보다 나이가 많았다. 내 친구는 로렐이 자기 코트의 지퍼를 스스로 열고 잠그는 것을 보더니(그녀의 쌍둥이 딸은 아직 그렇게 하지 못했다) 이렇게 말했다. "세상에! 나는 지금까지 우리 아이들이 신발을 신거나 코트를 입을 때 하나부터 열까지 다 도와줬는데……. 로렐을 보니 내가 잘못했다는 걸 알겠어. 이젠 내가 해주는 대신 아이들에게 신발 신는 법, 코트 입는 법을 가르쳐줘야겠네!"

바이올렛에게 단단한 음식을 먹이려고 시도하던 무렵, 나도 그 친구와 똑같은 실수를 한 적이 있다. 아기에게 음식을 먹이는 데만 너무 집착한 나머지, 스스로 하는 법을 가르치는 걸 깜박한 것이었다. 내 친구 중 한 명이 페이스북에 올린 그녀 아들의 사진(바이올렛과 거의 비슷한 나이의 아기가 포크로 음식을 먹는 사진)을 보고, 나는 무릎을 탁 쳤다. "세상에! 나는 음식을 먹이려고만 했지, 포크 쓰는 법을 가르쳐주지 않았어!"

나는 재빨리 바이올렛의 접시 위에 스푼과 포크를 놓아주었다. 아이는 금방 그것들을 사용하는 법을 익혔고, 스스로 음식을 먹기 시작했다.

식사 준비를 최소화하는 것의 장점은 당신에게 음식을 즐기고 음미할 여유를 제공한다는 사실이다. 가족들의 식사를 준비하면서 마음에 새길 것은, 매끼 식사가 영양적으로 완벽할 필요는 없다는 점이다. 또한, 매끼 '맛있는' 식사를 준비하려고 스트레스를 받을 필요도 없다(사실 가장 재미있는 가족 대화의 주제는 '엉망이었던 식사에 대한 것이니까). 그 대신 일반적인 건강 상식에서 벗어나지 않는 한도 내에서 음식을 준비하고 적당한 간식을 마련해주면 된다. 그리고 냉혹한 비평가(바로 당신 말이다!)의 악담은 무시해버려도 좋다.

chapter
13

특별한 날들, 아낌없이 미니멀하게 누리는 법

MINIMALIST PARENTING

'멋진 것을 할 수 있는 삶의 여유 만들기'는 우리가 추구하고 있는 미니멀 육아의 기본 철학이다. 그리고 가족들과 함께하는 기념일, 휴가, 여행을 어떻게 계획하고 즐길 것인가에서 그 '여유'의 진가가 드러난다. 많은 사람들이 미니멀 육아를 금욕주의, 실용주의, 혹은 낭비를 혐오하는 사람들의 방법이라고 오인하고 있다. 하지만 그것은 우리가 추구하는 방향과 너무나 다르다. '함께', 그리고 '즐겁게' 생활하는 것이 미니멀 육아의 핵심이다! 우리가 가족들에게 줄 수 있는 가장 큰 선물은 아름다운 추억들로 가득한 마음속의 앨범일 것이다. 세월이 흐른 뒤, 이 추억들은 먼지 하나 없이 깨끗한 집이나 수천 달러의 돈보다 우리를 훨씬 더 행복하게 해줄 수 있는 재산이 된다.

만일 당신이 집 안을 가득 메우고 있는 잡동사니들을 정리했고, 가족들의 라이프스타일에 맞게 스케줄을 조정해서 스트레스를 줄이는 데 성공했다면, 이제 즐기고 축하할 일만 남았다. 생각해보라. 미니멀한 생활 패턴으로 절약한 시간과 돈과 에너지를 어디에 쓸 것인가? 휴가 여행을 즐기고 가족들과 추억을 만드는 데 쓰려고 아껴둔 것들이 아니던가? 이제 아낌없이 누리자! 물론 그것도 '미니멀'하게 말이다.

우리는 가족들의 즐거움을 위해서 쓰는 적당량의 돈은 투자라고 믿는 사람들이다. 하지만 이따금씩 '특별한' 이벤트가 도를 넘어 돈과 에너지를 빨아들이는 블랙홀로 둔갑한다는 사실도 알고 있다. 분에 넘친다 싶은 생일파티에 초대되어본 적은 없는가? 이웃집의 완벽하게 치장된 크리스마스트리를 보며 왠지 자신의 트리가 초라하게 느껴진 적은 없었나? 이 장에서 우리는 생일파티, 휴가, 여행을 좀 더 현실적으로 하는 여러 가지 방법에 관해 이야기할 것이다. 그리고 정말 중요한 것들 — 즐거움과 돈독한 관계 — 에 초점을 맞추어 그것들을 즐기는 방법들에 관해서도 알아보자.

생일파티

아이들의 생일파티를 준비할 때, 고려해야 할 것이 예산만은 아니다. 파티를 준비하고, 프로그램을 계획하고, 음식을 마련하고, 초청장을 구상하고, 실제로 파티를 이끌어나가고…… 이만저만 진 빠지는 일이 아니다. 이제 생일파티의 구조 자체를 바꿔보면 어떨까? 여기 생일파티를 좀 더 간단하게 할 수 있는 방법이 있다.

당신과 아이가 즐길 수 있는 파티

아이에게, 그리고 당신 자신에게 정말로 즐거움을 줄 것 같지 않은 물건이라면 작은 초 하나라도 사지 말아라. 당연히, 그날의 주인공인 아이가 원하는 것들을 고르고 사는 것은 중요하다. 하지만 그걸 들어 나르고, 장식하고, 요리해야 하는 건 당신이라는 사실도 잊지 말아라.

내가 왜 이 파티를 하는 걸까?

당신 마음속에 숨은 진짜 동기를 알아낸다면 당신이 파티에서 뭘 가장 중요하게 생각하는지가 명확해진다. 그리고 많은 경우, 아이가 원하는 것보다는 당신이 원하는 파티를 계획하고 있다는 사실을 알고는 내심 놀라게 될지도 모른다. 다음 질문에 솔직히 답해보자.

- 혹시 내가 사람들 앞에서 나의 여유를 뽐내거나 나의 사교성을 과시하기 위해서 이 파티를 여는 건 아닐까?
- 혹시 내가 내 어린 시절에 받지 못했던 생일 축하에 대한 보상 심리에서 이 파티를 여는 건 아닐까?
- 혹시 내가 다른 사람들이 모두 크게 파티를 열고 학급 아이들을 모두 초대하기 때문에 덩달아 이 파티를 여는 건 아닐까?

크리스틴 나에게 '생일파티'란 조금 민감한 주제다. 내가 어릴 때, 나와 내 형제들은 단 한 번도 '친구들을 집에 초대하여' 생일파티를 열어본 적이 없었다. 우리 아홉 식구(때때로 친척들이 얹혀살곤 했기 때문에 이

보다 많은 적도 있었다)로도 작은 집은 충분히 꽉 찼기 때문이기도 하지만, 우리 집은 언제나 수리되지 않아 여기저기 고장 나 있었고, 무엇보다 다른 아이들까지 불러서 생일파티를 한다는 건 가뜩이나 경제적으로 힘드셨던 부모님에게 불가능에 가까운 일이었기 때문이다.

나는 아주 어릴 때부터 우리의 가정 형편을 빠삭하게 알고 있었다. 하지만 친구들을 많이 불러서 하는 생일파티에 대한 열망은 포기할 수가 없었다. 늘 친구들의 파티에 불려 가기만 하고 한 번도 우리 집에 초대하지 못하는 것이 창피하기도 했거니와, 그 당시에는 친구들의 무리에 끼지 못할까, 따돌림을 당할까 전전긍긍하던 시기였기 때문이었다. 나는 학교 또래 친구들과 인종적으로도 달랐고 가정 형편도 많이 달랐다.

그 결과, 내 딸 로렐의 생일파티는 내게 남다른 의미가 있었다. 나는 아이를 마음껏 축하해주고 싶었다. 친구와 가족들에게 둘러싸여서 말이다. 그리고 아이가 모두에게 얼마나 사랑 받고 있는지를 보여주고 싶었다. 로렐이 세 살이 될 때까지, 우리는 매해 성대한 생일파티를 열어주었다. 화려하거나 돈을 많이 들인 파티는 아니었지만, 우리의 대가족이 전부 모이고 내 많은 친구들이 각자 아이들을 데리고 모이다 보니 적어도 30명에서 40명은 모여서 북적대는 성대한 파티가 되고 말았던 것이다.

그때마다 나는 산처럼 많은 음식들을 만들고, 거대한 케이크를 굽느라 녹초가 되곤 했었다(내가 워낙 케이크 굽는 걸 좋아하다 보니, 그 솜씨를 자랑하고 싶은 마음도 조금은 있었다는 점을 인정한다). 정작 로렐은 어땠냐고? 아이는 파티 내내 얼굴을 내 어깨에 파묻고 혼란스러워하는 것 같았다. 평소 아이가 좋아하는 친척들과 친구 가족들이 모여 있는데도 말이다. 결국 나는 그렇게 사람들로 북적이는 파티가 로렐의 취향과는 전혀 맞지 않는다는 사실을 알게 되었다.

아이의 취향에 맞는 맞춤 파티

당신이 파티를 여는 숨은 동기를 찾아냈다면, 이제 파티의 주인공인 당신의 아이가 진정으로 무얼 원하는지 알아볼 때다.

크리스틴 로렐의 네 번째 생일부터, 나는 비로소 파티의 규모를 여러 면에서 확 줄이게 되었다. 나는 로렐과 상의해서 파티를 계획했고, 소박하고 간단하게 파티를 했다. 그러자 아이는 행복해했다. 아이가 행복해하니까 우리도 행복했다. 이렇게 쉽고도 행복한 걸 지금껏 내가 왜 안 했을까! 로렐이 여섯 살이 되던 생일날, 공교롭게도 우리 집 오븐이 고장 나는 바람에 케이크를 구울 수 없었다. 그래서 빵집에서 파는 케이크를 사왔다. 그리고 깨달았다. 지금껏 내가 케이크 만들기를 좋아한다는 이유만으로 너무나 중요한 걸 잊고 살아왔다는 사실을. 케이크를 '사올' 수도 있다는 사실 말이다! 엄청나게 시간도 절약되고 맛도 있었다!

둘째 바이올렛의 첫돌 파티를 열 때의 내 마음은 로렐 때와는 아주 달랐다. 엄마들이 흔히 둘째를 키울 때 느끼는 느긋함도 물론 한몫을 했지만 로렐을 키우면서 겪었던 경험들이 나를 성숙하게 해주었던 것이다. 우리는 직계가족들만 초대해서 단촐한 파티를 열었다. 내가 준비한 음식이라고는 과일을 잘라서 만든 샐러드와 케이크(크림 장식은 없었지만 예쁜 케이크였다)가 전부였고, 집 안에 간단한 장식들을 몇 개 매달아 데코레이션을 끝냈다.

축하와 기쁨으로 가득한 파티였다. 그리고 조금 우습게도, 내가 어릴 적 부모님들이 열어주셨던 생일파티와 아주 흡사한 것이었다.

생일파티를 매년 열어야 할까?

누구나 자신의 생일에는 특별한 기분을 느끼게 된다. 하지만 당신의 아이에게 매년 생일파티를 열어주어야 한다는 룰은 없다. 파티 대신 가족 모임을 갖는다든가, 간단한 의식을 거행한다든가, 친구 집에서 자고 올 수 있도록 한다든가, 아니면 가장 친한 친구 한두 명과 함께 소풍을 데리고 가주는 것으로도 충분히 특별한 생일의 추억을 만들 수 있다. 특히, 아이가 (로렐처럼) 사람들이 많이 모이는 파티를 좋아하지 않는 경우에는 말이다.

"제가 우리 시누에게 배운 생일파티 요령이 하나 있어요. '케이크는 딱 하나만 준비한다'는 게 그것이죠. 예를 들어, 아들의 생일은 화요일인데, 친구들을 불러서 하는 파티는 그 주 토요일로 예정되어 있다면 그 '딱 하나의 케이크'는 당연히 토요일날 친구들과 함께 먹어야 하니까 화요일 아침에는 케이크 대신 팬케이크(아니면 아들이 원하는 다른 어떤 음식이든) 위에 초를 꽂고 축하를 해요. 그렇게 하니까 어찌나 편한지 모르겠어요. 지금까지 매년 케이크를 두 개씩 준비해왔다는 게 믿어지지 않아요!"

_에린(MinimalistParenting.com)

당신이 힘닿는 데까지만 하면 된다

만약 당신이 타고난 파티 플래너라면 그보다 더 멋질 수는 없다. 아이의 생일파티를 계획하고 진행하는 일이 삶의 즐거움이요, 기쁨일 테니까. 하지만 당신이 내성적인 성격이거나 누군가를 즐겁게 하는 데 영 소질이 없는 타입이라면, 다섯 살짜리 아이들 열두 명을 집으로 불러 파티를 여는 일 자체가 공포로 다가올 것이다. 그렇다고 해서 자책감을 느낄 필요는 없다. 당신은 도움이 필요할 뿐이다.

꼭 집에서 파티를 열지 않아도 좋다

집에서 파티를 하는 수고와 번거로움을 덜고 싶다면, 집 밖에서 하는 파티도 훌륭한 대안이 될 수 있다. 그렇다고 아이들 생일파티를 전문으로 하는 피자가게나 비싼 패밀리 레스토랑에 갈 필요는 없다. 여기 근사한 아이디어들이 있다.

"제 두 딸의 생일은 6월과 10월이에요. 우리는 매해 같은 식으로 생일파티를 하죠. 친구들과 가족들을 동네 공원으로 초대하는 거예요. 음료수와 생수, 과일 샐러드, 그리고 작은 컵케이크를 각자 나눠서 갖고 오고, 피자는 공원까지 배달시켜요. 아이들은 공원에서 맘껏 뛰어다니고, 어른들은 이야기를 나누고, 파티가 끝나고 나서도 설거지나 청소 걱정이 없죠. 정말

쉽고도 신나는 파티 아닌가요?"   _칼라(BostonMamas.com)

"저는 아이들이 넷이에요. 첫째를 키우면서 '적게 하는 게 남는 거다'라는 진리를 재빨리 깨우쳤죠. 그래서 우리는 이제 매년 아이들의 생일이 돌아오면 우선 그 아이에게 무엇을 하고 싶은지 물어본 다음에 가족들이 당장 그걸 함께 하는 것으로 파티를 대신해요. 예를 들어, 아들 타이슨은 여덟 살 되던 생일날 아무거나 '과학과 관련된 것'을 하고 싶다고 했고 우리는 외식을 한 다음에(너무 비싼 곳이 아니라면 아이가 원하는 레스토랑에서) 깜짝 선물로 과학박물관에 갔죠. 아이가 그토록 흥분하는 모습을 한 번도 본 적이 없었답니다!"   _아이샤(BostonMamas.com)

미니멀리스트를 위한 생일파티 요령

어떤 식으로 파티를 열지 결정했다면, 그 파티를 좀 더 쉽게 준비하고 진행할 수 있는 방법들을 알아보자.

초대할 손님의 수를 알맞게 조절한다

아이가 아직 어릴 때는 아이의 나이 수만큼 친구들을 초대하는 것이 '아기 생일파티의 요령'이라고들 한다. 하지만 일단 아이가 학교에 들어가면 그렇게 하기가 힘들어진다. 생일파티에 반 친구들 모두를 초대하는 것이 상식처럼 되어버렸기 때문이다. 하지만 당신이 학급 아이들 모두를 불러서 파티를 할 정신적, 시간적 에너지가 없다면 억지로 하지 않아도 좋다. 학교 밖의 친구들이나 친척들에게만 초대장을 돌리면 된다.

그리고 아이에게는 때로 융통성을 지니는 것의 중요성을 알려주자.

초대는 심플하게

손으로 쓴 초대장이건, 프린트한 초대장이건 종이로 된 초대장을 받는 건 멋진 일이다. 만약 당신이나 아이가 초대장 만들기를 좋아한다면 말이다. 하지만 손으로 무언가 만드는 걸 번거로워하는 당신이라면 이메일이나 전자카드를 사용해보자. 빠르고 쉽게 초대 의사를 전달하기만 하면 되는 것 아닌가?

파티 마감시간을 정한다

초청장에 미리 파티가 끝나는 시간을 명시하는 것도 좋은 방법이다. 아이들이 어릴 때는 부모들이 파티에 함께하게 되지만, 조금 더 자라면 아이를 파티 장소에 태워다 주고 끝나는 시간에 맞춰 데리러 오게 되기 때문에 끝나는 시간이 확실한 것이 좋다. 그리고 파티를 할 때 다른 아이의 부모들의 도움을 받고 싶다면 며칠 전에 미리 부탁하도록 하자.

음식 준비의 부담을 버린다

생일파티라고 해서 반드시 근사한 '식사'를 대접해야 하는 것은 아니다. 아이들이 쉽게 집어먹을 수 있는 간식과 음료수, 거기에 생일 케이크가 있다면 충분하다. 초대 받은 사람들 모두에게 '간소한 파티'라는 당신의 의사를 확실하게 표하고 싶다면 점심시간과 저녁시간 사이에 파티를 계획하면 된다.

하고 싶고, 재미있는 일을 먼저 한다

아무리 간소한 파티를 계획했다 하더라도, 생일파티를 한다는 것 자체가 여러 가지 번거로운 일들로 가득하기 마련이다. 그럴 때는 가장 재미있어 보이고 하고 싶은 일들부터 해나가자.

크리스틴 로렐은 엄마인 나를 닮아서 뭐든지 계획하는 것을 좋아한다. 그래서 바이올렛의 첫돌 파티를 함께 계획하던 무렵 — 굉장히 간소하게 하기로 했음에도 불구하고 — 파티를 이틀 앞둔 어느 날 로렐이 내게 이렇게 말했다. "엄마, 동생의 파티 준비 때문에 해야 할 일이 너무 많고, 하고 싶은 일도 너무 많아서 스트레스 받아요!" 그래서 나는 로렐과 함께 앉아 차근차근 우리가 하고 싶은 일들을 종이에 적어 목록을 만들었다. 그리고 그중에서 가장 재미있어 보이는 일들 순으로 번호를 매겼다. 그리고 뒷번호에 있는 일들은 해도 그만, 안 해도 그만이라고 생각하기로 했다.

그렇게 하고 나자 갑자기 스트레스가 싹 사라지면서 파티 준비에 신이 나게 되었다. 우리 둘 다 하고 싶은 일 1번으로 꼽은 것은 요리였다(나는 케이크 굽기, 로렐은 쿠키 만들기). 그리고 순번 가장 마지막으로 밀린 일은 초대된 사람들에게 감사의 선물로 줄 바이올렛 화분 사기였는데, 우리는 그것을 과감히 포기했다. 그 대신 파티에서 남은 케이크와 쿠키를 포장해서 선물로 주니 완벽했다! 덕분에 모두에게 환상적인 파티가 되었다.

파티 답례품은 생략한다

말 그대로다! 물론 파티에 와준 답례로 작은 선물이나 기념품을 주는 아름다운 정신은 높이 평가한다. 하지만 기껏해야 한 5초 가지고 놀고는(그나마도 안 가지고 노는 경우도 많다) 창고에 처박아둘 형식적인 기념품을 마련하느라고 우리의 에너지를 쓸 필요가 있을까? 차라리 파티 중간에 간단한 만들기 놀이를 하고 그 결과물을 갖고 가게 하는 게 어떨까? 아니면 먹을 수 있는 것이나 생활에 필요한 유용한 물건이라면 더 좋을 것이다. 그날 파티의 사진을 출력해서 한 장씩 나눠주는 것도 의미 있는 선물이 될 수 있다.

> **아샤** 한 번은 아이들의 생일파티를 할 때 케이크를 접시 대신 프리스비(던지며 노는 원반 모양의 장난감 — 옮긴이) 위에 담아준 적이 있었다. 그리고 파티가 끝나고 나서는 그 프리스비를 선물로 주었다. 그해 여름 내내 아이들은 프리스비를 던지며 놀았다. 그다음 해 생일파티에는 기념선물로 지퍼백 안에 학용품을 담아서 선물로 나눠주었다. 아이들도, 부모들도, 그 선물을 굉장히 마음에 들어 했다.

연휴

오고야 말았다, 연휴! 크리스마스, 신년, 부활절, 추수감사절 등등 연휴만 되면 즐거움뿐만 아니라 두통도 함께 온다. 아이들에게 재미있고도 의미 있는 시간을 보내게 해줘야 한다는 의무감 때문이다. 그리고 뭔가 특별한 걸 해야 한다는 부담감도 한몫한다. 뭘 먹여야 할지, 집 안 장식은 어떻게 할지, 가족들이 함께 뭘 하고 놀아야 할지, 거기에 드는 시간과 돈은 어떻게 충당할지 등등. 하지만 잠시 숨을 고르고 연휴 동안 우리가 느끼는 일반적인 스트레스들을 하나하나 뜯어보자.

- 너무 많은 파티 초대
- 집 안 장식에 대한 부담
- 벼락치기 쇼핑
- '제대로 된 음식'을 요리해서 완벽하게 차려내야 한다는 부담감
- '무슨 옷을 입어야 하나?' 하는 고민
- 친척들의 관심과 기대에 대한 부담감
- 경제적 압박
- 너무 많은 손님들이 들이닥치는 것에 대한 공포
- 모든 것을 완벽하게 해내지 않으면 '특별한' 시간을 보낼 수 없으리라는 불안

이 모든 '걱정거리'들이 정말로 우리를 괴롭힐 만한 가치가 있는 것들일까? (다 함께 입을 모아 대답해보자, "아니오!"라고.)

미니멀한 연휴를 보낸다는 것은 연휴의 순수한 '즐거움'을 되찾는다는 뜻이다. 부담도, 스트레스도, 걱정도 필요가 없다. 우리는 스트레스 가득한 연휴를 아름다운 추억으로 바꿀 수 있다. 이웃들과 함께하는

할로윈 파티, 추수감사절 축구 시합, 느긋한 크리스마스 등등으로 말이다.

계획을 세우고 가지치기를 하자

일단 연휴를 특별하게 보내기 위한 기본 계획을 짜고, 그 계획을 실행하기 위한 할 일 목록을 만들자. 선물 목록(선물에 대해서는 다음 단락에서 자세히 다루겠다), 식사 메뉴, 이웃과 함께하는 이벤트, 여행 계획, 그 밖에 연휴에 계획하고 있는 어떤 것이라도 좋다. 큰 줄기를 잡았으면 그에 따른 세부사항도 자세히 목록을 작성하자.

할 일 목록이 완성되었으면 심호흡을 한 번 크게 한 다음, 항목들을 살펴보자. 슬슬 스트레스가 차오르는 게 느껴지는가? 그렇다면 가지치기를 할 때다. 불필요하거나 짜증나는 항목에는 사정없이 X 표시를 하자. 예를 들어, 집에 크리스마스 등을 매달고 불을 켜는 일이 한 해를 마감하는 의미 깊은 행사일 경우에는 남겨둬야겠지만, 당신에겐 돈만 들고 골치 아픈 일거리일 뿐일 때는 과감히 지우는 것이다. 할로윈 의상을 만드는 일도 똑같다. 만약 당신에게 그 일이 재미있다면 남겨두고, 피곤한 노동일 뿐이라면 던져버리자.

가족의 전통을 따르자

가족만의 전통을 만들고 지키는 것은 정서적으로나 실질적으로 크게 도움이 된다.

"우리는 크리스마스가 다가오면 현관 앞에 트리를 세우고 산타 인형을 선반 위에 올려놓아요. 크리스마스 이브 저녁에는 스웨덴식 미트볼을 먹고, 크리스마스 아침에는 시나몬롤을, 저녁으로는 갈비구이를 먹어요. 매해 메뉴는 변함이 없죠. 그건 제가 새로운 메뉴를 시도하는 게 귀찮아서가 아니라, 늘 그렇게 해오는 우리 가족의 전통이기 때문이에요. 물론 저도 스트레스를 훨씬 덜 받고요. 아이들도 이젠 그 전통에 익숙해져서 크리스마스엔 으레 그렇게 하는 거라고 여긴답니다." _크리스틴(BostonMamas.com)

아샤 우리 가족은 하누카(Hanukkah, 11월이나 12월에 있는 유대교의 기념일 — 옮긴이)를 지킨다. 그리고 그때가 되면 유대교 전통음식인 라트케(latke, 튀긴 감자 팬케이크 — 옮긴이)를 먹는데, 나는 종종 라트케 요리를 잊어버리거나 일부러 잊어버린 척하곤 했다. 아무리 해도 맛있는 라트케를 만들 수가 없었기 때문이다. 하지만 그때마다 아이들은 서운해했다. 그래서 어느 해 하누카에 나는 슈퍼마켓에서 냉동 라트케를 사다가 오븐에 데워준 적이 있었다. 남편과 나는 그 맛에 그다지 만족할 수 없었지만, 아이들은 내가 직접 만들어준 라트케와 똑같이 맛있게 먹는 게 아닌가? 그때 깨달았다. 아이들에게는 단지 하누카에 라트케를 '먹는다는 데'에 의미가 있다는 사실을.

완벽하게 하겠다는 고정관념을 버리자

홈파티의 상차림을 조금(아니, 실은 훨씬) 나아 보이게 하는 방법들에 관해 주저리주저리 떠드는 잡지들을 우리는 많이 알고 있다. 하지만 기억하자. 그 상차림은 우리 같은 보통 여자들이 만든 게 아니라는 사실을. 그 잡지사진을 찍기 전에 한 팀의 '프로'들이 달려들어서 몇 시간이고 작업한 결과라는 사실을 말이다. 완전하지 않아도 좋다. 사실, 조금 허술한 편이 더 좋기도 하다. 그런 허술하고 부족한 부분이 파티를 친근하고 재미있고 기억할 만한 것으로 만들어주기 때문이다. 모든 요리 위에 파슬리 가루를 뿌리고 '완성'이라고 한들 무슨 상관인가?

아샤 나는 되도록 심플한 것을 추구하는 엄마이지만, 아이들에게 할로윈 의상을 만들어주는 것만큼은 굉장히 좋아한다. 어떻게 그럴 수가 있느냐고? 비결은 바느질을 하지 않는 것이다. 할로윈 의상은 그럴듯하게 보이기만 하면 될 뿐, 완성도를 자랑할 필요는 없다고 생각하기 때문이다. 아이들과 힘을 합해서 우리는 매년 멋진 의상들을 만들어낸다. 헌 옷가지들, 액세서리 박스 안의 소품들, 글루건, 안전핀, 그리고 양면테이프만 있으면 된다. 언젠가 내 딸아이가 신었던 '우주 부츠'는 아이의 운동화 위에 알루미늄 호일을 감싸서 만든 것이었다. 별것 아니지만 그 의상들을 '근사하다'고 부를 수 있는 유일한 이유는 우리가 그것들을 만드는 동안 굉장히 즐거운 시간을 보냈기 때문이다.

아이들의 도움을 받자

아이들은 연휴를 누구보다 좋아한다. 그럼 당연히 그 행사 진행을 도와야 하지 않겠는가? 그리고 아이들이 삐뚤빼뚤하게 포장한 선물을 받으면 누구나 귀엽다고 느낄 것이다. 아이들에게 크리스마스나 할로윈, 추수감사절 집 안 장식을 맡기는 것도 좋다. 장식품을 만들고 꾸미는 것을 아이들도 재미있어할 뿐만 아니라, 말썽꾸러기들이 그 일에 골몰하는 동안 우리는 다른 일을 처리할 수도 있으니 말이다. 아이들이 주방 일에 관심이 있다면 선물용 과자 꾸러미를 만드는 일이나 과자 굽는 일을 돕게 할 수도 있다.

즐거움, 오로지 즐거움에 집중하라

다른 가족들이 연휴를 어떻게 보내는지는 잊어버리자. 물론 그러기가 쉬운 일은 아니다. 하지만 우리 가족과 다른 가족을 비교하는 것이 도대체 무슨 의미가 있단 말인가? 우리는 스스로의 마음속에 울리는 북소리를 따라갈 때 훨씬 행복해질 수 있다.

크리스틴 추수감사절을 며칠 앞둔 어느 날, 우리 집 편지함에서 추수감사절 카드를 받아 들고 나서 나는 잠시 얼이 빠져버렸다. 맙소사! 벌써 추수감사절 카드가 도착하다니. 그렇다면 내가 지금 카드를 보내도 이미 늦었다는 뜻이 된다(게다가 나는 명색이 그래픽 디자이너가 아닌가, 나의 죄책감은 더욱 깊어졌다). 내가 선 채로 허둥지둥 카드 도안을 구상하고, 그 주 내에 그걸 만들어 보낼 시간이 있는지 필사적으로 머리를 굴리고 있을 때, 남편이 이렇게 말했다.
"여보, 일단 이 멋진 카드를 받았다는 사실을 즐기는 게 어때? 그리고 감사하다고 전화로 얘기하거나 직접 만나서 얘기해도 되잖아."

chapter 13 특별한 날들, 아낌없이 미니멀하게 누리는 법 321

그것은 정곡을 찌르는 말이었다. 기념일 카드를 보내는 목적은 서로의 관계를 돈독하게 하는 것이지, 데드라인에 맞춰 카드 보내기 경쟁을 하는 것이 아니다. 그래서 나는 긴장을 풀고 천천히 정성 들인 카드를 만들어서 3월에 보냈다(봄 인사 카드로 말이다). 반응은 뜨거웠다. 사람들은 추수감사절 시즌이 끝난 뒤 뜻밖에 받은 카드에 큰 기쁨을 느꼈다.

친척들 간의 민감한 관계도 연휴 행사의 일부로 받아들이자

친척들의 모임은 때로 굉장한 스트레스로 다가올 수도 있다. 특히나 연휴에 모두가 모일 경우에는 말이다. 누구나 친척들과 다정하고 친밀한 관계를 가지고 싶어 하지만, 이야기를 나누다 보면 오래된 문젯거리가 불거져 나오기도 하고 민감한 화제를 건드릴 때도 있다. 우리도, 친척들도 완벽하지 않다는 사실을 기억하자. 그리고 각자가 스스로의 행동과 반응을 컨트롤하려고 노력하는 수밖에 없다.

크리스틴 연휴에 친척들이 모이면 어느 정도 스트레스를 받게 된다. 하지만 우리 가족 모임의 경우에는 그 불협화음의 정도가 해를 거듭할수록 커져간다는 게 문제였다. 언젠가 이 문제를 심리상담사에게 털어놓은 적이 있었다. 그녀는 내게 유용한 조언을 해주었다. "다른 사람의 의견이나 행동이 거슬릴 수도 있습니다. 하지만 그 사람의 태도를 바꾸려 들거나 가르치려 들 필요는 없어요(사실, 그러고 싶어도 그럴 수도 없지만). 그때 할 수 있는 최선의 일은 내 스스로의 반응을 조절해서 스트레스를 줄이는 것뿐입니다."

나는 그 말을 가슴 깊이 새겼다. 그리고 나와 특히 깊은 갈등관계에 있는 한 친척을 대할 때, 우리의 관계를 있는 그대로 포용하면서도 그에게 용서와 치유의 감정을 내보내려고 노력했다. 그렇게 해도 그를 향한 미움이 밀려올 때는 그와 함께 있다는 사실을 잊어버리고, 내가 좋아하는 다른 사람을 떠올리려고 애썼다.

스스로에게 친절해지자

우리는 이 연휴를 즐길 자격이 있다. 우리는 1년 내내 부지런히 움직였다 — 직장에서 일을 했고, 집안일을 했고, 아이들을 키웠다. 그러니 이따금씩 휴식을 가질 자격이 충분하다. 파티에 참석해야 한다면, 당신이 만나고 싶고 좋아하는 사람들이 모이는 파티에만 가고 나머지는 정중히 사양하자. 만약 당신이 파티를 열어야 한다면 집 안 장식과 음식은 간단하게 준비하고 모인 사람들과 특별한 시간을 갖는 데 집중하자. 당신이 어떤 연휴를 보내든, 가장 중요한 것은 당신이, 그리고 당신의 가족이 행복하게 느끼는 것이다. 그리고 느긋하게 앉아서 따뜻한 차 한 잔을 마시자.

미니멀리스트의 선물 주는 법

미니멀 육아법을 실천하는 우리들은 선물을 주고받는 것을 아주 좋아한다. 하지만 때마다 모든 회사 동료, 학교 직원, 조카, 사촌, 이웃의 선물을 챙겨야 할까? 꼭 그럴 필요는 없다. 사랑과 감사를 충분히 표현하면서도 분에 넘치지 않는 선물 하는 법에 대해서 알아보자.

예산과 계획을 세운다

특히나 연휴 때가 되면, 선물 사느라 예산 초과가 되기 십상이다. 미리 계획과 예산을 세워서 대비하자. 앞 장에서 살펴보았던 연휴 계획을 세우고 가지치기 하는 법을 여기에도 적용하는 것이다. 필요한 선물 목록을 만들고 꼭 필요한 항목이 아니면 지우자. 예산 초과를 확실하게 막고 싶다면, 6장에서 제시카가 썼던 '봉투 안에 현금을 쪼개어 넣기' 방법을 써보는 건 어떨까?

규모를 줄인다

만약 당신이 친척, 친지들이 많은 집안에서 태어났다면 선물에 드는 비용에 분명한 한계를 그을 필요가 있다. 특히나 친척들에게 아이들이 생기기 시작하면 그 비용은 걷잡을 수 없이 커지기 때문이다. 그래서 크리스틴과 그녀의 형제자매들은 선물교환을 서로 하지 않는다는 원칙을 세우고, 그 대신 가족들이 함께하는 시간에 더욱 중점을 둔다. 물론 작고 소박한 선물들(예를 들어, 집에서 만든 것들)은 예외지만 말이다. 포장지에 싸인 선물은 아주 갓난아기나 할머니, 할아버지들만을 위해서 준비된다(연장자를 존중하는 한국식 전통에 따라서). 이 작은 실천 하나만으로도 가족들의 스트레스와 비용 부담이 확 줄어들 수 있다.

경험도 선물이 된다

공연 티켓, 박물관의 멤버십, 아니면 친한 친척의 집에서 보내는 하룻밤 등등 아이들이 추억으로 간직할 수 있는 경험을 선물하는 것도 멋진 일이다. 집 안에 쓸데없는 물건들이 쌓이는 것을 막을 수 있을 뿐만 아니라 오래도록 마음에 남는 선물이 될 테니까 말이다. 특히 아이들이 아직 나이가 어릴 때는 긴 시간 집중하기 힘들기 때문에 굳이 비싼 공연을 보여줄 필요가 없다. 저렴한 가격으로, 혹은 무료로 관람할 수 있는 동네 고등학교, 대학교, 교회, 혹은 문화관의 공연을 함께 보자. 만약 친척 중 누군가가 당신의 아이들에게 뭔가를 선물하고 싶다고 한다면, 한두 시간의 '시간'을 선물해달라고 해보자. 그 시간 동안 아이들과 함께 놀아달라고 말이다.

오래 즐길 수 있는 선물들

최신 유행하는 장난감보다는, 좀 더 오래 즐길 수 있는 것을 선물해보자. 그런 의미에서 책은 아주 좋은 선물이 된다. 아이들이 그 책을 다 읽고 나면 더 어린 아이에게 물려줄 수도 있고, 도서관에 기증할 수도 있기 때문이다. 직접 손으로 만들 수 있는 공작 세트를 선물하는 것도 아이들이 창조력을 발휘할 수 있는 시간과 영감을 줄 수 있어서 좋다. 여러 명이 다 함께 즐길 수 있는 게임 세트는 어떨까? 가족과 친구들과 더 친해질 수 있는 계기가 될 것이다. 스포츠용품이나 음악 CD를 선물하는 것도 사교성을 키워주는 데 도움이 된다.

선물용 포장지를 사야 할까?

선물을 싸는 종이로는 아이들이 그림을 그린 종이, 신문, 식료품점 포장지, 아니면 그냥 갈색 재생종이로 충분하다. 그리고 색실로 예쁘게 꾸미거나 묶어주면 된다. 아샤의 가족들은 그렇게 포장한 선물 위에 리본을 그려 넣고 익살스러운 문구를 적어 넣길 좋아한다. "당신을 위한 선물은 냉동 양상추입니다" 혹은 "평생 신고도 남을 양말을 드립니다" 같이 말이다.

'자선'에 대해서도 생각하자

아이들에게 '자선'과 '나눔'에 대한 인식을 심어주는 것은 그 아이들이 지금 당장 자신의 주변만을 생각하는 편협한 시각을 넘어서 더 넓은 세상을 볼 수 있게 해준다.

> "가족들과 함께 무료급식소에서 자원봉사를 해보세요. 연휴를 위한 쇼핑은 iGive.com이나 iBake.com 같은 사이트에서 하는 건 어떨까요?(국내에서 이용할 수 있는 사이트로는 굿네이버스 나눔 쇼핑몰 Givestore.com이 있다 — 옮긴이) 그런 사이트에서는 판매 이익금의 일부를 우리가 원하는 자선단체에 직접 기부할 수 있답니다. 가족들과 함께 휴가를 즐기지 못하는 사람들을 위해서 신용카드 포인트나 항공 마일리지를 기부할 수도 있고요."
> _이자벨(BostonMamas.com)

지역 경제를 살리자

인터넷 쇼핑은 정말로 편리하다. 하지만 조금 발품을 팔아서 가까운 마을시장이나 공예마을을 방문해보자. 지역 경제를 살리는 것은 우리 모두를 위해 특별한 의미가 있기 때문이다. 마을시장과 상점들을 돌아보는 것을 규칙적인 가족 행사로 만들어보는 것은 어떨까? 이웃을 후원한다는 의미도 있을뿐더러 지역사회를 좀 더 잘 알 수 있는 기회도 된다. 선물을 살 때에도 가까운 동네의 가게에서 구입하거나 지역 공동체 사이트에서 주문해보자.

중고시장에서 건진 근사한 물건도 괜찮다

중고시장에서 정성스럽게 고른 물건을 특이하게 포장해서 선물하거나, 이미 당신이 갖고 있던 물건 중에서 아직 사용하지 않은 것을 선물하는 것도 훌륭한 방법이다. 명품 브랜드의 물건이라 할지라도 누군가를 '한 번 거쳐 온' 것은 가격이 훨씬 저렴해진다. 그리고 그 선물을 받을 사람에게 그 물건이 중고라는 사실을 미리 밝힌다고 해서 선물의 가치가 떨어지는 것도 결코 아니다.

크리스틴 최근에 한 친구가 아기를 낳았다. 나는 그녀에게 아기를 위한 선물을 보내주고 싶었지만 그녀가 워낙 아기용품에 까다롭다는 걸 알고 있었기 때문에 조금 망설였다. 아주 예쁜 아기 포대기가 있었는데, 바이올렛이 업히는 걸 싫어해서 몇 번 쓰지 않은 새것이었다. 나는 친구에게 이메일로, '곱게 쓴 아기 포대기가 있는데, 네게 보내줘도 될까?'라고 물었다. 그녀는 당장 답장을 보내왔다. '그럼, 좋고 말고!'라고.

선물 주고받는 시기를 정리 정돈의 기회로 삼자

우리는 누구나 선물을 좋아한다. 하지만 '하나를 들이면 하나를 내보낸다'는 정리 정돈의 룰을 지키지 않으면 선물들은 어느새 집 안을 어지럽히는 잡동사니로 둔갑하고 만다. 생일이나 특별한 연휴(선물이 밀려들어오는 시즌)가 돌아오면, 갖고 있는 물건들을 다시 한 번 정리 정돈하는 기회로 삼자.

이제 곧 선물을 받게 되리라는 걸 알면, 아이들은 오래된 장난감을 처분하거나 다른 아이들에게 주는 데 너그러워진다. 생일이나 특별한 연휴는 아이들에게 철 지난 장난감들을 미련 없이 내보내고 '공간'을 만들게 할 수 있는 절호의 찬스다.

원치 않는 선물은 환불하는 대신 기부하자

감사히 받기는 했지만, 당신이 그다지 마음에 들지 않는 선물이 있다면 환불하는 대신 기부해보는 건 어떨까? 선물을 환불하거나 교환하기 위해 쇼핑센터까지 왔다 갔다 하는 시간도 절약되고 기부도 할 수 있다.

가족 여행

'즐거운 가족 여행'이라니, 말도 안 된다고? 물론 빽빽 우는 아기와 함께 비행기 안에 몇 시간이고 갇혀서 진땀을 빼는 걸 즐거워할 사람은 없지만, 가족 여행이 꼭 그렇게 피곤하고 성가신 일이 될 필요는 없다. 여행은 아이들에게 살아 숨 쉬는 세상을 보여줄 수 있는 최상의 방법 중 하나다. 여행을 통해서 아이들은 자신들의 작은 세계를 깨고 나올 수 있다. 가족끼리 휴가 여행을 한 번이라도 갔다 오고 나면 가족 간에 더욱 강하고도 새로운 유대가 샘솟는 것을 느낄 것이다.

아이들에게 새로운 세상을 보여주는 것은, 아이들을 미래의 훌륭한 시민으로 키운다는 의미도 있다. 아이들이 어릴 때 더 넓은 세상을 보여주면 글로벌한 의식을 아이들의 DNA에 심어줄 수 있다. 그리고 그 경험은 여행에서 돌아온 후에도 두고두고 아이들에게 영향을 미친다. 여기서 우리는 '미니멀리스트'적인 방법으로 아이들에게 세상 경험을 시키는 것에 대해 이야기하려 한다. 부담과 번거로움은 줄이면서도 행복한 기억은 더할 수 있는 방법을 말이다.

예산과 시간 면에서 과감해져라
주말을 끼고 며칠간의 휴가를 내는 게 '정말로' 그토록 불가능한가? 부족한 여행경비를 충당하기 위해서 줄일 수 있는 예산이 '정말로' 없는가? "너무 바빠서", 혹은 "돈이 없어서"라는 흔해빠진 변명은 그만하자. 동료에게 부탁해서 며칠간만 당신의 일을 맡아달라고 해보자. 아니면 마감시한을 며칠만 미뤄달라고 해보자. 돈이 문제라면 한 달간 점심 도시락을 싸보는 건 어떨까? 6장에서 우리는 '소비'와 '투자'의 차이점에 대해서 이야기했었다. 만약 당신이 가족들과 여행하는 일을 가치 있게 여긴다면, 그 '투자'에 좀 더 과감해져야 하지 않을까?

아샤 나는 운 좋게도 스케줄 조정이 가능한 일을 하고 있다. 또, 남편과 나는 여행경비를 절약하는 요령을 많이 알고 있다. 하지만 기억을 더듬어보면, 우리 가족이 가장 행복하게 보냈던 휴가의 추억은 해외여행을 하고 비싼 호텔에 묵었던 때가 아니라, 내 사촌 집 수영장에서 놀면서 보냈던 따뜻한 며칠이었다. 그때 우리가 여행경비로 쓴 돈은 차의 기름값뿐이었다.

'거창한 여행'이 꼭 필요할까?

행복한 휴가를 보내기 위해 무엇이 가장 중요한지를 다시 생각해보는 것만으로도 불필요한 지출을 크게 줄일 수 있다. 여행은 꼭 돈을 많이 들여야 즐거운 것은 아니다. 여행의 즐거움은 '함께하는 것'에 있지, '어디를 가느냐'에 있는 것이 아니기 때문이다.

크리스틴 내가 어렸을 때, 우리 아홉 식구가 비행기를 타고 어딘가에 간다는 것은 꿈도 꿀 수 없는 사치였다. 돈도 없었거니와, 부모님이 경영하시던 가게를 오랜 시간 비운다는 것은 있을 수 없는 일이었기 때문이다. 그래도 우리 가족은 케이프 코드(Cape Cod, 매사추세츠

주에 있는 반도 — 옮긴이)로 두어 번 주말여행을 떠났다. 우리 아홉 식구는 커다란 녹색 밴에 빼곡히 끼어 타고는 너무나 신나서 노래를 불렀다. 며칠간이나마 집안일에서 해방이 되고, 부모님 가게 일을 도와드리지 않아도 된다는 사실이 무엇보다 기뻤던 것 같다. 나는 아직도 그때의 추억 — 부모님이 그렇게 느긋한 표정을 지으시는 걸 처음 보았다 — 을 생생하게 기억하고 있다. 그것은 결코 럭셔리한 여행이라고 부를 수는 없는 것이었지만 우리는 모두 그 순간을 즐기며 행복해했다.

남편과 나는 종종 두 딸과 함께 여행을 즐길 수 있으니 얼마나 운이 좋은지 모르겠다. 우리도 사치스러운 여행을 하는 사람들은 아니지만 적어도 1년에 몇 번은 여행을 떠난다. 자동차를 몰고 떠나는 주말여행과 비행기를 타고 가는 해외여행을 포함해서 말이다. 하지만 솔직히 말해서, 어디로 가는지, 무엇을 하는지는 내게 그다지 중요하지 않다. 나는 그저 가족들과 함께하는 시간과 공간이 기쁠 뿐이다.

만약에 도저히 집을 떠나서 여행하는 것이 불가능한 상황이라 해도, 지금 당장 즐길 수 있는 소소한 여행들이 얼마든지 있다. 예를 들어,

- **동네 골목길을 탐험해보자.** 동네에 새로 생긴 아이스크림 가게에 들러보자. 동네의 영화관에서는 요즘 무슨 영화를 상영하고 있는지도 체크해보자. 지역 공동체의 행사 게시판을 살펴보고 참여할 수 있는 행사가 있으면 함께 즐겨보자.
- **몸을 움직이자.** 자전거를 타고 달려보자. 아니면 운동화를 신고 걸

어보자. 아이들과 함께 차에서 내려 몸을 움직이면서 놀아보는 것이다.
- **가까운 호텔에서 묵어보자.** 하루이틀 정도 호텔비를 감당할 수 있다면, 늘 지나치면서 봐왔던 길모퉁이 호텔에서 묵어보는 것도 전혀 새로운 경험이 될 수 있다. 아니면, 좀 더 큰 호텔 체인의 '가족 패키지'를 이용하는 것은 어떨까? 많은 호텔이 아이들을 위한 키즈 클럽 프로그램을 제공하고 있다.

여행 준비와 짐 싸기

여행의 행선지가 정해졌으면 이제 짐을 챙겨서 가족들과 함께 그곳에 도착하는 일이 남았다. 그 준비를 도와줄 만한 '미니멀리스트'적인 방법을 모아보았다.

- **가지고 갈 짐가방의 수를 제한하자.** 넣을 곳이 적을수록, 적은 물건을 챙기게 된다. 커다란 트렁크 하나, 손에 드는 짐가방 하나로 간소화할 수 있다면 가장 좋다. 우리가 챙겨야 할 것들이 짐가방뿐만이 아니라는 점을 기억하자. 아이들 손도 잡아야 하고, 유모차도 끌어야 한다(학교에 들어갈 나이의 아이들은 스스로의 짐을 들고 갈 수도 있다는 것도 잊지 말자).
- **옛날 엄마들이 했던 대로 하자.** 우리의 엄마들은 아이들을 데리고 여행을 갈 때, 정말 꼭 필요한 것(예를 들어, 접이식 유모차)만 갖고 가셨다. 이런저런 장난감이나 아기의자 같은 것은 과감히 두고 가셨

던 것이다. 지금 우리도 그 방식을 본받을 필요가 있다. 그리고 아이들은 일단 여행지에 도착하면 새로운 놀거리에 정신이 팔려 집에 두고 온 것들을 결코 찾지 않을 것이다.

- **맞춰 입기 편한, 기본 디자인의 옷들을 가져가자.** 한 벌로 여러 가지 느낌을 낼 수 있는 기본 디자인의 옷들을 챙기자. 짐이 줄어들 뿐만 아니라, 거기에 대담한 액세서리를 매치하면 전혀 새로운 패션을 연출할 수 있다.
- **옷들은 겹쳐서 개어놓자.** 셔츠면 셔츠, 바지면 바지 등 같은 종류의 옷들은 한꺼번에 겹쳐 개어놓으면 공간을 많이 절약할 수 있다. 게다가 옷들이 겹쳐지면 구김이 가는 것도 많이 줄어든다.
- **여행지에서 그때그때 빨아 입자.** 옷은 몇 벌만 갖고 가서 여행지에서 빨아 입어보자. 휴가 여행에서 빨래를 한다는 사실이 못마땅할 수도 있지만, 막상 해보면 굉장히 간편할 뿐만 아니라, 집에 돌아와서도 따로 빨래할 필요가 없으니 더욱 좋다.
- **늘 여분을 준비하자.** 손가방 안에 여분의 아이옷과 당신을 위한 여벌의 티셔츠를 준비하자(알다시피, 준비 없이 떠나면 늘 무슨 일인가 터지게 마련이니까). 참, 그리고 간식을 잊지 말자! 아이가 있다면 특히나!

충분히 즐길 것

여행을 준비했고, 짐을 꾸렸고, 이제 당신은 그곳에 있다! 축하한다. 정말 행복한 일 아닌가? 자, 이제 다리를 쭉 뻗고 이 순간을 즐겨보자.

- **전원을 끄자.** 목적지까지 가는 차 안이나 비행기 안에서는 게임기가 유용할 수 있다. 하지만 일단 '그곳'에 도착하고 나서는 모든 디지털 기기들을 끄길 바란다(카메라만 빼고 말이다). 아이들뿐만 아니라 어른도 마찬가지다. 여행 사이사이의 빈 시간들을 게임기나 스마트폰을 만지작거리며 때운다면 서로 이야기를 나누거나 새로운 환경을 감상할 기회를 놓쳐버리게 된다. 처음에 아샤와 그녀의 남편이 이 '여행의 규칙'을 선포했을 때, 아이들은 조금 반항을 했다. 하지만 지금은 아이들도 여행은 디지털 기기 없이 하는 편이 훨씬 즐겁다는 사실에 동의한다.
- **여행 일정을 너무 꽉 채우지 말자.** 여행지의 볼거리들을 다 구경하고야 말겠다는 계획은 종종 피곤함만 부른다. 당신과 가족들이 가장 보고 싶은 것부터 순서대로 목록을 작성한 뒤, 모두가 즐길 수 있는 한도 내에서만 관광을 하는 것이 좋다. 볼거리들을 조금 남겨놓는다고 해서 문제될 것은 없다. 언제든 다시 올 수 있으니까.

크리스틴 나와 남편이 처음 영국을 여행할 때, 우리는 여행 규칙을 하나 정했다. '아침에 눈을 떠서 그날의 기분에 따라 가고 싶은 곳에 가기'. 그리고 실제로 아무 계획 없이 잠자리에 든 뒤, 매일 아침 가이드북을 뒤적이면서 그날의 기분에 가장 내키고, 몸의 컨디션에도 맞는 행선지를 골랐다. 그 방법은 정말 우리 마음에 꼭 들었다. 미리 정해진 일정 없이 잠자리에 든다는 점도 여행의 설레임을 더해주었기 때문이다. 우리는 아이들이 생기고, 가족 여행을 시작하게 되면서부터도 쭉 그 방식을 고수해오고 있다(로렐도 아침에 행선지를 정하는 데 일조하는 것을 좋아한다!). 어쨌든 여행이란 즐겁고 흥미로운 일들을 하는 이벤트가 아닌가('봐야 할 것' 목록에 따라 허겁지겁 움직이는 것이 아니라)!

- **취침시간에 너무 연연하지 말자.** 평소에는 아이들이 규칙적인 시간에 잠자리에 드는 것이 중요할 수 있다. 하지만 여행지에서는 정해진 취침시간은 잊어버려도 좋다. 특히, 해외여행의 경우에는 시차도 있기 때문에 일정한 시간에 연연하는 것은 의미가 없다. 아이들도 새로운 환경에서는 낮잠에 빠져들기가 쉽지 않다. 그래서 틈틈이 차 안에서 자거나, 유모차에서 자거나, 아니면 평소보다 훨씬 일찍 잠자리에 들 수도 있다. 아이들의 신체 리듬이 원하는 대로 맡겨두자.
- **새로운 경험을 환영하자.** 익숙해져버린 일상, 혹은 늘 똑같은 집에서와는 달리 여행지에서의 하루하루는 아이들에게 새로운 것투성이다. 이 기회에 지금껏 몰랐던 아이들의 흥미와 열정을 발견할 수도 있고, 오래된 습관을 고칠 수 있는 계기를 마련할 수도 있고, 가족 간에 서로의 새로운 면모를 발견할 수도 있다.

아샤   최근 우리 가족은 하와이를 여행했다. 그곳에서 아이들과 함께 스누버 다이빙(스노클링과 스쿠버 다이빙의 합성어로 공기통에 연결된 호스를 물고 얕은 물에서 진행하는 초보자용 프로그램 ― 옮긴이)을 시도했다. 우리는 아이들이 처음 접해보는 활동에 겁을 먹을까봐 어느 정도 마음의 준비를 하고 있었다. 하지만 스누버 다이빙이 끝나고 물 밖으로 나왔을 때, 아들 샘은 우리에게 이렇게 말했다. "이제부터 내 취미는 스누버 다이빙이에요! 누가 게임기 같은 걸 갖고 논대요?" 아이는 스누버 다이빙에 단단히 매료된 것 같았다. 지금 샘은 정식 스쿠버 다이빙 자격증 코스를 밟고 있다.

특별한 날, 휴가, 혹은 여행지에서는 모든 것이 허용된다. 그땐 오로지 당신을 즐겁게 하는 일들에 집중해보자. 함께하는 사람들은 물론 당신을 둘러싼 모든 것들, 자그마한 모든 것들까지도 전보다 훨씬 반짝이는 걸 발견하고는 깜짝 놀라게 될 것이다.

chapter
14

당신이 진정한
미니멀리스트!

MINIMALIST PARENTING

 우리가 이 장을 『미니멀 육아의 행복』의 마지막 장으로 삼은 데는 이유가 있다. 가장 중요하기 때문이다. 그리고 이 책을 덮으며 당신이 가장 가슴에 새겨야 할 이야기들이기 때문이다. 자신을 가꾸고 사랑하는 법 말이다. 결국 우리 삶에서 가장 소중한 것은 우리 자신이 아닌가?

 질리도록 들어온 이야기를 한 번 더 하자면, 비행기의 안전수칙에도 '당신의 산소 마스크를 먼저 쓴 뒤, 아이를 도와주십시오'라고 적혀 있다. 하지만 실생활에서 우리 스스로를 먼저 돌보기가 ─ 그럴 만한 시간과 돈을 짜내기가 ─ 그리 쉬운가? 현실적으로 시간과 돈과 에너지가 달리는 것은 둘째 치고라도, 우리 사회와 문화가 만들어놓은 '모성애'니, '희생정신'이니 하는 것들이 보이지 않게 우리를 압박한다.

 일단 아이들이 생기고 엄마가 되면 우리 삶의 우선순위는 자연스럽게 뒤바뀐다. 하지만 그렇다고 해서 '나 자신'이 사라져서는 안 된다. 아무것도 거칠 게 없었던 시절, 클럽에서 밤새 춤추던 시절로 돌아가자는 소리가 아니다. 우리는 이제 그 철없던 아가씨가 아니니까 말이다. 우리는 새로운 삶의 국면을 맞이했고, 변했다. 부모가 된 것이다. 우선 축하할 일이다. 이 새롭고도 영광스러운 재탄생, '나'의 탄생을.

스스로를 돌보는 것은 이기적인 게 아니다

스스로에게 잘 대접 받고 있다는 느낌은 우리를 행복하게 만들고, 그 행복감은 남편과 아이들, 친구들, 이웃들에게로 전달되고 퍼져나간다. 당신으로부터 시작된 행복의 물결이 점점 커져가는 것이다.

당신이 하는 일은 모두에게 영향을 미친다

스스로의 행복과 에너지를 충전하는 재능은 다른 이들을 더 잘 돌볼 수 있는 재능과 직결된다. 발톱에 매니큐어를 칠하는 것이 더 좋은 엄마가 되는 비결이라는 뜻이 아니라, 발톱에 매니큐어를 칠함으로써 더 산뜻한 기분이 된다면 다른 이에게도 그 기분을 나눠줄 수 있게 된다는 뜻이다.

아이들이 보고 있다

아이들은 모든 것을 지켜보고 있다. 부모들이 어떻게 행동하느냐에 따라 아이들의 태도가 얼마나 달라지는지를 알면 거의 섬뜩하기까지 하다. 우리가 우울해하거나 낙담하고 있으면 아이들은 대번에 알아챈다.

어떤 아이들은 일부러 말썽을 일으켜서 관심을 받으려고 하고, 또 어떤 아이들은 반대로 스스로의 욕구를 누르고 부모를 돌보려 들기도 한다. 부모도 어쩔 수 없이 나약한 인간일 뿐이라는 걸(완벽함 그 자체의 영웅이 아니라) 아이들이 일찌감치 깨닫는 것도 일견 도움이 될 수 있지만, 최소한 부모가 자신을 책임질 수 있는 사람이며 믿고 의지할 수 있는 사람이라는 신뢰를 주는 것이 중요하다. 그래야 아이들이 안심하고 스스로의 성장에 집중할 수 있기 때문이다. 우리가 아이들에게 스스로를 돌보는 모습을 보여주면, 아이들도 자신과 다른 사람 모두를 배려할 줄 아는 법을 배우게 될 것이다.

당신은 이미 공간을 창조해내고 있다

이 책의 첫머리에서 우리는 이미 스스로에게 '공간'을 허용하는 것에 대해서 이야기한 바 있다. 벅찬 부모 노릇의 쳇바퀴에서 벗어나 진정 우리 가족에게 효과적인 방법을 찾아낼 수 있는 시간을 갖는 것 말이다. 당신은 지금까지의 여정을 우리와 함께하면서 물질적, 감정적 잡동사니들을 최소화해나가고 있다. 그것만으로도 이미 당신의 삶 속에 여유공간이 생겼을 것이다(아직 아니라면 이 책을 다 읽고 나서 그 공간을 만들어낼 것이다). 이제 당신 자신에게 주의를 기울일 때다. '셀프케어'란 이기적인 생활에 몰두하는 걸 의미하지 않는다. 그것은 충만한 삶을 살아내기 위해 꼭 필요한 생활의 한 부분이다.

'나'를 우선순위에 놓기

"모두들 스파센터에서 일주일간 요양합시다!"라고 외치며 이 장을 시작할 수 있다면 정말 좋겠다. 하지만 모두가 알다시피 그건 현실성이 없다. 일주일에 5일씩 헬스클럽에 다니자는 말도, 화장품 매장에서 한 병에 200달러 하는 화장품을 사자는 말도, 하루에 한 시간씩 명상을 하자는 말도 현실성 없기는 마찬가지다. 우리가 생각해보고자 하는 '셀프케어'란 무언가를 '하는' 것이라기보다는 삶을 대하는 태도, 혹은 습관에 관한 것이다.

가정과 직장을 오가다 보면 우리 스스로를 위한 시간을 찾기란 거의 불가능해 보인다. 우리도 충분히 이해하는 바다. 우리 모두가 거쳐온 길이니까. 이제 자신에게 조금 여유를 주는 작업을 시작해보자. 새로운 '나'의 탄생을 위해서 말이다.

작은 것부터 시작하자

거창한 '셀프케어' 계획을 세워놓으면 뿌듯하긴 하겠지만 지키기가 어렵다는 함정이 있다. 작은 것들부터 정복해나가는 것이 비결이다. 크리스틴은 한 스포츠 잡지에서 하루에 10분씩이라도 달리는 것은 전혀 달리지 않는 것보다 낫다는 기사를 읽었다. 그 별것 아닌 기사가 그녀의 가슴을 울렸다. 하루에 10분. 세상에, 우리가 그 정도는 나를 위해 써도 되지 않을까? 하루에 10분만 시간을 내는 것에서 시작하자. 그리고 원하는 것을 무엇이든 10분간 하는 것이다. 그것만으로도 많은 것이 달라지기 시작할 것이다.

스케줄표에 '셀프케어'를 집어넣자

할 일 목록과 스케줄 달력을 사용하고 있는 당신이라면 특히 이 방법이 효과적일 것이다(우리는 이미 2장에서 이 도구들의 사용법에 대해 이야기했다). 매일 일과표에 '스스로를 위해 무언가를 할 것' 항목을 추가하는 것이다. 이 항목을 꼬박꼬박 지워나가면서 느끼는 행복감은 무엇과도 비할 수 없을 것이다.

지금 이 순간에 집중하자

'셀프케어'를 처음 시작하는 단계에서는 스스로를 돌보는 시간을 즐기기가 생각만큼 쉽지 않다. 밀린 집안일, 회사 일, 아이들이 한꺼번에 눈앞에 아른거려서 집중하기가 힘들기 때문이다. 그때는 '한 번에 한 가지씩만' 생각하도록 노력해보자. 그렇게 하면 마음이 훨씬 차분하게 가라앉는다. 무엇을 하건, 온전히 그 순간에 집중할 수 있다면 우리의 창의력과 에너지는 최대한 발휘될 수 있다. 당신을 위해 낸 그 소중한 10분(더 길게 시간을 낼 수 있다면 더욱 좋다!) 동안, 다른 일들은 머릿속에서 몰아내도록 노력해보자. 그 시간은 오로지 당신만을 위해 써야 한다.

도움을 요청하자

모든 일들을 처음부터 끝까지 혼자서 해치워야 한다는 강박관념에서 벗어났다면 이제 당신은 도움을 요청할 준비가 된 것이다. 마침내! 망설이지 말고 도와달라고 말하자. 도움을 요청하는 것은 약한 행동이 아니다. 그것은 당신이 그 일을 제대로 해낼 능력이 없다는 뜻이 아니라 단지 그 순간에 그 일을 처리할 만한 형편이 못 된다는 뜻이다. 당신뿐만이 아니라 주위의 모든 사람들이 저마다 다르지만 어쩔 수 없는 상황에 부딪히고 있음을 기억하자.

'싫어'라고 말하자

우리가 3장에서 이미 언급했다시피, 당신이 원하지 않는 일에는 싫다고 단호하게 말할 수 있는 용기가 있어야 한다. 여기서 다시 한 번 이 사실을 강조하는 이유는, 우리가 살아가면서 너무나 쉽게 하기 싫은 일들에 말려들기 때문이다. 우리는 스스로의 시간을 어떻게 사용할 것인지를 결정할 수 있는 권한이 있다.

'셀프케어'란 다른 것이 아니다. 우리가 새롭게 마련한 미니멀한 삶의 형태에 맞는 태도를 갖는 것이다. 버스 드라이버는 바로 나라는 사실을 잊지 말자. 언제나 '즐거움'을 최고의 목표로 삼자. 우리는 행복해질 자격이 있기 때문이다. 하루도 빼놓지 않고.

피트니스: 하루에 한 걸음씩 강해지기

그렇다, 운동! 몸에도 좋고 마음에도 좋은 그 운동 말이다. 보기 좋은 몸매와 적절한 체중을 유지하기 위해서도 꼭 필요한 그것, 심장 건강을 위해서도 필수적인 그것, 건강한 사람들은 꼭 하는 그것. 그뿐인가? 이젠 정부도 발 벗고 나서서 당신이 운동을 하길 권하고 있다. 당신도, 나도, 운동해야 한다는 건 안다. 하도 들어서 지겨울 지경이다.

그런데, 언제부터 운동이 '꼭' 해야 하는 의무사항이 된 걸까? 해야 한다, 해야 한다고 듣다 보니 꼭 숙제를 하는 기분이 들지 않나? 우리가 왜 운동을 해야 하는가에 좀 더 매력적인 답변은 없을까? 운동을 하면 즐겁고 재미있으니까, 삶에 쉽게 녹아드는 활동이니까, 그리고 무엇보다 운동을 하면 자신감이 솟아오르고 스스로 강하게 느껴지니까.

우리가 운동을 하는 이유는 올림픽에 나가기 위해서가 아니다. 그저 몸을 움직이기 위해서다. 그것뿐이다. 걷고, 춤추고, 달리고, 자전거를 타고, 수영을 하고, 하이킹을 하고……. 어떤 것이 되었든 몸을 움직여 기분이 좋아진다면 훌륭한 운동이다.

피트니스의 좋은 점은, '재미로' 시작하면 된다는 것이다. 그저 재미를 좇아 몸을 움직이다 보면 우리가 운동으로 얻고자 하는 목적을 달성할 수가 있다. 신문이나 건강잡지에서 소위 전문가들이 말하는, '어떤 운동을, 몇 분 동안, 몇 세트 반복하라'는 이야기들은 단지 참고만 하면 된다. 근육을 만드는 운동에 전문가일지는 모르겠지만 그들이 우리의 삶을 대신 살아줄 것은 아니지 않은가? 어디서부터, 무엇부터 시작할지는 스스로 정하면 된다. 운동을 시작하고, 계속해나갈 수 있는 좀 더 쉬운 방법들을 알아보자.

처음에는 작은 목표부터

목표를 세우는 것이 동기 부여가 된다면 운동을 할 때도 적용해보라. 단, 처음에는 아주 작은 목표를 세워야 한다. 장기적인 안목으로 원대한 목표를 세우는 것은 훌륭한 일이지만 운동에 관한 한 좀 더 현실적이 될 필요가 있다. '하루에 10분씩 달리기', 혹은 '하루에 팔굽혀펴기 다섯 번 하기' 같은 작은 목표를 세워보는 것이 좋다(예를 들어, Couch to 5K 같은 앱은 초보 마라토너에게 작지만 확실한 목표를 설정하는 걸 도와준다). 당신에게 알맞은 운동을 찾아서 '작은 목표'를 세워보자.

소셜 미디어로 동기 부여 받기

스스로를 위한 시간을 내어 운동을 하고 싶어 하는 친구들과 소셜 미디어를 통해 정보도 교환하고 서로 동기 부여도 할 수 있다면 도움이 될 것이다. 조깅을 할까 말까 망설이고 있을 때 트위터나 페이스북의 친구들이 와글와글 떠들며 '당장 뛰어나가!'라고 말해준다면 소파를 박차고 일어나는 데 큰 힘이 된다.

일상생활을 운동으로 만들자

때로는 일상생활 속에서 조금 더 '빨리' 움직이는 것만으로도 운동 효과를 낼 수 있다. 앞서 말했던 '한 번에 한 가지씩만'의 법칙에 조금 어긋나긴 하지만 생활이 운동이 될 수 있다면 멋지지 않겠는가?

크리스틴 나는 주중에는 운동을 할 수 있는 짬을 내기가 거의 어렵다. 어린이집 운영시간은 짧고, 나는 풀타임으로 일하기 때문이다. 그래서 어차피 해야 하는 일들을 운동으로 전환시키기로 했다. 바이올렛을 어린이집에 데려다 줄 때는 아이와 함께 걸어가고, 올 때는 혼자니까 뛰어서 돌아오는 것이다. 아니면 볼일이 생겨서 밖에 나가야 할 때면 늘 뛰어서 그곳까지 간다. 심지어 업무회의를 하러 갈 때도 뛰어갔다가 뛰어서 돌아올 때도 있다(다행히 내 동료는 내가 아이디어 회의에 땀을 흘리며 나타나도 개의치 않는다).

아샤 언젠가 나는 블로그에 '엄마들을 위한 미친 운동법!'이라는 칼럼을 쓴 적이 있다. 그 칼럼에서 우리 아이들이 학교 들어가기 전에 내가 쇼핑센터에서 어떤 식으로 운동을 했는지를 소개했다. 일단 쇼핑센터 입구에서 가장 멀찍감치 떨어져 있는 자리에 차를 주차시키고 아이를 쇼핑카트에 태운 다음, 입구를 향해 힘차게 달려갔던 것이다! 다른 사람들 눈에 나는 분명 '미친 엄마'처럼 보였을 것이다. 하지만 아이는 쌩쌩 달리는 카트 위에 타는 걸 너무나 즐거워했고 나는 오랜만에 심장이 빠르게 뛰는 것을 느낄 수 있었다.

친구들과 함께하는 운동

걷거나, 뛰거나, 헬스클럽에 다니는 것은 친구들과 함께할 때 훨씬 쉽다. 작은 그룹을 만들어 같은 코스에 등록하거나 같은 시간에 조깅을 해보자. 운동을 빼먹고 싶은 유혹을 이길 수 있을 뿐만 아니라 어른들만의 사교 시간을 가질 수도 있다.

성과를 기록하고 나누자

DailyMile.com 같은 사이트에 가입해서 운동 성과와 과정들을 올리고 다른 이들과 공유해보는 것도 효과적인 방법이다. 운동 팁을 나눌 수도 있고, 운동 마일리지가 쌓여가는 재미도 있으며, 가입자들 간에 서로 격려하고 운동 결과를 축하해주다 보면 운동을 꾸준히 해나갈 수 있는 동기 부여가 된다. 크리스틴도 MyFitnessPal 앱의 팬이다. 크리스틴은 앱에 자신의 운동 기록을 저장하고 다이어트 하는 데에도 도움을 받고 있다.

적절한 도구들

만약 당신의 요가복이나 요가 매트가 너무 낡았거나 몸에 잘 맞지 않는다면 '강아지 자세'를 편안하게 취할 수 없을 것이다. 운동할 때 멋지게 보이는 것도 중요하다. 좋은 품질의 도구들을 갖추면 더욱 안전하고 기분 좋게 운동할 수 있다.

운동 메뉴를 바꿔보자

한 가지 운동에 싫증이 났는가? 걷기 대신 자전거를 타보자. 스텝 에어로빅 대신 줌바 수업에 참여해보는 것은 어떨까? 겁내지 말고 새로운 것에 도전하자. 당신은 생각보다 강한 사람이다.

돈이 드는 수업

돈을 내고 코스에 등록하는 것은 굉장한 동기 부여가 된다. 한 블로거는 이렇게 말했다. "무료 수업이 아니라 돈이 드는 수업에 등록을 하세요. 그래야 빠지지 않죠." 또 다른 블로거는 "저는 조금 비싸지만 보디잼 댄스 수업에 등록했어요. 그리고 그 수업을 내 딸의 발레 수업, 혹은 내 아들의 가라데 수업과 똑같이 대접하죠. 그러니까, 절대로 빼먹지 않는다구요!"

스타일: 작은 변화가 큰 차이를 만든다

당신의 '스타일'은 곧 당신 자신을 의미한다. 우리가 지금까지 스스로에게 맞는 자신만의 육아법을 찾으려 애써왔듯이, 스타일을 이야기할 때에도 각자에게 맞는 것을 찾는 일이 핵심이다(우리는 보그 모델도 아니고 백화점 의류 매장에서 옷을 사는 부류도 아니다).

스타일은 셀프케어에서 중요한 부분을 차지한다. 당신이 스스로를 패셔니스타라고 여기지 않는다 해도 말이다. 우리는 누구나 예뻐 보이고 싶어 하고, 옷을 어울리게 입고 싶어 하며, 최소한 깨끗하게라도 보이고 싶어 한다. 당신의 지금 기본 스타일이 어떻건 작은 변화를 줌으로써 굉장한 이미지 변신을 할 수가 있다. 더군다나 그렇게 하는 데 많은 시간이 드는 것도 아니다. 어디서부터 시작해야 하는지에 관한 몇 가지 팁들을 소개한다.

예뻐 보이고 싶어 하는 것은 잘못이 아니다

마음가짐부터 새롭게 하고 시작하는 것이 중요하다. 전통적으로 여자들은 자신을 꾸미고 겉모습에 집착하는 것은 경박한 짓이라는 가치관을 은연중에 지니고 있다. 하지만 그 가치관은 잡지에 등장하는 근사한 모델들을 동경하는 마음과 끊임없이 갈등을 일으키며 우리를 괴롭힌다. 이 둘 사이에서 혼란을 느끼는 건 이해하지만 다행히도 실은 그 어떤 것도 따를 필요가 없다. 현명하고 경쟁력을 갖춘 동시에 멋지게 보일 수도 있는 것이다. 패션잡지를 무턱대고 따라하지 않고도 말이다.

옷장과 화장대 정리부터 시작하자

5장에서 살펴보았던 정리 정돈의 법칙을 이제 옷장과 화장대에도 적용시킬 때다.

크리스틴 오랫동안 내 옷장 서랍 안에는 '언젠가 입겠지' 하는 희망을 품은 옷들로 가득했다. 언젠가 다시 유행이 돌아오고, 내가 다시 살이 빠지기를 기다리고 있는 옷들이었다. 그리고 사고 나서 금방 후회했지만 언젠간 좋아하게 될지도 모르니 처박아둔 옷들도 그 안에 끼여 있었다. 언젠가 한 번 확 뒤집어 정리(모든 것들을 꺼내서 추리고, 꼭 필요한 것들만 다시 집어넣는 대대적인 작업)하고 싶다는 꿈이 있긴 했지만 엄두가 나지 않아서 차일피일 미루고만 있었다. 그러다가 조금씩 정리해나가기로 작전을 바꾸었다. 매일 아침, 그 '언젠가 입겠지' 서랍 안에 들어 있는 옷을 한 벌 꺼내서 입으려고 해본다. 입을 수 있으면 입고 나가고 역시 못 입겠다 싶으면 그 자리에서 기부용 박스에 집어넣는 것이다. 그렇게 두어 주가 지나고 나자 옷장 서랍이 효과적으로 정리되었다. 그리고 내가 정말 입을 수 있고, 입고 싶은 옷들만 남게 되었다.

당신을 가장 멋지게 보이게 하는 스타일을 찾자

당신도 알고 있겠지만, 팔등신 44사이즈의 슈퍼모델이 입어서 예쁜 옷이 반드시 내게도 어울릴 것이라는 보장은 없다. 하지만 그녀들이 입은 걸 보면 나도 입고 싶은 건 어쩔 수가 없다, 젠장. 우리는 불가피하게 몇 번의 시행착오를 거치게 된다. 그래도 용기를 잃지 말고 열심히 여러 벌의 옷을 입어봐야 한다. 그중에서 편안하게 느껴지면서도 우리의 실루엣을 가장 돋보이게 해주는 스타일을 적어두자. 그리고 그런 스타일의 옷과 장신구들을 중심으로 옷장을 채워가는 것이다. 다른 스타일은 아예 시도하지 말라는 뜻이 아니다. 하지만 일단 당신에게 가장 어울리는 것들을 갖춘 다음에 예산이 허락하는 한도 내에서 다양성을 시도하면 된다.

단계적으로 스타일을 찾아나가자

'스스로의 스타일에 얼마나 자신이 있느냐'는 질문은 사람들을 나누는 기준이 될 정도로 스타일은 우리의 이미지에 큰 영향을 미친다. 아마도 지금 당신은 스스로의 스타일을 찾아가는 중일 것이다. 패션잡지를 뒤적이다가 왠지 눈이 가는 스타일이 있으면 오려두자. 그리고 패션 센스가 있는 친구에게 부탁해서 함께 비슷한 스타일의 옷을 쇼핑하러 가보자. 아니면 백화점 의류매장의 숍 마스터에게 무료 스타일 상담을 받아보는 것도 좋을 것이다. 그러고 나면 당신의 옷을 보는 시각이 달라질 것이다.

요가 바지에서 벗어나자

일을 하러 나가지 않거나 특별히 차려입을 일이 없는 날이면 편안한 요가 바지(혹은 레깅스나 트레이닝 팬츠)를 입고 싶은 — 그리고 그걸 입은 채로 48시간 동안 뭉개고 싶은 — 강한 유혹이 밀려든다. 우리라고 왜 그 마음을 모르겠는가? 하지만 그런 유혹이 들 때마다 '나를 돌보는 10분'을 사용하자. 그 10분 동안 말쑥한 스커트나 바지를 입고, 그에 어울리는 예쁜 상의를 매치해서 입어보자. 그리고 목걸이를 하나 해보면 어떨까? 짠. 요가 바지를 입었을 때와는 전혀 다른 기분이 들 것이다. 귀걸이 한 쌍, 목걸이 하나, 센스 있는 샌들이나 굽 낮은 구두, 깜찍한 벨트나 가방 하나로 포인트를 줘도 좋다.

옷장에 무엇을 채워 넣어야 하는지 파악하자

당신이 즐겨 입는 옷이 무엇인지, 가장 좋아하는 스타일이 무엇인지 알아냈다면, 그 스타일을 완성하기 위해서 채워 넣어야 하는 아이템 목록을 만들자. 목록은 항상 갖고 다닐 수 있으면 좋다(할 일 목록에 덧붙이면 된다!). 당신이 좋아하는 옷가게에 세일 간판이 걸리면 잽싸게 필요한 것들을 쇼핑하자.

액세서리들과 친해지자

옷장 안에 대담한 컬러나 디자인의 옷을 거는 게 아무래도 부담스럽다고? 그럼 액세서리들과 친해지면 된다.

> **크리스틴** 나도 나름대로 패션을 사랑하는 사람이지만, 커다란 무늬가 들어간 옷이나 화려한 옷, 그러니까 눈에 확 띄는 옷을 고르는 데는 아무래도 주저하게 된다. 나의 쇼핑 취향은 아무데나 맞춰서 입을 수 있는 무난한 디자인과 컬러에 집중되어 있다. 그 대신 액세서리들로 컬러 포인트를 준다. 특히 목걸이나 가방, 신발, 벨트 등은 대담한 컬러를 고르는 편이다. 그리고 빨간 립스틱의 광팬이기도 하다.

기본 몸단장을 게을리하지 말자

요즘 엄마들은 입버릇처럼 '샤워할 시간도 없어요'라고 한다. 하지만 그건 사실이 아니다. 우리에겐 스스로를 위해 투자하기로 한 10분이 있지 않은가? 충분하진 않지만 재빨리 샤워를 하고 머리에 빗질은 할 수 있는 시간이다. 잠들기 직전에 비몽사몽간의 10분이라 할지라도 기본 몸단장 하는 것을 잊지 말자.

관리 스케줄은 미리미리 잡자

만약 머리 할 때가 됐다고 느낀다면(혹은 한참 지났다고 느낀다면) 지금 당장 미용실에 예약하자. 그러면 당신의 달력에 '미용실 가는 날'이 표시가 될 테고, 그에 맞춰 스케줄을 조정하게 되어 있다. 그리고 미용실에 가서 머리를 한 뒤, 돈을 지불할 때 데스크 직원이 "다음 스케줄도 잡아 드릴까요?"라고 묻거든 무조건 "네"라고 대답해야 한다. 그리고 바로 그 자리에서 언제 다시 머리를 할 것인가를 결정하고 나오자. 그것이 어중간한 머리인 채로 질끈 묶고 한두 달을 버티지 않을 수 있는 비결이다. 병원이나 치과 예약도 마찬가지다. 미리미리 정기적으로 방문하고 작은 증상일 때 처치하지 않으면 나중에 값비싼 대가를 치르게 된다.

릴렉스: 우리에게 필요한 것은 릴렉스!

셀프케어에서 '릴렉스'하는 시간과 공간을 갖는 것이 얼마나 중요한지를 우리는 자주 잊어버리곤 한다. 잡지를 뒤적이거나, 산책을 하거나, 뜨개질을 하거나, 차를 한 잔 하거나, 아니면 아예 아무것도 안 하는 10분의 시간을 가져보자. 만약 당신이 운 좋게도 그 이상 시간을 낼 수 있다면 스스로를 다독일 수 있는 어떤 것이라도 해도 좋다. 마음이 맞는 친구와 수다를 떨고, 영화를 보고, 창조적인 작업을 하고, 잠을 자고, 아니면 새로운 취미생활을 개발할 수도 있다.

"저에게 가장 릴렉스한 시간이라고 한다면 단연 요리시간이죠. 저는 주방에서 여러 가지 음식을 만드는 걸 정말 좋아해요. 요리를 하고 있으면 다른 생각은 나지 않아요. 그래서 우리 가족들은 언제나 식사시간을 기다린답니다. 아이들도 어른의 음식을 맛보는 걸 좋아해요. "나는 공룡이다, 공룡은 연어를 먹는다!" 뭐 이러면서요. 나중에 주방 바닥을 닦거나, 가족들의 (음식물로 얼룩진) 셔츠를 빨거나, 머리를 다시 감아야 해서 귀찮을 때도 있지만 그걸 충분히 감수할 만큼 요리시간은 제게 즐거운 시간이에요."

_앨리슨(MinimalistParenting.com)

'미니멀 육아'의 근본적인 목표는 삶을 좀 더 충분히 맛보며 살아가기 위한 여유를 만들어내는 것이다. 마음을 고요히 가라앉히고, 몸에 긴장을 풀고, 숨을 깊이 내쉬고, 깨어 있는 마음으로 음식을 먹고, 지금 여기에 존재하는 것. 언제라도 자유시간이 생기거든, 팔을 활짝 벌리고 기쁘게 맞이해서 즐기기 바란다.

남편과의 관계 다지기

'셀프케어'의 여러 가지 좋은 점 중 하나를 꼽자면, 배우자와의 사이를 더욱 좋게 해준다는 점이다. 당신의 삶에 여유가 생기고 자신감이 생기면, 별것 아닌 일 가지고 상대방을 달달 볶지 않게 되고 훨씬 생산적인 대화를 나눌 수 있기 때문이다. 거기에다 보너스로, 좀 더 신경 쓰고 가꾼 당신의 외모가 부부관계를 더욱 산뜻하게 유지하는 데 도움을 줄 테니까.

아이를 키우면서 배우자와 좋은 관계를 유지하기란 정말 힘든 일이다. '육아'란 '로맨스'를 산산조각 내는 가장 강력한 무기가 아닌가. 하지만 배우자와의 관계를 돌보는 일도 '셀프케어'의 일부라는 사실을 알고 있는가? 둘 사이의 애정을 방해하는 요소들을 고쳐나가면서 신혼 때의 관계로 돌아가는 것을 최종 목표로 삼아보자.

혼자 끙끙 앓지 말자

사람마다 감정을 표현하는 방법이 다르다. 밖으로 확 발산하는 사람이 있는가 하면, 속으로 끌어안는 사람이 있다. 하지만 배우자와는 툭 터놓고 서로의 감정을 확실히 소통하는 편이 좋다. 조용히 혼자서 삭이는 것보다 긴장도 빨리 해소될뿐더러 오해의 소지가 빨리 사라지기 때문에 정신 건강에 훨씬 도움이 된다. 기억하는가? '좀 더 멋진 것을 위해 당신의 에너지를 절약할 것!'

스스로 해결할 수 없다면 도움을 받자

때로, 우리가 문제의 한가운데에 있을 땐 오히려 그 문제를 냉정하게 파악하기 힘들다. 그럴 때 전문 상담사를 찾아가는 일을 창피하게 생각하지 말자. 그것은 당신이 스스로의 문제를 해결할 힘이 없다는 뜻이 아니다. 오히려 당신이 문제 해결에 시간과 에너지를 투자할 만큼 강하고 적극적이라는 뜻이다. 당신과 배우자 이외의 제3자가 방 안에 함께 앉아 이야기를 나누는 경험은, 단지 몇 회의 상담이라 할지라도 서로가 미처 의식하지 못했던 묵은 상처들을 청산할 수 있게 도와줄 수 있다. 그리고 그 토대 위에서 서로를 위한 새로운 관계를 세워갈 수도 있다.

둘만의 시간을 따로 챙기자

일단 부모가 되면 두 사람은 한때 '연인'이었다는 사실을 망각한 채, 둘만의 시간을 갖는 일을 소홀히 하게 된다. 크리스틴의 경우, 일 때문에 너무 시간이 없다고 느낄 때면 친구나 상담사에게 도움을 요청해서라도 남편 존과 보낼 수 있는 시간을 마련하곤 한다. 그 편이 부부 사이를 멀어지게 하는 것보다 훨씬 낫다고 생각하기 때문이다.

서로 신뢰하고 도움을 주자

당신과 배우자는 어떤 부분에서 다른 의견이나 생각을 갖고 있을 수 있다(개인적인 문제이거나 일적인 문제, 아니면 육아 문제에 관해서). 하지만 부부로서 결국은 같은 결과를 공유하게 된다는 점을 기억하고, 서로의 능력을 믿어주고 도와주는 자세가 필요하다.

'우리'를 우선하자

그저 아이들을 함께 키우는 협력자가 아닌 '커플'로서 살아남으려면, 집안일로부터 잠시 멀리 떨어져 오로지 둘만의 이야기를 나누는 시간이 꼭 필요하다. 달력에 '데이트 하는 날'을 표시해두자. 한 달에 한 번이면 어떤가. 둘이서만 집 밖으로 외출을 한다는 것이 중요하다. 만약 그동안 돌보미를 쓰는 데 드는 돈을 감당할 수가 없다면, 친구 부부와 교대로 데이트 하는 날 아이를 봐주거나 가까운 친척에게 부탁해보자.

"우리 부부는 아이를 봐줄 사람이 있을 때면 늘 둘만의 여행을 떠나려고 노력한답니다. 물론 가족 단위로 하는 활동들도 많이 있지만, 제 남편과 저는 부부 여행이 그에 못지않게 중요하다고 생각해요(당일치기 여행이 되었건, 좀 더 긴 여행이 되었건 말이에요). 우리가 이렇게 여행하는 건 아이들에게 교육적인 측면도 있답니다. 독립심과 융통성을 길러줄 뿐만 아니라, 엄마 아빠가 서로를 사랑하고 함께 있는 시간을 즐긴다는 것을 보여줄 수 있으니까요."

_티파니(MinimalistParenting.com)

실없는 장난을 치자

부모가 되고 나서 급격히 줄어드는 것 중 하나가 실없는 농담, 혹은 실없이 장난치며 낄낄거리는 시간이 아닐까? 부부 간에 재미는 사라져버리고 지친 얼굴로 아이들을 함께 키우는 협력자로 전락해버리기가 쉽다. 매일 반복되는 일상이지만 그 속에서 좀 더 실없는 농담을 던지고, 장난도 치면서 낄낄거려보자.

도움을 요청하고, 상대의 요청에는 즉각 반응할 것

아무리 부부 간이라 할지라도 도움을 요청하는 것은 쉽지 않다. 더군다나 상대방의 요청에 '싫어'라고 대답하기란 더욱 어렵다. 서로 간에 도움을 요구할 때나, 그 도움을 받아들이거나 혹은 거부할 때, 상대방을 존중하고 배려하는 마음을 기본적으로 잊지 않는다면 오해 없는 원활한 소통이 이루어질 것이다.

서로의 마음 챙김을 도와주자

바쁘게 서두르며 사는 생활일수록, 부부 간에 서로 '좀 천천히, 여유를 갖고' 살자고 이야기해주는 것은 소중하고 가치 있는 일이다. 틈날 때마다 서로 혼자만의 시간을 챙겨줘보자. 잠깐 밖에 나갔다 올 수 있도록 해준다든지, 혼자 커피를 마시고 올 수 있도록 해주는 것이다.

서로의 역할을 존중해주자

부부가 함께 나가서 맞벌이를 하든, 어느 한쪽은 집에서 아이를 키우고 한쪽만 밖에서 일을 하든 부부의 역할은 어느 쪽이든 존중 받아야 마땅하다. 보스턴마마스 클럽의 프리야(그녀는 주당 60시간 이상씩 일하는 변호사이고, 그녀의 남편은 집에서 두 아이를 키우는 전업주부다)가 추천하는, 부부 간에 서로를 존중하는 세 가지 기본 법칙을 소개한다.

- **서로의 육아법을 고치려고 애쓰지 말아라.** 계속해서 서로의 육아법에 관해 꼬투리를 잡고 고치려 든다면, 그 방식이 고쳐지기보다는 감정만 상하고 자신감만 없어질 뿐이다.
- **서로의 이야기를 끝까지 들어라.** 남편도, 아내도 숨 쉴 틈은 필요하다. 예를 들어, 어느 한쪽이 운동복 바람으로 하루 종일 공원에서 지내다 왔다고 해서 반드시 할 일 없이 빈둥거리다 왔다는 뜻은 아닐 수 있기 때문이다.
- **'처음'의 순간들을 함께 나눠라.** 아이들이 맞이하는 수많은 '처음'의 순간들을 함께 나누고 기뻐하는 것은 부부로서 소중한 경험이다. 어

느 한쪽이 그 순간을 놓치게 된다면 굉장히 섭섭하게 느낄 것이다.

당신과 당신을 둘러싼 관계의 테두리

마침내, 우리 가족을 넘어선 관계의 테두리에 관해 이야기할 때가 왔다. 우리에겐 우리를 사랑하는(그들 나름의 방식대로 말이다) 친구들과 친척들이 있다. 그들과 어떤 식으로 소통하기를 원하든(일대일이든, 작은 그룹으로 어울리든) 친구들과 우정을 쌓고 친척들과 교류할 수 있는 시간을 만들자. 그러면 그런 작은 공동체에 참여하는 것이 얼마나 삶을 풍요롭게 하는지를 알게 될 것이다. 더 넓은 관계의 테두리 속에 있으면 가정생활을 영위하는 것도, 아이들을 키우는 것도 훨씬 쉽고 즐거워진다.

 당신이 갖고 있는 수많은 관계들 속에서도 당신은 여전히 '당신'일 수 있다. 자랑스럽고 당당한, 바로 '당신' 말이다. '미니멀 육아법'은 당신에게 지금 당신이 누구이며, 앞으로의 당신이 어떠할 것인지를 탐험할 수 있는 시간과 여유를 줄 것이다.

나오며

당신에게 박수를 보낸다. 지금껏 갖고 있던 생각과 가치관에 도전장을 던지고 새로운 아이디어에 마음을 여는 것은 결코 쉬운 일이 아니다. 또, 이 여행 내내 우리를 믿고 따라와준 것에 깊은 감사를 표한다. 당신은 스스로와 가족을 위해서 작지만 의미 있는 투자를 한 것이다.

바라건대, 이 책이 당신의 가정생활을 독특하고 행복한 것으로 바꾸는 데 조금이라도 영감을 주었으면 한다. 이 책에서 이야기한 '목표지점'에 빨리 도달하려고 서두르지 않아도 좋다(사실, '목표지점'이라는 것은 있지도 않다). 새로 깨끗이 닦여진 길을 따라 천천히, 아무리 작은 걸음이라도 꾸준히 걸어나가는 일만 남아 있다.

자, 그다음엔 무엇을 할 것인가? 우리는 당신과 계속 소통하길 원한다! 더 많은 아이디어와 도전할 거리, 또 다른 영감을 얻고 싶으면 우리의 홈페이지 MinimalistParenting.com을 방문해주기 바란다. 트위터 @bostonmamas, @Parenthacks, 페이스북 facebook.com/MinimalistParenting에서도 우리를 만날 수 있다. 당신이 무엇에 도전했는지, 어떻게 성공했는지 이야기 나누고 싶은 마음이 간절하다.

당신은 지금 굉장히 멋진 일을 해내고 있다. 당신이 자랑스럽다.

감사의 말

크리스틴 고

이 책을 읽으면서 독자들이 이미 눈치 챘겠지만, 어린 시절의 남다른 기억 때문에 나는 늘 '관계 속에서 사랑 받고 싶다'는 열망을 갖고 있었다. 내가 가치 있는 공동체의 일원이라는 느낌, 모두와 섞여들어 조화롭게 살고 있다는 느낌이 내겐 무엇보다 절실했다. 이 책 『미니멀 육아의 행복』을 쓰면서 내가 받은 가장 소중한 선물 중 하나는, 내가 얼마나 아름다운 사람들의 사랑으로 둘러싸여 있는지를 다시 한 번 깨닫게 된 것이다.

이 책을 써야 한다고 나를 격려해주었던 BlissDom 2010 참여자 여러분들에게 감사를 전하고 싶다(그 행사에서 집으로 돌아오는 비행기 안에서 이 책의 기본 줄거리를 구상했고, 얼마 지나지 않아 '미니멀 육아' 도메인을 샀다). 내가 책을 구상하고 있다는 사실도 모르면서 출판사의 담당자에게 나와 이야기해보라고 주선해주었던 휘트니 존슨에게도 감사를 표한다.

이 책이 출간되도록 도와준 에리카 헤일먼과 질 프리들렌더 ― 출판인들이 책이 나오기까지 무엇을, 어떻게 해야 하는지의 모범을 보여준 ― 에게도, 『미니멀 육아의 행복』 초판본을 읽고는 '형편없다'는 질책을 날려준 든든한 조언자 조쉬 게즐러에게도, 소셜 미디어와 마케팅에 관한 전문 지식들을 전수해준 러스티 쉘턴, 바바라 헨릭스, 마거릿 킹스베리, 그리고 그녀의 팀들에게도 깊은 감사를 전한다.

  나의 너무나 멋진 공동 저자 아샤, 그녀의 도움이 없었더라면 나는 이 책을 쓰지 못했을 것이다. 책을 쓰겠다는 나의 꿈에 함께 동참해주고 이 여행을 끝까지 함께 해줘서 정말 고맙다. 그리고 책 쓰는 작업을 너무나 즐겁게 느끼게 해준 따뜻한 마음, 우리의 '할 일 목록'에 가지치기 작업을 도와준 결단력, 필요할 땐 언제나 곁에 있어준 끈끈한 동지애는 진정 감동스러운 것이었다.

  그리고 마침내 나의 가족, 존, 로렐, 그리고 바이올렛! 내가 나 스스로를 더 잘 알 수 있도록 해주고, 더 나은 인간이 되도록 가르쳐준 것은 바로 당신들이다. 책을 쓰는 동안 여러 가지로 도움을 준 점 깊이 감사한다. 우리가 함께 겪고 느낀 이야기들을 거침없이 책 안에서 이야기했고, 내가 당신들을 통해 배운 것들이 내가 의도한 바대로 다른 이들에게도 도움이 되었으면 한다. 만약 당신들이 없었더라면 내 인생은 무의미했을 것이다. 사랑한다, 모두.

아샤 돈페스트

  책을 세상에 내놓는다는 것은 부모 노릇하는 것과 닮아 있다는 것을 알게 되었다. 길고도 험난한 여정이면서도 겸허함을 배울 수 있는 놀라운 기회인 점에서 말이다. 또 한 가지, 두 가지 다 '공동 작업'이라는 점도 빼놓을 수 없다. 이 책 『미니멀 육아의 행복』을 위해 애써준, 감사하고 싶은 분들이 너무 많아서 일일이 헤아릴 수 없을 정도다. 하지만 지면에 이름을 거론하지 못했다고 해서 나의 감사하는 마음이 덜한 것은 아님을 밝혀두고 싶다.

가장 먼저 이 책이 나온 영광을 돌려야 할 사람은 물론 나의 공동 저자이며 다재다능한 친구 크리스틴일 것이다. 크리스틴은 내게 진정한 파트너십이란 무엇인가를 가르쳐주었다. 근면함, 너그러움, 우정까지를 포함해서 말이다.

그리고 나의 블로그, 〈부모 노릇 쉽게 하기(ParentHacks)〉에도 감사를 표한다. 이 블로그가 아니었다면 나는 크리스틴을 만날 기회가 없었을지도 모른다. 이 책에서 소개하고 있는 많은 블로거들의 재치 있는 이야기들은 지난 7년간 우리가 이 블로그에서 나누었던 이야기들을 바탕으로 하고 있다.

우리가 이 책을 함께 집필하고 있는 동안에 크리스틴과 나는 (ONE 캠페인의 일환으로) 에티오피아를 여행한 적이 있었다. 이 경험을 통해서 아이들을 키우는 관점을 보다 글로벌한 차원으로 넓힐 수 있었음에 또한 감사한다. 이런 소중한 여행을 선물해준 ONE 캠페인의 지니 울프와 제닌 하비에게도 감사의 마음을 전한다.

나의 친구들, 이웃들, 그리고 길잡이가 되어준 많은 이들, 그들과 나누었던 대화들이 이 책의 많은 부분을 차지한다. 알리사 밀링거, 주디 세드릭, 카렌, 케이런, 헤리엇, 헤더, 그리고 네이트, 메리, 라일라, 메리, 카트리나, 질, 그리고 나의 사랑하는 사촌들 레슬리와 헤일리, 정말 고맙다.

내 사랑하는 가족들이 없었더라면 이 책은 세상에 나오지 못했을 것이다. 나의 멋진 부모님 로잘린과 자드디쉬, 시부모님인 캐럴과 프랭클린, 남동생 로빈과 그의 아내 에일린, 사랑하고 감사한다.

나의 아이들, 이 아이들이야말로 이 책 자체다. 샘, 너의 강한 마음과 유머감각은 나의 삶에 풍요로움을 선사했단다. 미라바이, 너의 지혜로움과 똘똘함을 보는 것은 매일매일의 즐거움이란다. 나는 너희 둘의 엄마라는 것이 늘 자랑스럽다. 그리고 엄마가 말로 표현할 수 있는 것보다 너희들을 더 사랑한다는 것을 알아주렴.

마지막으로, 나의 너무나 근사한 남편, 라엘. 내 인생의 여행 매 순간마다 나를 격려해주고 뒷받침해준 것, 감사해요. 당신은 내 삶의 모든 것 위에 불을 밝혀주었어요.

참고문헌

책 안에서 언급한 몇 가지 자료들 외에도 여러 분야에 걸쳐 독자 여러분과 더 나누고 싶은 자료들을 모아서 여기 정리해보았다. 당신이 미니멀 육아를 시작하는 데 이 자료들이 도움이 된다면 더 없이 기쁠 것이다!

'부모 노릇'에 관한 자료
도서

Faber, Adele, and Elaine Mazlish, *How to Talk So Kids Will Listen & Listen So Kids Will Talk*, New York: Scribner, 2012 (아이들과 어떻게 하면 서로를 존중하면서 대화할 수 있는가를 환상적으로 설명해주는 책)

Hoefle, Vicki, *Duct Tape Parenting: A Less Is More Approach to Raising Respectful, Responsible, and Resilient Kids*, Boston: Bibliomotion, 2012 (아이들이 살아가는 동안에 자연스럽게 배울 수 있는 실용적인 조언들로 가득한 책)

Kohn, Alfie, *Unconditional Parenting: Moving from Rewards and Punishments to Love and Reason*, New York: Atria Books, 2006 (크리스틴의 남편 존의 강력 추천 도서)

Levine, Madeline, *The Price of Privilege: How Parental Pressure and Material Advantage Are Creating a Generation of Disconnected and Unhappy Kids*, New York: Harper, 2006 ("더 많이, 더 많이"를 외치는 현대 육아법에 일침을 가하는 책)

Levine, Madeline, *Teach Your Children Well: Parenting for Authentic Success*, New York: Harper, 2012 (가치교육에 바탕을 둔, 권위 있는 육아법에 대한 조언)

Mogel, Wendy, *The Blessing of a Skinned Knee: Using Jewish Teachings to Raise Self-Reliant Children*, New York: Scribner, 2008 (종교를 불문하고 꼭 한 번 읽어볼 가치가 있는 책)

Payne, Kim John, and Lisa Ross, *Simplicity Parenting: Using the Extraordinary Power of Less to Raise Calmer, Happier, More Secure Kids*, New York: Ballantine, 2010 (책의 제목이 그 내용을 그대로 말해주는 책)

Skenazy, Lenore, *Free-Range Kids: How to Raise Safe, Self-Reliant Children(Without

Going Nuts with Worry) Hoboken: Jossey-Bass, 2010 (과보호 육아 풍조에 경종을 울린 랜드마크와도 같은 책)

웹사이트
AlphaMom.com (육아에 관한 재기발랄한 이야기들이 있는 곳)
AskMoxie.com (사려 깊고 속 깊은 육아 담론들을 만날 수 있는 곳)
LoveThatMax.com ("좀 혼 날 필요가 있는 아이들"을 위한 특별한 블로그)
ManicMommies.com (일하는 부모들을 위한 주간 팟캐스트)
Pbs.org/parents (아이들과의 '실패 없는' 대화거리를 제공해주는 곳)
SimpleMom.net (단순한 가정생활을 위한 최고의 조언들이 가득한 곳)
TheHappiestMom.com (하루에 한 걸음씩, 점점 더 행복하게 사는 법을 보여주는 곳)
TheMotherhood.com (육아에 관련된 방대한 주제들에 관한 실시간 채팅과 커뮤니티를 제공하는 곳)
Wired.com/geekdad (육아에 열정적인, 멋진 아빠들이 정열을 나누는 곳)

'아이들의 행동발달'에 관한 자료
도서

Carter, Christine, *Raising Happiness: 10 Simple Steps for More Joyful Kids and Happier Parents*, New York: Ballantine, 2010 (행복한 아이로 키워내기 위한 진심어린 이야기들이 담긴 책)

Coloroso, Barbara, *The Bully, the Bullied, and the Bystander: From Preschool to High school. How Parents and Teachers Can Help Break the Cycle*, New york: William Morrow, 2009 (우리가 개인적으로 추천하는 책)

Galinsky, Ellen, *Mind In the Making: The Seven Essential Life Skills Every Child Needs*, New York: William Morrow, 2010 (두말할 필요가 없는 필독서)

Greene, Ross W., *The Explosive Child: A New Approach for Understanding and Parenting Easily Frustrated, Chronically Inflexible Children*, New York: Harper, 2010 ('다루기 힘든 아이'라는 꼬리표가 붙은 아이들을 재해석해주는 실용적인 참고서)

Hallowell, Edward M., *The Childhood Roots of Adult Happiness: Five Steps to Help Kids Create and Sustain Lifelong Joy*, New York: Ballantine, 2003 (아이들의 개성에 관해 조예가 깊은 할로웰 박사의 저서)

Harris, Robie H. and Michael Emberley, *It's Perfectly Normal: Changing Bodies, Growing up, Sex, and Sexual Health*, Somerville: Candlewick press, 2009 (아이들의 성교육에 가장 바람직한 스승은 바로 부모인 우리라는 사실을 말해주는 책)

Huebner, Dawn, and Bonnie Matthews, *What to Do When You Worry Too Much: A Kid's Guide to Overcoming Anxiety*, Washington DC: Magination Press, 2005 (아이

들에게 걱정과 불안을 다루는 법을 가르쳐주는 책)
Kindlon, Dan and Michael Thompson, *Raising Cain: Protecting the Emotional Life of Boys*, New York: Ballantine Books, 2000 (특히 사내아이들을 키우는 부모들을 위한 책)
Manassis, Katharina, *Keys to Parenting Your Anxious Child*, Hauppauge: Barron's Educational Series, 2008 (크리스틴의 친구 포비—아동심리학자—가 추천하는 책)
Wiseman, Rosalind, *Queen Bees and Wannabes: Helping Your Daughter Survive Cliques, Gossip, Boyfriends, and the New Realities of Girl World*, New York: Three Rivers Press, 2009 (특히 여자아이들을 키우는 부모들을 위한 책)

'시간 관리와 효율성'에 관한 자료
도서
Allen, David, *Getting Things Done: The Art of Stress-free Productivity*, New York: Penguin Books, 2002 (우리가 개인적으로 추천하는 책)
Covey, Stephen R., Merrill, A. Roger, and Merrill, Rebecca R., *First Things First*, New York: Simon & Schuster, 1996 ('무엇에 가치를 두는가'의 기준으로 시간을 관리하는 법에 관한 책)
Francis, Meagan, *The Happiest Mom: 10 Secrets to Enjoying Motherhood*. San Francisco: Weldon Owen, 2011 (실용서라고 하기에는 너무나 풍부한 내용들! 스스로를 돌보는 법, 지혜로운 조언들, 따뜻한 유머로 넘치는 책)

웹사이트
FlyLady.net (주로 이메일 서비스를 통해 집안일의 체계를 잡아주는 곳— 열렬한 추종자들을 거느림)
LifeHacker.com (디지털 시대에 맞춘 삶의 요령과 기술, 팁들을 전수해주는 곳: 개인적으로 우리가 추천하는 사이트)
MyTomatoes.com (생산적인 시간 관리 시스템을 제공하는 곳)
ZenHabits.net (뒤죽박죽 얽힌 일과를 단순하게 정리할 수 있도록 도와주는 곳)

종이 달력, 그리고 플래너
Franklin Covey (크리스틴의 대학시절, 그녀의 생산성에 새로운 지평을 열어주었던 플래너)
Get Buttoned Up (생산성과 더불어 효율적인 수납을 도와주는, 디자인까지 멋진 도구들)
MomAgenda (엄마들의 스케줄 정리를 위해 태어난 데일리 플래너)
Moleskine (아샤가 무언가를 끄적거리고 칼럼을 쓸때 즐겨 쓰는 노트북)

온라인 달력, 플래너, 그리고 앱
Cozi (메모 가능한 달력)

Dropbox (할 일 목록의 파일공유가 가능할 뿐만 아니라 필요할 때 언제라도 꺼내 볼 수 있는 앱)
Evernote (실시간 게시판)
Google Calendar (무료 온라인 달력)
Orchestra (할 일 목록과 그 밖의 서비스 제공)
Things for iPhone (아샤가 즐겨쓰는 할 일 목록 관리 앱)

'정리 정돈'과 '잡동사니 치우기'에 관한 자료
도서
Leeds, Regina, and Francis, Meagan, *One Year to an Organized Life with Baby : From Pregnancy to Parenthood, the Week-by-Week Guide to Getting Ready for Baby and Keeping Your Family Organized.* Cambridge: Da Capo Lifelong, 2011 (한 걸음씩 삶을 정돈해가는 것에 관한 책)

Oxenrider, Tsh, *Organized Simplicity: The Clutter-free Approach to Intentional Living.* Cincinnati: BetterWay, 2010 (삶을 단순화하기 원하는 이들을 위한 실용적인 가이드북)

Oxenrider, Tsh, *One Bite at a Time: 52 Pojects for Making Life Simpler*, 52bites.com (당장 일어나 행동할 것을 요구하는 전자책)

Walsh, Peter, *It's All Too Much: An Easy Plan for Living a Richer Life With Less Stuff*, New York: Simon&Schuster, 2007 (물건을 줄이자는 요지의 책! 지당한 말씀)

웹사이트
CatalogChoice.com (정크메일을 줄여주는 곳)
Craigslist.org (무료 중고장터)
DonationTown.org (기부물품들을 무료로 수거해주는 곳)
Ebay.com (배송료를 부담할 만한 가치가 있는, 좀 고가의 물건을 팔기 좋은 곳)
Freecycle.org (공짜 물건들을 무료로 교환할 수 있는 곳)
Goodwill.org (기부를 통해 세상을 바꿔가는 곳)
MabelsLabels.com (모든 물건 위에 붙일 수 있는, 나만의 라벨을 만들 수 있는 곳)
MomAdvice.com (검소하고 규모 있는 삶을 위한 곳)
PeaceLoveSwap.com (교환 장터)
SwapMamas.com (아기용품 교환 사이트)
TheSwapaholics.com (교환 장터)
Zwaggle.com (부모들을 위한 교환 네트워트)

'돈'에 관한 자료

도서

Clark, Amy Allen, and Murphy, Jana, *The Good Life for Less: Giving Your Family Great Meals, Good Times, and a Happy Home on a Budget*, New York: Penguin (Perigree), 2012 (긍정적이고, 실용적이며, 검소한 생활의 팁들을 제공해 주는 책)

Greenslate, Christopher, Kerri Leonard, *On a Dollar a Day*, New York: Hyperion, 2010 (식비를 얼마까지 줄일 수 있는지에 관한 통찰을 담은 책)

Quinn, Jane Bryant, *Making the Most of Your Money*, New York: Simon &Schuster, 2009 (당신이 경제 전반에 관해 알아야만 하는 것들을 모두 이야기해주는 책. 이 책 한 권을 읽는다면, 경제에 관한 한 필요한 거의 모든 지식을 습득할 수 있는, 꽤 두껍지만 읽을 가치가 있는 책)

Ramsey, Dave, *The Total Money Makeover*, Nashville: Thomas Nelson, 2009 (솔직히 우리는 아직 읽어보지 못했지만, 우리 커뮤니티의 많은 멤버들이 열광하는 책)

Tyson, Eric, *Personal Finance for Dummies*, Hoboken: For Dummies, 2012 (경제 관념의 기초를 다지기에 놀랍도록 효과적인 책)

웹사이트

BabyCheapskate.com (아기용품들을 저렴하게 구입할 수 있는 곳)
BudgetsAreSexy.com (예산 짜기를 즐겁게, 그리고 심지어 섹시하게 만들어주는 곳)
GetRichSlowly.org (스마트한 개인 경제 운영 사이트)
Napfa.org (개인 자산 상담가들의 모임 사이트: 가까운 지역 상담가를 검색하기에 유용한 곳)
TheCentsibleLife.com (돈을 아끼면서도 좋은 엄마가 될 수 있는 곳)
TheSimpleDollar.com (돈을 모을 수 있는 실질적인 조언들로 가득한 곳)
Wisebread.com (돈 모으기 클럽 멤버들과의 활발한 대화가 가능한 곳)

그 밖에 돈 관리를 도와주는 곳들

Adaptu.com (경제 관리 사이트)
ImpulseSave.com (저축 사이트)
KiddyBank (아이들의 용돈 관리 앱)
Mint.com (경제 관리 사이트)
SmartyPig.com (저축 사이트)

'놀이'에 관한 자료

도서

Buchanan, Andrea J., and Miriam Peskowitz, *The Daring Book for Girls*, New York: William Morrow, 2012 (여자아이들이 갈고 닦아야 할 필수 스킬들을 담은 책)

Flett, Heather Gibbs, and Whitney Moss, *The Rookie Mom's Handbook*, Philadelphia:

Quirk Books, 2008 (아기와 함께, 혹은 혼자서 해야 하는 일들을 담은, 초보 엄마들을 위한 지침서)

Iggulden, Conn, and Iggulden, Hal, *The Dangerous Book for Boys*, New York: William Morrow, 2012 (남자아이들이 갈고 닦아야 할 필수 스킬들을 담은 책)

Jacobs, Meredith, and Jacobs, Sofie, *Just Between Us: A No Stress, No Rules Journal for Girls and their Moms*, San Francisco: Chronicle Books, 2010 (엄마와 딸이 깊은 대화의 물꼬를 틀 수 있는 기가 막힌 방법론; 아들과의 대화편, 또는 일반적인 부모 대 자식 간의 대화편도 어서 나오길 기대하게 만드는 책)

King, Bart, *The Big Book of Boy Stuff*, Layton: Gibbs Smith, 2004 (아이들의 상상력에 불을 붙이는 데 천부적인 저자가 선사하는, 놀이시간을 더욱 즐거운 것으로 만들어 주는 책)

웹사이트
DesignMom.com (부모와 아이들이 함께 즐길 수 있는 창의력 놀이터)

FamilyFun.go.com (공작 놀이, 간식 레시피, 그 밖에 영감을 주는 아이디어들로 가득한 곳)

KidsCraftWeekly.com (아이들을 위한 공작 사이트)

KidsGardening.org (정원을 가꾸며 놀 수 있는 자료들이 있는 곳)

LetsPlay.com (가족들 모두 집 밖으로 나가 뛰어 놀기, 곳곳에 놀이터 만들기를 부추기는 곳)

MakeandTakes.com (아이들을 위한 공작 사이트)

Nwf.org/Kids.aspx (야외 탐구생활을 장려하기 위한 국립자연생태협회[National Wildlife Federation] 사이트)

RookieMoms.com (초보 엄마라면 꼭 들러봐야 할 곳)

'교육과 학교'에 관한 자료
도서
Llewellyn, Grace, and Silver, Amy, *Guerrilla Learning: How to Give Your Kids a Real Education with or without School*, Hoboken: Wiley, 2001 (교육이라는 것, 혹은 배움이라는 것에 대해 다시 한 번 성찰하게 만드는 책)

Penn, Audrey, Harper, Ruth E., and Leak, Nancy M., *The Kissing Hand*, Terre Haute: Tanglewood Press, 2007 (학교 갈 나이가 되어 엄마와 떨어지는 연습을 해야 하는 아이들을 위한 책)

웹사이트
KhanAcademy.org (정신이 번쩍 드는 강연들을 들을 수 있는 곳)

'음식'에 관한 자료

도서

Bittman, Mark, *How to Cook Everything*, Hoboken: Wiley, 2008 (쉽고, 모던하고, 기본적인 요리 조언들)

Goldfarb, Aviva, *The Six O'Clock Scramble*, New York: St. Martin's Griffin, 2006 (Scramble.com의 창립자가 쓴, 아샤가 평일 저녁에 꼭 펼쳐보는 요리 가이드)

Knight, Karin, and Ruggiero, Tina, *The Best Homemade Baby Food on the Planet*, Beverly: Fair Winds Press, 2010 (아기 이유식 만드는 것을 사랑하는 사람들을 위한 요리책)

Madison, Deborah, *Vegetarian Cooking for Everyone*, New York: Clarkson Potter, 2007 (채식주의자들을 위한 훌륭한 레시피를 제공하는, 이미 읽어본 독자들이 권하는 책)

Oliver, Jamie, *Jamie's Food Revolution*, New York: Hyperion, 2011 (멋진 남자가 쓴, 간단하지만 근사한 음식에 관한 책)

Stern, Michelle, *The Whole Family Cookbook: Celebrate the Goodness of Locally Grown Foods*, Avon, Massachusetts: Adams Media, 2011 (지역에서 생산된 음식으로 가족들의 식사를 준비하는 법)

Waters, Alice, *The Art of Simple Food*, New York: Clarkson Potter, 2007 (간단하지만 독창적인 요리법을 담은 책)

웹사이트/앱

GroceryIQ.com (우리가 개인적으로 추천하는 식료품 쇼핑 목록 관리 사이트)
How to Cook Everything app (놀랍도록 실용적인 요리 앱)
Relish.com (당뇨병 환자들을 위한 건강식단을 제공하는 곳)
ThePioneerWoman.com (환상적인 레시피, 사진, 그리고 이야기들이 함께하는 곳)
TheScramble.com (가족들을 위한 메뉴 서비스를 제공하는 곳)
ThisWeekForDinner.com (일주일간의 메뉴에 대한 영감을 얻을 수 있는 곳)
WhatsCookingWithKids.com (검증 받은 친환경 이동식 요리학교)

'기념일들, 그리고 특별한 행사들'에 대한 자료

도서

Seo, Danny, and Levy, Jennifer, *Simply Green Giving: Create Beautiful and Organic Wrappings, Tags, and Gifts from Everyday Materials*, New York: Collins, 2006 (shoestringmag.com의 멜리사 마셀로[Mellisa Masselo]가 추천하는 책)

Seo, Danny, *Simply Green Parties: Simple and Resourceful Ideas for Throwing the Perfect Celebration, Event, or Get Together*, New York: William Morrow, 2006

웹사이트

BirthdaywithoutPressure.com, University of Minnesota Department of Family Social Science (부담스럽게 야단법석 떨지 않고도 생일을 기념할 수 있는 방법들을 알려주는 곳)

HelenJane.com (느긋하고 품위 있게 즐길거리들을 제공하는 곳)

iGive.com (AlphaMom.com의 이사벨 켈먼[Isabel Kallman]이 추천하는 선물 사이트)

ToysforTots.org (도움이 필요한 어린이들에게 기부할 수 있는 곳)

'여행'에 관한 자료

DeliciousBaby.com (아이들과 함께 즐겁게 여행하는 팁을 얻을 수 있는 곳)

MotherofallTrips.com (가족 여행을 위한 팁을 얻을 수 있는 곳)

OneBag.com (짐을 되도록 가볍게 꾸려서 여행하는 법을 알려주는 곳)

Packing Pro (CoolMomTech.com의 친구들이 추천하는, 여행가방에 넣을 것 리스트 작성 앱)

TravelsWithBaby.com (가이드북들, 그리고 팁들을 얻을 수 있는 곳)

WeJustGotBack.com (가족 여행을 위한 조언들이 있는 곳)

'라이프스타일, 셀프케어'에 관한 자료

도서

Brown, Brené, *The Gifts of Imperfection: Let Go of Who You Think You're Supposed to Be and Embrace Who You Are*, Center City: Hazelden, 2010 (스스로에 대해 알아가는 것에 관한 현명한 조언들을 담은 책)

Chapman, C.C., *Amazing Things Will Happen: A Real World Guide on Achieving Success and Happiness*, Hoboken: Wiley, 2012 (여러 분야에서 성공을 거둔 저자가 그의 경험을 통해 배운 가장 값진 교훈들을 나누어주는 책)

Clark, Tracey, *Elevate the Everyday*, Waltham: Focal Press, 2012 (멋진 사진을 찍는 법에 관한 책)

McDowell, Dimity and Sarah Bowen Shea, *Run Like a Mother: How to Get Moving—and Not Lose Your Family, Job, or Sanity*, Kansas City: Andrews McMeel, 2012 (아이들을 키우는 부모들을 위한, 현실적인 달리기 지침서)

Johnson, Whitney, *Dare, Dream, Do: Remarkable Things Happen When You Dare to Dream*, Boston: Bibliomotion, 2012 (당신의 꿈을 찾아내고, 그것을 따라 살아가는 법에 관한 책)

Real Simple (일상생활을 단순화할 수 있는 팁과 요령을 싣고 있는 라이프스타일 잡지)

Rubin, Gretchen, *The Happiness Project*, New York: Harper Perennial, 2011 (우리 모

두가 마땅히 누려야 할 행복에 관한 책)
Rubin, Gretchen, *Happier at Home*, New York: Crown, 2012 (우리는 집에 있을 때 특히 더 행복할 권리가 있음을 주장하는 책)
Walrond, Karen, *The Beauty of Different*, Houston: Bright Sky Press, 2010 (우리는 모두 독특하게 아름답다는 사실을 일깨워주는 책)

웹사이트
DailyMile.com (몸매 관리도 하면서 동시에 피트니스 동지들을 만날 수 있는 곳)
DesignForMinikind.com & DesignForMankind.com (아이들 용품은 물론 어른들을 위한 멋진 디자인의 제품들을 만날 수 있는 곳)
GoMighty.com (더 나은 삶에 대한 영감을 불어넣어 주는 곳)
MyFitnessPal app (칼로리 섭취 조절을 도와주는 다이어트/피트니스 앱)
PetitElefant.com (쉽게 할 수 있는 DIY 뷰티 팁들로 가득한 라이프스타일 블로그)
PostpartumProgress.com (산후우울증을 이겨낼 수 있도록 도와주고, 커뮤니티 서비스도 제공하는 곳)
SeeingTheEveryday.com (일상 속에서 발견하는 경이로움에 관한 온라인 잡지)
ShoestringMag.com (예산에 맞춰 최선의 생활을 누리는 법을 배울 수 있는 곳)
SimpleLovelyBlog.com (정말로 단순하지만 근사한 아이디어들이 있는 곳)
Whoorl.com (현실적인 뷰티, 스타일 팁을 얻을 수 있는 곳)
WorkingCloset.com (미니멀리스트들을 위한 일상복 패션 사이트)

크리스틴과 아샤에 관해 더 알고 싶은 독자들을 위한 자료들

크리스틴 고를 만날 수 있는 곳
ChristineKoh.com (크리스틴의 홈페이지)
BostonMamas.com (보스턴에 살고 있는 가족들, 혹은 그 밖의 가족들을 위한 육아/라이프스타일 포털)
그리고 트위터 @bostonmamas, 페이스북 facebook.com/bostonmamas, 핀터레스트 Christinekoh, 인스타그램 bostonmamas에서도 크리스틴을 만날 수 있다.

아샤 돈페스트를 만날 수 있는 곳
AshaDornfest.com (아샤의 홈페이지)
ParentHacks.com (절로 이마를 탁, 치게 만드는 육아 팁들로 가득한 곳)
그리고 트위터 @Parenthacks, 페이스북 facebook.com/parenthacks에서도 아샤를 만날 수 있다.

찾아보기

ㄱ

가족 여행　329~336
가치관　31~33
　교육 환경　206
　나를 알기　31~33
　내 가족 알기　33~36
　돈과 시간의 균형　142
간식　184, 230, 296~299
감사한 마음　290~291
감정적인 문제들
　남편과의 관계　354~359
　너무 많은 물건들　96~97
결정을 내리는 것
　나의 판단을 믿기　36~41
　내 맘대로 구역　38~41
　수정할 기회　41~44
　우선순위　48~72
　정리 정돈　113~115
　학교 선택하기　206~219
경제 구조를 단순화하자　157~160
경제평화대학　160
고정화　67
　우편물 쓰레기　128
　학교생활　223~234
공간
　공간을 기능별로 나누자　123
　빈 공간의 힘　101

공동체　85~87
교육　191~263
　가족 여행　329~336
　경제 교육　161~170
　등교하는 날 아침 할 일　225~229
　디지털 기기　178~181
　방과 후 활동　225, 246~263
　방학 특별 대책　261~263
　부모의 동기 부여　210~212
　선생님들과의 협력　214~215, 242
　숙제　229, 231~234
　아이와 함께 장보기　275
　일정한 흐름 만들기　223~234
　저축　152
　편견　201~203
　학교 선택하기　206~212
　학교에 적응 못할 때　217~219
　학업적 성취　213~217
　호기심을 북돋아주는 환경　197~199
기부　169~170, 326, 328

ㄴ

나는 어떤 타입인가?　31~33, 38~41
　시간 스타일　50~56
남편과의 관계　354~359
내 맘대로 구역　38~41
'네' 하기 전에 잠깐!　78~79

375

놀이 63, 172~190
　디지털 기기 178~181
　방과 후 활동 249
　장난감 175
　집안일도 놀이처럼 177
　혼자 놀게 하기 173

ㄷ
다른 취향 36, 83, 193, 310~311
'더' 목록과 '덜' 목록 59~61
독립심 200
　식사 준비 284
　아기와 유아를 위한 식사 302~303
돈과 돈 관리 140~170
　경제 교육 161~170
　교육 환경 205~206
　기부를 가르치자 169~170
　노동의 보수 164~166
　돈 관리도 미니멀하게 148~157
　돈 씀씀이를 줄인다 153~154
　돈을 쓸 만한 가치가 있는
　　것 142~143
　선물하기 324
　소비 147, 151, 166
　수입을 늘리자 154~157
　여행 329~330
　자동화 158~159
　재정적 토대 151~152
　전문가의 도움 160
　지출과 투자의 차이점 143
　현금의 흐름 149~151
동영상 144
두려워하는 마음 44
뜻밖의 즐거움을 위한 시간 76

ㄹ
라벨 124~125
릴렉스 353~354

ㅁ
마음 챙김 358
마음속 버스 드라이버 36~38, 61, 146,
　203, 218, 256
마크 비트먼 94
매너 292
멀티태스킹 75
모유수유 299
물건 94~108
　남겨둔 물건들 정돈하기 122~127
　비슷한 종류의 물건 124
　없이 살아보기 107~108
　이게 정말 필요한가? 144~145
　중고 물건 선물하기 327
　중고품도 훌륭하다 105
　추억의 물건 115~119
물건들의 홍수 133
물물교환 121

ㅂ
바쁘기 53
박탈 99
방과 후 활동 246~263
　과도한 욕심은 아닌가? 257
　냉정하게 평가하기 247~250
　너무 의욕이 넘치는 아이들 256~261
　등록하기 전 생각해볼 것들 250~252
　방학 261~263
　아이가 흥미를 느끼는 것 252~256
방학 특별 대책 261~263
배움의 경험 194
버리기 121~122

부모 노릇하기
　가족들의 참여 134
　결정하는 방식 38~41
　공동체 85~87
　기꺼이 도움을 요청하자 79~88
　남편과의 관계 354~359
　리더로서의 역할 37
　마감시간 69~72
　미니멀라이즈 된 마음 45
　스스로를 돌보는 것 84, 338~359
　시간 감각 57~59
부모가 신경 써야 할 일들 29
부모의 동기 부여 210~212
부스러기 샐러드 286
비디오 게임 179~180
비상 자금 152

ㅅ

사진들 131~132
생일파티 307~316
선물 주는 법 323~328
선택 12~13, 29~31, 192~193, 204
　과외활동 246~247, 253
　아이들 196
　집 안 정리 99, 133
　학교 206~212
성격과 성향 32
세탁 68~69, 135
숙제 229, 231~234
스스로를 돌보는 것 84, 338~359
　관계의 테두리 359
　릴렉스 535~354
　삶에서 가장 소중한 것 339~340
　스타일 348~353
　우선순위 341~343
　피트니스 343~348

스케줄 달력 64~66, 76~77
스타일 348~353
스트레스 관리 234~241
습관화, 고정화 67
시간과 시간 관리 48~72
　고정화 67
　골치 아픈 일 75~76
　기꺼이 도움을 요청하자 79~88
　나의 시간 스타일 50~52
　내 가족의 시간 감각 57~59
　'더' 목록과 '덜' 목록 59~61
　도구와 시스템을 정비하자 64~72
　돈과 시간의 균형 142
　디지털 기기 178~181
　딱 좋을 정도로만 바쁘자 53~54
　뜻밖의 즐거움을 위한 시간 76
　마감시간을 정하자 69~72
　멀티태스킹 75
　방과 후 활동 247~248, 260~261
　서로에게 숨 쉴 틈을! 82~83
　숙제 229, 231~234
　스스로를 돌보는 것 341~343
　시간 관리법 74~92
　시간 재고 조사 54~56
　식사 준비 283~284
　여행 329
　자잘한 집안일들 125
　자투리 시간을 활용하자 125~127
　작전상 휴식 83
　필요할 땐 사람을 사자 87~88
　하기 싫은 일은 하지 않는 용기 78
　황금시간 52~53, 66
시간 재고 조사 54~56
시간 정하기 230~231, 296, 314, 334~335
식료품 쇼핑 - '음식' 참조

신뢰　214, 237, 356
신비로운 감각　36
신체리듬　52~53
실망　43

ㅇ

아이 스스로 해보게 하기　288~289
아이들의 작품　129
안전　186, 288
양보다 질　102
연휴　316~323
옷　224, 333, 348~353
완벽한 시작이라는 환상　41~44
왜 이것을 하는가?　251, 308~310
요리, 혹은 음식　83, 283~289
용돈　90, 161~162
우선순위 정하기　48~72
　　교육 환경　203~205
　　나를 알기　50~56
　　내 가족의 시간 감각　57~59
　　'네' 하기 전에 잠깐!　78~79
　　'더' 목록과 '덜' 목록　59~61
　　돈 관리　142~148
　　물건에 관한 새로운 시각　94~108
　　방과 후　230
　　생일파티　315
　　스스로를 돌보는 것　339~343
　　연휴　318
우편물 처리하기　127
운동　55, 206, 343~348
원치 않는 초대 거절법　78
위탁 판매업체　120
은퇴　152
음식
　　간식　184, 230, 296~299
　　도시락　295~296

등교하는 날 아침　227
미니멀한 식사 준비　267~269
상차림 법　290
식료품 쇼핑　273~277
식사 계획　266~279
식사 준비　283~289
식사시간　282~303
아기와 유아를 위한 식사　199~303
아침과 점심　293~296
영양　285, 295, 298~299, 300
우리 지역에서 재배된 것　278~279
점심 식사　272, 293~296
이게 정말 필요한가?　144~145, 167
이메일 처리하기　130~131
일
　　노동의 보수　164
　　도움을 요청하는 것　79~80
　　쉬어가면서 하자　81
　　육아와 가사 분담　83~84
　　필요할 땐 사람을 사자　87~88
입고 갈 옷 챙기기　224

ㅈ

자동 조종장치　67~69
자유시간　231
자투리 시간　76~77
작은 집　100~101
잔가지 쳐내기　30
　　나의 가치관　31~33
　　내 가족의 스타일　33~36
잠　226, 335
잡동사니 정리 정돈
　　가치관　31
　　그저 불안해서　97~99
　　남겨둔 물건들 정돈하기　122~127
　　다른 시각 갖기　99~108

대청소　111~115
　　도대체 왜 쌓아두는 걸까?　95~99
　　마지막 기회 상자　118~119
　　아이들도 동참시키기　136
　　양보다 질　102~104
　　없이 살아보기　107~108
　　옷장 정리　349~350
　　우편물과 이메일　127~132
　　장난감들　175~177, 328
　　정리된 집 유지하기　132~134
　　진정 마음에 드는 것만　104
　　집 안 정리　111, 113~115
　　철거 작전　113
　　추억의 물건　115~116
장난감　111, 175
전문가의 의견에 기대는 타입　40
전원을 끄자　334
정리 정돈하기 – '잡동사니 정리 정돈'
　　참조
종이더미에서 헤어나는 방법　128~129
죄책감　48, 96, 151, 283
주말농장 활동　120
중고품 베이비 샤워　105~107
즐거움에 집중하라　31, 290~293
지루함　63, 248
집안일
　　가족들의 참여　134~138
　　놀이가 되다　177
　　분담　83~84
　　빨래　68~69
　　식사 계획　266~279
　　식사 준비　287~289
　　아이들에게 집안일
　　분담시키기　88~92
　　육아와 가사 분담　83~84
　　자투리 시간을 활용하자　125~127

필요할 땐 사람을 사라　87~88, 136~138

ㅊ
창의적 방법　175
책임감　200
추억의 물건　115~119
친절함　323
친척들과의 관계　322~323

ㅋ
키디뱅크　162

ㅌ
태도(부정적인 일이 생겼을
　　때)　240~241

ㅍ
파티
　　생일파티　307~316
　　연휴　323
페이스북　345, 361
피트니스　343~348
필요할 땐 사람을 사라　87, 136

ㅎ
하기 싫은 일은 하지 않는 용기　78
학교에 관한 편견　201~203
할 일 목록　64~72, 75
현금의 흐름　149~151
호기심　197~199
혼자만의 시간　84
황금시간　52~53, 66
휴가 여행　329~336
휴식　231

옮긴이 곽세라

이화여자대학교 영문과를 졸업하고 나라기획, 금강기획에서 카피라이터로 활동하던 중 인도로 유학을 떠나 델리대학교에서 힌두철학과 석사과정을 밟았다.
저서로는 13년간 세상을 여행하며 만났던 힐러들의 이야기를 모은 『인생에 대한 예의』, 『길을 잃지 않는 바람처럼』을 비롯하여 불안한 현대인의 답답한 머릿속에 신선한 바람을 불어넣어주는 유쾌한 자기계발서 『모닝콜』 등이 있다. 『영혼을 팔기에 좋은 날』이라는 소설집을 내놓기도 했다. 역서로는 『삶에서 무엇이 가장 중요한가』, 편역서 『신은 여자에게 더 친절하다』 등이 있다.

미니멀 육아의 행복

초판 발행 2014년 4월 28일

지은이 크리스틴 고, 아샤 돈페스트
옮긴이 곽세라
펴낸이 김정순
책임편집 오세은
디자인 이혜령 모희정
마케팅 김보미 임정진 전선경

펴낸곳 (주)북하우스 퍼블리셔스
출판등록 1997년 9월 23일 제406-2003-055호
주소 121-840 서울시 마포구 양화로 12길 24 (서교동 선진빌딩) 6층
전자우편 editor@bookhouse.co.kr
홈페이지 www.bookhouse.co.kr
전화번호 02-3144-3123
팩스 02-3144-3121

ISBN 978-89-5605-742-2 13590

이 도서의 국립중앙도서관 출판시도서목록(CIP)은 서지정보유통지원시스템 홈페이지(http://seoji.nl.go.kr)와 국가자료공동목록시스템(http://www.nl.go.kr/kolisnet)에서 이용하실 수 있습니다.
(CIP제어번호: CIP2014011992)